금융과 재테크

Finance & financial technology

김종선/김종오

비앤엠북스

머리말

최근 들어 재테크라는 용어만큼 뭇사람들의 입에 오르내린 단어도 별로 없을 것이다. 사람들은 돈 때문에 웃고, 때로는 돈 때문에 울기도 한다. 이 이야기 속에 우리들이 살아가는 모습이 담겨 있다고 해도 과언이 아니다. 재테크란 용어의 어원은 재무 테크놀로지(financial technology)의 준말로 자산관리에 대한 고도의 지식과 기술을 의미한다. 넓은 의미로 볼 때, 재테크란 투자와 저축을 포괄하는 개념으로 정상수익률보다 좀 더 높은 수익률을 올리는 것을 목표로 하는 자금의 기회비용(opportunity)을 제고하는 경제행위라고 할 수 있다.

시기적으로 1970년대 중반, 미국에서부터 시작된 금융혁신(financial innovations)을 포함한 국제금융환경의 변화는 1980~1990년대를 거치면서 금융자유화^금융통합화(범세계화)^금융증권화^금융디지털화란 현상으로 특징지어지게 된다. 이 시기인 1990년대에 저물가-고성장시대를 열어 소위 IT혁명이라고도 불리었던 미국의 신경제(new economy)가 2000년대 들어서는 과잉투자에 따른 여파로 IT버블이 꺼지기 시작했다. 이 과정에서 경기부양 목적의 기준금리 인하가 시행되기 시작하던 중 2001년 9.11테러사태를 계기로 불황의 도래를 우려한 각국의 중앙은행들이 경쟁적으로 금리인하에 나서게 됨에 따라 본격적인 국제 저금리시대가 열리게 되었다. 국제 저금리시대의 도래로 경기회복이 가시화되면서 저금리를 배경으로 한 과잉유동성으로 인해 경제주체들의 재테크 열풍으로 세계적으로 주식시장 및 실물시장(부동산 및 원자재시장)의 자산가치의 거품논란이 야기되게 되었다. 물론 경기과열을 우려해 선제적으로 미국은 2004년 6월에 1%까지 떨어졌던 기준금리를 다시 지속적으로 올리기 시작해 2006년 6월 말 기준으로 5.25%까지 기준금리를 끌어 올렸다.

국내적으로는 이러한 국제금융환경의 변화에 대비가 소홀한 탓으로 지난 1997년 말 IMF 금융위기를 맞아, 1998년부터 공공부문, 기업부문, 금융부문, 노사부문 등

4대 부문에 걸친 적극적인 구조조정을 추진하는 과정에서 수많은 개혁과 개방이 이루어지게 되었다. 이를 바탕으로 양극화 논란 속에서도 빠른 경기회복세를 시현하게 되었다. 또한 다가온 노령화시대를 준비하는 사회적 분위기 속에서 세계적 추세에 발맞춰 지속된 저금리정책과 외국자금의 지속적 유입으로 인한 과잉유동성을 배경으로 하여 경제주체들의 재테크 열풍도 뜨거웠다. 이로 인해 '재테크' 및 '부자학' 관련 서적도 많이 출간되었으며, 대학에서도 이와 관련한 강좌들이 교양과목뿐만 아니라 전공과목으로도 인기리에 생겨나게 되었다.

이 책은 '나는 얼마를 벌었다'는 식의 재테크 경험담을 담은 책은 아니다. 이 책은 대학에서 '재테크' 및 '부자학' 관련 교양강좌나 '금융상품론' 및 '금융시장론' 등의 경상계열 전공과목의 강의교재로 집필되었으며, 변화하는 금융환경 속에서 금융상품의 이해를 바탕으로 재테크에 성공할 수 있는 길잡이 역할에 초점이 맞추어져 있다. 또한 이 책은 재테크에 관심이 있는 일반인들에게도 금융상품에 관한 전반적인 지식 및 재테크의 기본원칙의 이해에 일조를 할 것으로 기대된다.

이 책의 구성은 총 13장으로 구성되었는데, 이 책의 입문에 해당하는 제1장은 재테크의 이해, 제2장은 금융과 재테크의 이해, 제3장은 국내^외 금융환경의 변화를 다루었다. 이어서 증권투자 결정의 이론적 근거를 설명하기 위해 제4장은 증권분석의 이해, 제5장은 불확실성과 금융자산가격결정이론을 소개하였다. 다음으로 구체적인 재테크 상품에 대한 이해를 위해 제6장부터 제13장까지는 단기금융상품, 주식, 채권, 외환, 보험, 선물, 옵션, 부동산 등을 다루었다. 따라서 이 책에서 다루는 단기금융상품, 주식, 채권, 선물, 옵션, 보험, 부동산펀드 등의 각종 금융상품에 대한 이론적, 제도적 이해를 통해 투자의 기대수익률은 극대화하고, 위험은 극소화하는 재테크의 기본원칙에 입각해 경제주체들의 자산형성 및 자산운용에 바람직한 길잡이가 되기를 기대한다. 아울러 다소 촉박한 일정 속에 진행된 이번 초판의 미진한 부분은 향후에도 계속 수정^보완해 나갈 것을 약속드린다.

이 책의 발간에 앞서 무엇보다 먼저 우리 저자들에게 학문적 교시를 베풀어 주신 황의각 교수님(고려대), 오정훈 교수님(고려대), 그리고 최혁 교수님(서울대)께 머리 숙여 감사드린다. 또한 집필과정에서 유익한 조언과 격려를 해주신 동료 및 선배님들께도 감사를 드린다. 끝으로 이 책의 출판을 쾌히 맡아주신 비엔앰북스의 정광식 사장님과 직원 여러분들에게도 심심한 사의를 표한다.

2006년 6월

김종선, 김종오 씀

차례

제1장 재테크의 이해

제01장 재테크의 이해

이 책의 입문에 해당하는 본 장에서는 먼저 재테크란 용어의 어원부터 알아보고, 재테크의 궁극적 목적은 무엇이며, 재테크에 성공하기 위해 갖춰야할 3요소는 어떤 것이며, 재테크를 위한 자산의 3가지 특성 등을 이론적으로 살펴본다.

또한 실전 재테크에 있어서 투자자들이 명심해야할 '재테크 10계명'과 '재테크 3원칙' 등에 대해서도 알아본다.

제1절 재테크의 의의

01 | 재테크의 개념

용어 상 재테크는 '재무 테크놀로지(financial technology)'의 준말로 자산관리에 대한 고도의 지식과 기술을 의미한다. 구체적으로는 현대 선진 산업사회에서 고성장-고금리시대에서 저성장-저금리시대로 이행하게 되면서 기업들은 매출액 증가를 위한 영업활동만으로는 자금조달과 운영이 어렵기 때문에 영업 외 활동에 많은 관심을 기울이게 되었다. 따라서 잉여자금을 그대로 방치해 두는 것이 아니라 유가증권 및 부동산에 투자하여 배당과 이자 수입을 얻거나 주가 및 부동산 가격의 등락에 따른 시세차익으로 기업수익을 높이는 활동을 말한다.

실제로 재테크란 용어가 대중화된 계기는 지난 1980년대 일본의 고도 경제성장의 여파로 자산가치 거품이 형성되던 시기로써 기업은 물론이고 개인도 근로소득과 별도로 부동산 및 증권투자를 통한 자산소득을 올리는데 열중하게 되면서 대중화된 용어이다. 이 당시 일본의 닛케이(日經) 평균주가를 보면 1986년 1월 13,136.87엔에서 1989년 말 38,915.87엔까지 무려 196.2%나 상승한 바 있다. 특히, 주가의 경우에 1988년 말 노무라 증권이 게재한 광고가 이를 잘 대변해 주고 있다. "일본의 주가가 높다는 분석은 프톨레마이오스의 천동설(天動說)과 같은 낡은 사고방식이다. 코페르니쿠스의 지동설(地動說)로 전환할 필요가 있다."는 광고까지 나오기도 했다. 한편 부동산의 경우도 동경 집중현상이나 저금리정책 등이 상승요인으로 지적되었고, 또한 국제금융센터 '동경'의 미래를 감안할 때 주가 및 지가의 급등은 당연하다는 것이 일본의 자산가치 거품 형성기의 일반적인 견해였다. 이 시기에 투자자들은 재테크에 열을 올렸으며, 이때 재테크라는 용어가 대중 속으로 파고 들어오게 된 것이다.[1] 최근 국제금융시장의 개방화^자유화^통합화가 진전되면서 이러한 경제주체들의 재테크 활동은 국경을 초월하여 이루어지면서 투자자들의 여유자금이 재산증식 수단으로 널리 활용되고 있다.

한편 재테크라는 용어와 비교되는 용어로는 투자(investment)와 저축(savings), 그리고 투기, 도박, 복권 등이 있다. 먼저 투자는 확실한 현재의 소비를 희생하고 불확실한 미래에 증식될 가치 또는 이익을 기대하여 투자대상 자산에 자본을 투하하는

1) 이후 일본은 1990년 1월 들어 닛케이 평균주가는 갑자기 급락하기 시작하여 그 해에만 주가는 38.7%가 하락하였다. 이후 주가는 등락을 거듭하며 계속 하락해 주가가 바닥을 형성한 2003년 4월경에는 7,699.50엔에 도달함으로써 1989년 말 최고치 대비 80.2%가 하락한 바 있다. 또한, 일본의 부동산가격 역시 1991년부터 폭락하기 시작해 이듬해 상반기까지 동경 15.1%, 오사카 23.8%, 교토 27.5%가 하락했다. 일본부동산협회(JREI)에 의하면, 이 같은 부동산 버블붕괴로 인해 2004년 기준으로는 동경 상업지 가치는 1990년 가치의 19.2%에 지나지 않는다. 기타 도시의 하락률은 더욱 커 일본 6대 도시의 상업지 평균가격은 1990년 가치의 15.9%에 머물고 있다. 이는 위험관리의 중요성을 깨닫게 한 대표적 사례이다.

경제행위라고 정의되며, 저축은 은행 등 금융기관에 여유자금을 예치함으로써 현재의 소비를 미래로 연기하는데 따른 시간보상으로서 확실한 이자소득을 얻는 경제행위이다. 투자와 저축이 공존하는 형태인 재테크는 투기, 도박, 복권 등과 같이 일확천금을 노리는 사행성 행위와는 구별되는 개념이다. 넓은 의미로 볼 때, 재테크란 투자와 저축을 포괄하는 개념으로 정상수익률보다 좀 더 높은 수익을 올리는 것을 목표로 하는 자금의 기회비용(opportunity cost)을 제고하는 행위라고 하겠다. 따라서 만약 일정기간(예컨대, 1년 동안)의 재테크 활동을 통해 정상수익률(예컨대, 1년 만기 정기예금금리)보다 조금이라도 높은 수익률을 올린 경우라면 모두 재테크에 해당한다고 할 수 있다.

02 | 재테크의 목적

사람들은 돈 때문에 웃고, 때로는 돈 때문에 울기도 한다. 그 이야기 속에 우리들이 살아가는 모습이 담겨 있다. 남녀노소를 막론하고 누구나 돈을 좋아한다. 그러나 '왜 돈을 벌어야 하는가?'라는 질문에는 쉽게 답하기 어렵다.

먼저 인문학적으로 접근해 보면, 19세기 英國의 대문호 Thomas Carlyle(1795~1881)의 "행복론"에 따르면 행복지수를 다음과 같이 정의하였다.

$$행복지수 = \frac{성취}{욕망} \qquad \cdots\cdots (1\text{-}1)$$

즉, 행복해지려면 욕망은 작게 하고, 성취를 크게 해야 행복지수가 높아진다는 의미이다. 과도한 욕망은 오히려 불행을 자초하는 일이 될 수 있다는 뜻이다. 예컨대, 동^서양의 동화책에 나오는 자린고비 및 노랑이 혹은 스크루지 같은 구두쇠 영감들은 성취에 비해 욕망이 너무 과도하여 결코 행복한 사람이 되지 못했다고 할 수 있다. 따라서 바람직한 현대인의 재테크의 목적은 행복한 사람이 되는 것이어야 할 것이다.

다음으로 물질적으로 부자여부를 판단하는 기준은 Stanley & Danko(1996)의 부자지수의 법칙으로 설명할 수 있다.[2] 부자지수의 법칙은 현재의 연령을 기준으로 살펴본다는 관점에서 소위 "나이의 법칙"이라고도 한다. 부자지수비율은 다음과 같이 정의된다.

$$\text{부자지수비율} = \frac{\text{연소득} \times \text{자신의 나이} \div 10}{\text{순자산}} \times 100 \quad \cdots\cdots (1\text{-}2)$$

즉, 부자지수비율이 200%를 넘으면 부자이거나 부자가 될 가능성이 매우 높으며, 50% 이하라면 전체적인 재테크 방법을 재점검해야 할 것이다. 현재 우리나라 가계의 경우는 평균적으로 100%보다 낮은 값을 가지며, 맞벌이 부부의 경우는 150% 내외의 값을 나타낸다.

실제로, 연령대별로 결혼자금 마련을 위해, 주택자금 마련을 위해, 자녀교육비 마련을 위해 재테크의 목적은 차이가 있을 수 있지만, 현재의 소비를 줄이고 돈을 모은다는 것은 궁극적으로 자신의 노년을 보다 안전하고, 풍요하게 보내기 위해서다.

통계청 발표에 의하면 2001년 우리나라의 평균 수명은 76.53세였다. 반면 30년 전인 1971년의 평균 수명은 62.33세였다. 전문가들은 이런 추세가 지속된다면 30년 후 평균 수명은 100세에 이를 것이라 전망한다. 게다가 우리나라의 출산율은 세계 최저 수준인 반면 고령화율은 급격히 높아지고 있다. 고용이 불안정하고 은퇴시기가 앞당겨지고 있으며, 저금리 시대가 지속되고 있다. 이런 상황에서 일자리도 없고 수입도 없게 된다면 장수는 행복이 아닌 재앙이 될 수도 있다. 결국 젊어서 준비하지 않으면 우리가 꿈꾸는 평화로운 노년은 결코 없다.

이러한 시대 상을 반영하듯 최근에는 젊어서부터 효과적으로 노후를 준비하도록 안내해 줄 수 있는 재테크에 대한 관심이 높아지고 있다. 연령대별로, 소득수준대별로 재테크의 목적이 뚜렷할 때엔 막연하게 돈을 모으는 것보다는 훨씬 효율적으로 장^단기 재테크 계획을 세울 수 있다.

---

2) 홍정희 역(2002), 「이웃집 백만장자(The Millionaire Next Door)」, 한국능률협회.

03 | 재테크의 3요소

재테크에 성공하려면 투자자는 다음과 같이 3요소를 갖추어야 한다고 한다.

$$\text{재테크의 3요소} = \text{지식(knowledge)} + \text{정보(information)} + \text{감각(sense)} \quad \cdots\cdots (1\text{-}3)$$

먼저, 투자자는 재테크에 성공하려면 그 분야에 관한 전문지식을 쌓아야 한다. 예컨대, 주식으로 재테크를 하려면 주식에 관한 지식을 먼저 갖추어야 하며, 부동산으로 재테크를 하려면 부동산에 관한 지식을 먼저 갖추어야 한다. 다음으로 지식을 습득한 후에는 그 분야에 정보를 얻어야 한다. 그 분야에 정보를 얻지 못한 지식은 낡은 지식 혹은 죽은 지식이 될 뿐이다. 마지막으로 재테크에 성공하려면 갖추어야 할 것이 감각이라는 것이다. 감각은 흔히 재운(財運)이라고도 불리는 것으로서 투자자의 개인적 차이가 존재하는 요인이라고 하겠다. 비슷한 수준의 지식과 정보력을 갖춘 펀드매니저들 간에도 수익률의 격차가 발생하는 것을 보면 감각의 차이의 중요성을 알 수 있다.[3)]

04 | 재테크 자산의 특성

다양한 자산수단 가운데 투자자의 입장에서 고려해야할 자산수단의 특성은 수익성, 안전성, 유동성의 세 가지 측면에서 파악할 수 있다.

3) 2006년 5월 26일자 파이낸셜타임스(FT)는 기술분석 전문 헤지펀드인 르네상스 테크놀로지의 제임스 시몬스가 연봉 15억달러(약 1조 4,215억원)로 업계 1위에 올랐다고 밝혔다. 시몬스는 주가 추이 분석을 통해 매매시점을 포착하는 기술분석 투자의 가능성을 확신하고 전문화에 주력해 왔다. 또 원자재거래 전문 헤지펀드인 BP 캐피털 매니지먼트의 부니 피큰스가 14억달러로 2위를 기록했다. 피큰스는 미 텍사스에서 오랫동안 '오일맨'으로 일한 경력을 살려 BP 캐피털 매니지먼트를 에너지 및 원자재투자 전문 헤지펀드로 일궈 놓았다. 재작년까지 업계 최고 연봉을 자랑해 왔던 퀀텀펀드의 조지 소로스는 8억 4,000만달러에 그쳐 3위로 밀려났다. FT는 이번 순위 바뀜에 대해 '기술'과 '전략'의 승리라고 풀이했다.

❶ 수익성

자산수단의 수익성(profitability)이란 일정기간 자산수단을 보유함으로써 얻는 소득과 자본이득에서 자산수단의 매매 및 보유에 따른 제비용을 차감한 수익의 크기를 의미한다. 여기에서 소득(income)은 이자 수입 및 배당금(dividend) 형태로 발생하는 수익이고, 자본이득(capital gains)은 증권의 매도가격이 매수가격을 초과함으로써 발생하는 수익을 의미한다. 일반적으로 수익성은 위험성과 비례관계에 있고, 수익성과 유동성은 반비례관계에 있다([그림 1-1] 및 [그림 1-2] 참조).

❷ 안전성

자산수단의 위험(risk)은 어떤 금융상품을 보유함으로써 손실이 발생할 가능성을 의미하며, 어떤 금융상품이 이러한 위험성으로부터 자유로운 정도를 안전성(safety)이라고 한다. 자산수단의 보유에 따르는 위험에는 크게 채무불이행위험(default risk)과 시장위험(market risk 또는 capital loss risk)이 있다. 먼저, 채무불이행위험이란 원금과 이자를 약정된 기일 또는 기간에 변제 받지 못할 위험이므로, 금융수단 발행자의 신용도에 따라 위험성이 다르다. 예컨대, 국채의 경우는 발행자가 정부이므로 채무불이행위험은 거의 없다고 하겠다.

다음으로 시장위험이란 자산수단의 시장가치 하락으로 인한 자본손실위험을 뜻한다. 자산수단의 시장가치는 시장이자율 변동에 따라서 등락하는데 이자율과는 역관계를 갖는다. 왜냐하면 자산수단의 시장가치는 장래의 수익을 시장이자율에 의해 할인함으로써 얻어지기 때문이다.

❸ 유동성

자산수단의 유동성(liquidity)이란 원금의 손실위험 없이 불편이나 거래비용을 수반하지 않고 신속히 단기간 내에 현금자산으로 전환될 수 있는 가능성을 의미한다.

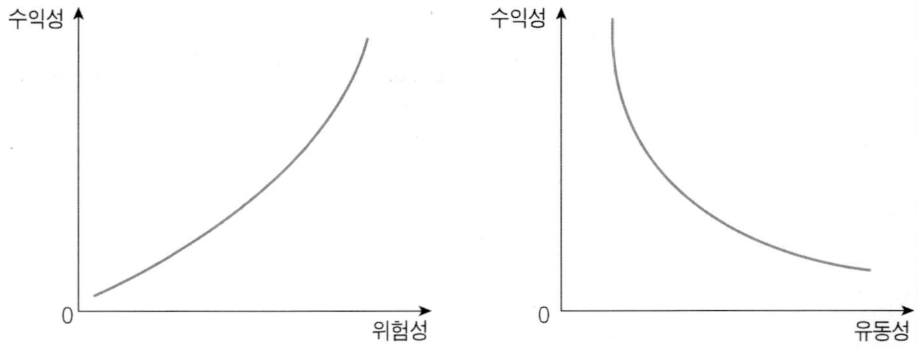

[그림 1-1] 수익성과 위험성 [그림 1-2] 수익성과 유동성

화폐 그 자체는 가장 완전한 유동성을 보유하고 있으며, 그 밖의 금융자산이나 실물자산은 유동성의 정도에 있어서 큰 차이가 난다. 일반적으로 금융자산은 실물자산에 비해 유동성이 높다. 여타 조건이 같다면, 보다 높은 유동성을 가진 금융상품이 선호된다.

05 | 투자3분법에 입각한 자산관리

자산관리의 원칙은 투자자의 기대수익률은 극대화해야하지만 위험은 극소화해야한다. 따라서 분산투자방식으로 자산관리를 하는 것이 효율적이다. 일반적으로 투자자들이 흔히 사용하는 바람직한 자산관리방식이 투자3분법에 의한 자산관리방식이다.

총자산 = 현금(예금)+ 유가증권+ 부동산 ······························ (1-4)

일반적으로 총자산의 1/3은 현금(예금)으로, 1/3은 유가증권(주식 및 채권), 나머지 1/3은 부동산으로 투자3분법에 입각하여 자산관리를 함으로써 총자산의 유동성과 수익성과 안전성을 동시에 충족시킬 수 있다.

그러나 우리나라 가계의 자산구성의 경우는 비금융자산(주택자산+전월세 보증

〈표 1-1〉 한국 가계의 자산구성비

(단위 : %)

구 분	1995년	1999년	2001년
금 융 자 산	22.0	19.0	17.0
비금융자산[1]	78.0	81.0	83.0

주 : 1) 주택자산+전^월세 보증금
자료 : 한국은행 금융경제연구원(2004)

금)으로 83%를 가지고 있으며, 금융자산으로는 17%만을 가지고 있어서 자산구성을 부동산에 집중하고 있으므로 유동성 관리에 있어 문제점으로 지적되고 있다[4](〈표 1-1〉 참조). 또한 금융자산 중에서도 현금 및 예금의 비중이 상대적으로 높아서 효율적인 금융자산의 구성에 있어서 문제가 있음을 지적할 수 있다(〈표 1-2〉 참조).

물론, 자산관리에 있어서 어느 원칙을 더 중시하느냐는 개인의 선호체계에 따라 차이가 있을 수는 있다. 예컨대, 버크셔 헤서웨이 회장인 투자의 귀재로 알려진 버핏(W. Buffet)은 투자의 원칙 중에서도 안전성의 원칙을 특히 강조했는데, 그의 투자전

〈표 1-2〉 한국 및 주요 선진국 가계의 금융자산 구성비(2002년)

(단위 : %)

구 분	한 국	미 국	일 본	독 일
현금 및 예금	59.7	13.9	56.2	36.7
보험 및 연금	17.8	29.7	29.1	27.2
주식 및 채권	17.0	41.1	8.8	19.3
투 신 상 품	-	11.6	2.1	11.6
기 타	5.5	5.2	3.8	5.2

자료 : 한국금융연구원(2004)

4) 대한상공회의소가 전국 7대 도시 700가구를 대상으로 2006년 3월에 실시한 '우리나라 가계의 자산보유 현황과 시사점 조사'에 따르면, 국내 가계자산의 89.8%가 주택 등 비금융자산에 들어가 있는 것으로 나타났다. 구체적으로 보면, 직접 거주하는 거주주택이 평균 83.4%, 금융자산이 평균 10.2%, 기타는 6.4%를 차지하는 것으로 나타났다. 특히, 비금융자산의 비중이 64.3%인 미국의 가계자산과 비교해 볼 때, 국내 가계는 유동성이 취약한 자산구성비를 갖고 있다.

략의 제1조는 안전성의 원칙을 지킨다는 것이며, 제2조는 제1조의 원칙을 준수한다는 것이라고 한 바 있다.

제2절 재테크의 실제

자연 현상에는 절대적인 자연의 법칙이 있듯이, 경제 및 사회 현상에도 상대적이지만 저마다의 원칙과 룰이 있다. 재테크도 예외는 아니다. 재테크를 하겠다는 마음만 가지고는 결코 재테크에 성공할 수 없다. 재테크에 대한 원칙과 룰을 알아야 한다는 얘기이다. 원칙에만 충실해도 최악의 상황은 피할 수 있는 셈이다.

본 절에서는 실전투자에 있어서 재테크에 어떤 원칙이 있는지 '재테크의 10계명'과 '재테크의 3룰'을 우선 알아보자.

01 | 재테크의 10계명

❶ 목표를 구체적으로 세운다.

지금까지 현실성 없는 포괄적인 계획을 세웠다면 그 목표는 이미 물 건너간 것이나 다름없다. 자신이 진정으로 이루고 싶은 것이 무엇인지를 구체적으로 정하는 게 중요하다. 구체적인 목표를 세우고 단계별로 목표를 이루겠다는 적극적인 의지가 필요하다. 가족의 경제적 기반이 달려 있는 만큼 재테크 계획은 가족끼리 서로 확인하여 결정하는 게 좋다.

❷ 목표를 세웠으면 바로 시작한다.

목표를 세웠다면 머뭇거릴 필요가 없다. 청소년 시절에 이미 겪어봤겠지만 계획을 위한 계획은 시간의 낭비일 뿐 전혀 소용이 없다. 차라리 세우지 않는 것만 못하다. 뭐니 뭐니 해도 실행이 중요하다.

❸ 최악의 상황을 준비한다.

매일 눈만 뜨면 뉴스에서 사고소식이다. 현대인은 각종 질병과 사고에 지나치게 노출되어 있다. 앞날의 위험을 예측할 수 없는 불확실성 시대에 우리는 사는 것이다. 어느 생명보험사의 광고처럼 우산을 준비해야 하는 이유가 여기에 있다. 불확실한 미래의 대비책으로 보험은 들어두는 것이 좋다. 보험의 선택에 있어서 보험료와 보험금의 수준, 보장내역 등을 꼼꼼히 확인해야 한다. 이런 면에서 저축식이나 만기 환급금형보다는 순수보장형이 보험의 원래 목적에 합당하고 보험료 측면에서도 유리하다. 보험금 지급방식은 일시지급식보다는 연금식이 그 쓰임새에 있어 바람직하다고 볼 수 있다.

❹ 정보가 곧 돈, 즉 정보사냥을 잘 해야 한다.

지금까지 현실성 없는 포괄적인 계획을 세웠다면 그 목표는 성취하기가 어렵다. 자신이 진정으로 이루고 싶은 것이 무엇인가 구체적으로 정하는 게 선행되어야 한다. 예컨대, 주택마련 자금인지, 자녀교육비인지, 해외여행 자금인지, 노후대책 자금인지 등의 구체적인 목표를 세우고, 그 목표에 맞는 정보를 얻어 단계별로 재테크 목표를 달성하겠다는 적극적인 의지가 필요하다.

❺ 달걀을 한 바구니에 담지 마라.

위험(risk)을 분산하라는 말이다. 위험이란 예측이 불가능한 상황 즉, 장래의 불확실성이기에 이는 애초에 완전히 제거할 수 없는 한계를 내재하고 있다. 그러나 효율적인 분산투자를 통해 위험을 극소화하면서 수익을 극대화해야 한다.

재테크 전략에서 소위 올인(all-in) 전략은 금물이다. 편중된 투자는 환경이 급변하면 제대로 대처하지 못하고 그대로 좌초할 수밖에 없다. 주식/채권 등의 증권, 예금/적금상품 및 주식형펀드 등 펀드형 상품과 보험 및 부동산까지 투자상품은 다양하다. 그러므로 투자금액을 적절히 분산하여 투자대상은 다양화하여 투자하는 것이 위험을 줄이는 효율적인 방법이다.

⑥ 세금을 줄일 수 있는 절세상품에 관심을 갖자.

소득 및 이자가 있는 곳엔 항상 세금이 따라 붙기 마련인데, 어떻게든 세금을 절세해 보고자 하는 것이 재테크의 첫 걸음이다. 즉 세금을 절약하는 것도 투자의 주요한 방법이 될 수 있다. 따라서 금융상품을 선택할 때에는 항상 세전 수익과 세후 수익을 비교해야 한다. 그러므로 비과세상품이나 세금우대상품 등의 절세상품에도 관심을 기울여야 한다.

⑦ 적절한 부채효과(레버리지 효과)를 활용하라.

기업의 자산이 자기자본과 부채로 되어 있듯, 가계의 자산에도 적절한 부채의 역할은 크다. 따라서 대출상품도 주요한 재테크 수단이라고 할 수 있다. 특히, 내 집 마련의 경우 자신의 돈만으로는 부족하기 마련이고, 이자가 두려워 시기를 놓치면 평생 전셋집을 전전할 수도 있으므로 적당한 부채(구입 주택가액의 30%정도까지)를 잘 활용하는 것도 재테크에서 필수 불가결하다.

⑧ 과욕은 금물이다.

사람의 욕심은 끝이 없다. 그러므로 은행상품 같이 금리의 폭이 어느 정도 일정한 상품이 아닌 주식이나 채권 및 실적배당상품의 투자에 있어서 욕심은 금물이다.

미리 상품에 따른 목표수익률을 정하여 수익이 더 높아질 수 있는 상황이라 하더라도 목표수익률을 달성하면 과감히 정리할 필요가 있다. 이런 투자원칙은 시장이 상승하는 시기보다는 하락하는 시기에 더 견고하게 지켜야 한다. 특히 방향 설정이 잘못되었다는 판단이 설 경우 과감한 손절매(loss cut)를 통해 투자손실을 최소화해야 한다.

⑨ 주거래 은행을 만들어 각종 혜택을 받는 것도 재테크이다.

문턱 높던 금융기관에도 이젠 소비자 맞춤시대가 왔다. 금융기관에서도 소비자가 왕으로 대접 받는 시대가 왔다는 말인데, 각 은행별로 거래실적이 우수한 고객을 주거래 고객으로 지정하여 각종 수수료의 면제 및 감면의 혜택을 줄 뿐 아니라 대출을 받을 때에도 한도액 등에 많은 특혜가 있다. 또한 무료법률, 세무, 창업상담 등도 있으니 이를 활용하는 것이 좋다. 즉, 여러 은행과 거래를 하는 것보다 특정 은행을 선택하여 급여 자동이체, 각종 공과금 및 카드 자동이체, 각종 예/적금 상품 가입 등 지속적인 거래를 하는 것이 자신의 거래실적을 높여 부가적 서비스를 용이하게 하는 데 좋으므로 이를 적극 활용하는 것이 바람직하다.

⑩ 수시로 평가^관리한다.

"부지런한 새가 먹이를 잡는다"는 속담처럼, 재테크도 부지런하게 재테크 지식과 정보를 얻는 사람에게 성공적인 투자성과를 안겨준다. 금융시장 동향은 수시로 변화하므로, 수시로 자신이 가입한 투자상품과 신상품 및 다른 자산상품과 비교^평가해 본다. 그런 결과를 바탕으로 새로운 상품이나 다른 자산상품이 더 좋다는 판단이 서면 과감히 교체^매매하는 것도 재테크 방법임을 명심하자.

02 | 재테크의 3원칙

실전 재테크에서 논의되는 몇 가지 원칙이 있다. 이 원칙들은 간단하지만 좁게는 주식투자에서 넓게는 재테크의 모든 영역에서 활용될 수 있는 유용한 룰(rule)인데, 다음과 같이 세 가지 원칙이 있다.

❶ 첫 번째 원칙 : 72의 룰

'72의 룰'이란 복리의 마술을 잘 설명하는 원칙으로 일반인들에게도 널리 알려져 있다. 복리의 매력을 설명하기 위한 가장 쉬운 예로 흔히 인디언과 초기 미국 이민자 간의 거래가 인용된다. 1626년 당시, 인디언들에게 지급한 맨해튼 섬의 대가는 겨우 24달러 상당의 장신구와 구슬이었다고 한다. 이를 두고 사람들은 현재 맨해튼 섬의 가치를 떠올리며 당시 헐값에 땅을 판 인디언들의 어리석음을 비웃었다. 그러나 월스트리트의 전설적 영웅인 피터 린치(Peter Lynch)[5]는 당시 인디언들이 땅값으로 받은 물건을 현금으로 바꿔 연리 8%의 채권에 복리로 투자했을 경우 360여 년이 흐른 1989년에는 그 가치가 32조달러에 이른다고 그의 저서("One up on Wall Street")에서 설명한 바 있다. 이 사례는 복리투자의 매력을 잘 설명해주는 사례라 할 수 있다. 복리는 투자자가 시간을 자기편으로 만들 수 있는 매력적인 마술 지팡이인 셈이다.

이 '72의 룰'은 복리의 마술을 잘 설명해준다. 사실 복리계산은 계산기로도 한참 시간이 걸릴 정도로 어렵지만, 이 법칙을 사용하면 손쉽게 복리계산을 해낼 수 있다. '72의 룰'은 투자금액을 얼마 만에 두 배로 늘릴 수 있을 것인가를 계산할 때 쓰인다. 예를 들어 연간 12%의 수익률로 운용하게 된다면 72를 12로 나눈 값, 즉 6년이면

5) 워렌 버핏과 함께 대표적인 가치투자자로 손꼽히는 피터 린치는 전성기인 46세란 나이로 1990년에 돌연 은퇴를 했는데, 1977년부터 1990년까지 그가 운용한 '마젤란펀드'의 누적수익률은 2,703%로 연평균 29.2%에 달했다.

투자금액을 두 배로 늘릴 수 있다는 이야기가 된다. 마찬가지로 3년 후, 5년 후에 현재의 돈을 두 배로 만들고 싶을 때 매년 몇 %의 투자수익률을 올려야 하는지를 알고자 할 경우에도 72를 각각의 예정 년 수로 나누면 된다. '72의 룰'은 적절한 수준으로 꾸준한 수익률을 올릴 수 있는 금융상품에 장기적으로 투자하면 장기적으로 큰 성과를 올릴 수 있다는 정보를 준다.

❷ 두 번째 원칙 : -50/+100의 룰

'−50/＋100의 룰'은 위험(risk) 관리가 얼마나 중요한지를 알려주는 원칙이다. 수익률을 많이 낸 것 같은데, 투자총액은 잘 해야 본전 수준이거나 오히려 마이너스가 났다고 이야기하는 주식투자자들이 많다. 이는 하락 시 수익률과 상승 시 수익률이 같다고 착각을 하기 때문이다. 즉, −50%의 수익률을 회복하기 위해서는 ＋50%의 수익률을 내면 된다고 착각한다는 이야기다. 그러나 −50%의 수익률을 복구하기 위해서는 ＋100%의 수익률이 필요하다. 왜냐하면, 1억원어치 주식이 폭락해서 가치가 5천만원으로 떨어진다면, 5천만원이 두 배로 늘어나야 원금회복이 되는 것이다. 하지만 사람의 심리상 오르는 주식은 빨리 팔려고 하고, 내리는 주식은 본전 생각 때문에 팔기 힘든 경우가 많다. 그 결과 주식투자를 해서 아무리 수익률을 많이 내는 것 같아도 결과적으로는 제 자리 걸음만 하는 것 같은 느낌을 받기 쉽다. 그래서 '−50/＋100의 룰'은 리스크 관리의 측면, 특히 상승 가능성이 높은 종목보다 하락 가능성이 적은 종목을 찾아야 함을 잘 설명하고 있다.

❸ 세 번째 원칙 : 곱하기 0의 룰

이 세상의 모든 수를 곱하면 얼마가 될까? 우리가 흔히 접하는 단위인 억(億), 조(兆) 외에도 경(京 : 10^{16}), 해(垓 : 10^{20}) 등의 숫자를 어렴풋이 생각하는 사람들도 있을 것이다. 하지만 답은 허무하게도 0이다. '곱하기 0의 룰'은 두 번째 법칙과도 비슷하지만, 위험(risk)관리의 중요성을 더욱 극단적으로 보여주는 법칙이다.

종종 '나는 얼마를 벌었다'식의 증권투자 경험담을 담은 책들이 베스트셀러 반열에 오른 적이 여러 번 있었다. 또한 모의 및 실전투자수익률대회에서 몇 천%의 수익률을 올린 사람들도 있었다. 역설적으로 만약 그런 수익률을 서너 번만 연속적으로 올렸어도 그 투자자는 재벌그룹 회장에 버금가는 큰 부자가 되어 있을 것이다. 그러나 아직까지 단기간에 걸쳐 주식투자를 통해 그렇게 큰 부자가 되었다는 이야기가 들리지 않음은 그런 식으로 부자가 되는 것이 그리 쉽지 않음을 방증해주는 것이라고 하겠다.

기대수익률은 자기가 부담하는 위험과 비례하는 법이다. 지식적인 측면에서나 거래기술의 측면에서 다소 리스크를 줄일 수는 있겠지만, 대명제는 변함이 없다. 몇 천 %의 수익률을 기대하는 투자는 결국 투자금액이 수십 분의 일, 수백분의 일로 떨어질 수 있다는 의미가 된다. 관리종목이나 극도로 투기적인 종목에 투자하는 경우 그 사람의 투자원금은 장기적으로 거의 0에 수렴하게 될 수도 있다. '곱하기 0의 룰'이 현실화될 수도 있다는 것이다.

[연습문제]

① 재테크의 의의를 설명하시오.
② 재테크는 투기 및 도박 등과는 어떻게 다른가?
③ 카알라일의 "행복론"에 따르면 재테크의 목적은 무엇인가?
④ 재테크에 성공하기 위한 3요소를 설명하시오.
⑤ 부자지수의 법칙(혹은 '나이의 법칙')을 설명하시오.
⑥ 재테크 자산의 수익성과 안정성과 유동성의 관계를 설명하시오.
⑦ 투자3분법에 입각한 자산관리 측면에서 우리나라 가계의 자산관리의 문제는 무엇인가?
⑧ 일본의 1980년대 자산가치 거품의 형성과 1990년대의 자산가치 거품 붕괴가 주식 및 부동산투자자들에게 주는 시사점은 무엇인가?
⑨ 투자자들이 명심해야 할 '재테크 10계명'을 소개하시오.
⑩ 재테크 원칙 중 '72의 룰'이 의미하는 바는 무엇인가?
⑪ 재테크 원칙 중 '곱하기 0의 룰'이 시사하는 바는 무엇인가?

제2장 금융과 금융시장의 이해

제 02장 금융과 금융시장의 이해

금융이란 경제주체 간에 이루어지는 자금의 융통을 말하며, 금융제도(financial system)는 금융시장, 금융기관 및 금융상품을 포함하는 총체적 조직과 규범을 말한다.

본 장에서는 경제제도에서 금융시장의 의미와 역할, 그리고 금융시장의 경제적 기능 및 분류, 또한 금융제도의 유형 등에 대해 알아본다. 이어서 우리나라 재테크 금융상품에 대해 소개한다.

제1절 금융시장의 의의

01 | 실물과 금융의 관계

인간의 육체가 혈액의 순환에 의하여 그 생명이 유지되고 있는 것처럼, 현대의 산업사회는 화폐의 순환에 의하여 운영되고 있다고 하겠다. 따라서 인간의 육체에 혈액이 필요 이상으로 많아도 혹은 적어도 건강한 사람일 수 없듯이, 한 나라의 건전한 경제발전을 위해서는 적정 통화의 공급과 관리란 것이 매우 중요하다. 따라서 오늘날의 경제는 화폐경제라고 불리게 되었으며, 또한 신용(credit)이 화폐와 더불어 매우 중대한 역할을 하게 되어 오늘날의 경제는 신용경제라고도 불린다.

이처럼 우리 경제에 있어서 중요한 역할을 하고 있는 화폐와 신용은 거의 모두가 금융제도에 의하여 경제에 공급되고 있는 것이다. 그러므로 금융기관은 경제에서 인간의 심장 및 혈관과 같은 역할을 하고 있는 셈이다.

이론적으로 보면, 고전학파 경제학자들은 화폐란 실물부문의 베일(veil)에 불과하므로 그것 자체는 별로 중요하지 않다고 생각하였다. 그러나 케인즈(J.M. Keynes)는 현대 화폐경제에서 경제변수의 변화는 물물교환경제에서의 경우와 근본적으로 다르다는 것을 체계적으로 밝힘으로써, 그 후 화폐부문과 실물부문의 상호 관계 및 화폐와 금융에 관한 경제주체들의 의사결정을 분석하는 계기가 되었다.

02 | 금융시장의 개념

오늘날 자유시장경제 체제를 뒷받침하는 필수적 제도인 금융제도는 금융시장, 금융기관 및 금융상품을 포괄하는 총체적 조직과 규범을 의미하는 넓은 의미의 개념이다. 금융상품은 금융거래 당사자간의 권리와 의무를 나타내는 증서로 예금, 보험, 주식, 채권 등을 가리키며, 금융시장은 금융수단들이 거래되는 곳으로 수요와 공급에 따라서 가격이나 거래규모가 결정되는 메커니즘이다. 또한 금융기관은 각종 금융상품을 개발하고, 거래에 대한 정보를 제공하며, 금융시장에서 거래당사자를 연결시켜 금융의 흐름을 활성화시키는 역할을 수행한다.

일반적으로 경제주체간의 거래는 크게 실물거래와 금융거래로 나눌 수 있다. 상품과 서비스를 매매하는 거래를 실물거래(real transaction)라 하고 금융자산을 매매하는 거래를 금융거래(financial transaction)라 한다. 이때, 실물거래에 따른 자금의 흐름을 산업적 순환(industrial circulation)이라 하고, 금융거래에 따른 자금의 흐름을 금융적 순환(financial circulation)이라고도 한다.[1)]

---

1) 원래 이 용어는 케인즈의 「화폐론」(1933)에서 차용한 것이며, 「일반이론」(1936)에서는 산업금융(industrial finance)과 투기금융(speculative finance)이라고 하였다.

그런데 이 두 가지 흐름이 서로 관계가 없는 것이 아니라, 산업적 순환의 활성화가 금융적 순환을 촉진하기도 하고, 반대로 금융적 순환의 활성화가 산업적 순환을 촉진시키기도 한다. 예컨대, 금융기관의 발달로 예금이 증가하면(금융적 순환) 이것이 실물투자(산업적 순환)를 증대시킴으로써 국민총생산과 고용을 증대시킨다. 또한 경제성장으로 인한 저축증가(금융적 순환)는 실물투자(산업적 순환)를 활성화할 수 있다.

금융거래의 매매쌍방은 소득이 지출보다 큰 흑자지출단위(surplus spending units : *SSU*)와 소득이 지출보다 작은 적자지출단위(deficit spending units : *DSU*)이다. 구체적으로 자신의 저축을 초과하여 투자지출을 수행하는 기업은 적자지출단위가 되고, 반면에 가계처럼 자신의 저축이 투자를 초과하는 경제단위는 흑자지출단위가 된다. 한편 재정적자기의 정부는 적자지출단위가 되며, 재정흑자기의 정부는 흑자지출단위가 된다.

결국, 금융시장이란 경제주체간의 거래행위 과정에서 흑자지출단위로부터 적자지출단위로 자금이 이전되는 경로를 제공한다. 현대의 경제는 상품과 서비스를 생산하기 위하여 막대한 양의 자본설비를 필요로 하고, 이러한 자본설비에 대한 투자는 일반적으로 거액의 자금을 필요로 한다. 기업과 정부는 주로 적자지출단위로서 금융시장에서 주식, 채권 등과 같은 금융청구권을 발행하여 거액의 자본을 신속히 조달할 수 있고, 이러한 조달자금은 미래의 소득으로 상환할 수 있다.

또한 한 나라의 금융제도 내에서 운영되고 있는 금융시장은 현재소득과 미래소득간의 교환을 가능하게 한다. 금융시장은 이러한 과정에서 금융자산의 가격과 이자율을 결정하고, 신용의 가용량을 결정함으로써 금융제도의 핵심을 이룬다.

03 | 금융시장의 존재 이유

앞서 정의한 바와 같이, 금융시장은 적자지출단위에 의한 자금의 수요와 흑자지출단위에 의한 자금의 공급을 중개하는 시장으로서, 경제 전체로 볼 때 저축과 투자가 일치하지 않기 때문에 금융시장은 존재한다고 할 수 있다. 일반적으로 투자를 하고자 하는 개인이나 기업은, 저축을 하거나 또는 과거 저축의 결과로 금융자산을 축적한 흑자지출단위로부터 투자자금을 차입하고자 한다. 따라서 저축과 투자는 사전적으로 일치하지 않는 것이 보통이다. 만약 저축과 투자가 한 나라 경제 전체에서 항상 동일하다면 금융시장의 존재이유는 없어질 것이다. 이러한 관계는 금융시장과 실물시장의 관계를 정식화함으로써 구체적으로 파악될 수 있다.

오늘날 화폐경제에서 실물거래는 반드시 금융거래를 수반한다. 즉 모든 경제부문의 자금원천은 실물경제 활동에서 얻은 소득(Y)과 금융부문에서 금융부채를 발행(ΔL)하여 얻은 금액으로 구성되며, 자금운용(지출)은 실물부문에서 이루어지는 상품과 서비스에 대한 총지출(E)과 금융부문에서 금융자산의 취득(ΔA)으로 이루어진다. 일정기간 동안 자금원천과 자금운용은 사후적으로 서로 일치하므로 이 관계는 다음과 같이 나타난다.

$$E + \Delta A = Y + \Delta L \quad \cdots\cdots (2\text{-}1)$$

여기에서 설명의 편의상 가계와 기업으로 구성된 2부문 경제를 가정하면,

$$E = C(\text{소비}) + I(\text{투자}) \quad \cdots\cdots (2\text{-}2)$$

$$Y = C(\text{소비}) + S(\text{저축}) \quad \cdots\cdots (2\text{-}3)$$

그러므로 (2-1)식은,

$$C + I + \Delta A = C + S + \Delta L \quad \cdots\cdots (2\text{-}4)$$

(2-4)식을 정리하면,

$$I - S = \Delta L - \Delta A \quad \cdots\cdots (2\text{-}5)$$

(2-5)식은 저축과 투자의 차이는 금융자산 가치의 순변동액임을 나타낸다. 즉 저축이 투자를 초과하여 실물부문에서 흑자가 발생하면, 금융자산은 순증가를 나타내어 외부순대출이 발생할 것이다. 반대의 경우에는 금융부채의 순증가로 외부순차입이 나타날 것이다.

다시 말해서 저축의 주체와 투자의 주체가 다르기 때문에 저축과 투자는 사전적으로 일치되기 어렵고 따라서 자금을 빌려주고 빌리는 금융행위가 금융시장에서 발생하게 되는 것이다. 만약 각 개인이나 기업이 항상 자기의 저축만을 투자에 이용하는 자기금융에만 의존할 경우 금융청구권(financial claims)의 교환이 발생할 이유가 없기 때문에 금융시장은 존재하지 않을지도 모른다. 그러나 현실의 경제에서는 자금의 공급자(흑자단위)와 수요자(적자단위)가 상호 거래를 부단히 하고 있기 때문에 금융시장은 성립하는 것이다.

제2절 경제제도와 금융시장의 역할

01 | 경제제도와 경제주체

국민경제 내에 존재하는 경제주체들은 부단히 부를 생산하고 분배함으로써 경제활동을 영위하고 있다. 이러한 경제활동을 영위하기 위한 기구(mechanism) 혹은 제도를 경제제도(economic system)라고 부른다. 어떤 경제에 있어서든 그 기본적 기능은 사회가 필요로 하는 상품과 서비스를 생산하기 위하여 희소한 자원을 배분하는 것이다.

우리가 오늘날 향유하고 있는 높은 생활수준은 기본적으로 국민경제가 매일 적정량의 의복, 음^식료, 전자제품, 주택, 에너지, 교통서비스 및 그 밖의 생필품을 생산할 수 있는 능력에 달려 있다. 먼저 생산자들은 생산요소로서 사용될 희소한 자원을 적당한 양만큼 조달하고, 이어 이 자원을 적기에 노동 및 자본과 결합하여 소비자들이 요구하는 상품 및 서비스를 만든다. 다시 말하면, 경제제도 내에서 활동하는 생산자들은 토지, 노동, 자본 및 경영기술 등 생산요소를 결합하여 상품과 서비스의 형태로 생산물(outputs)을 생산한다.

경제제도 내에서 생산주체가 되는 것은 주로 기업과 정부이고, 소비주체가 되는 것은 주로 가계이다. 먼저 기업은 이윤추구를 목적으로 생산요소를 결합하여 상품과 서비스를 생산^판매한다. 자본주의 경제에 있어서는 토지^노동^자본 등의 생산요소들이 사적으로 소유되고 시장의 가격기구를 통해 거래되고 있으므로, 기업은 최소의 비용(cost-minimization)으로 이러한 생산요소를 결합하여 생산물을 생산함으로써 최대의 이윤(profit-maximization)을 얻으려고 한다. 기업의 생산물은 그것이 어떻게 처분되는가에 따라 소비재와 자본재로 구분된다. 소비재는 주로 가계부문에 판매되어 소비자의 욕구를 직접 충족시키기 위한 상품과 서비스를 말하며, 자본재는 기계나 생산설비와 같이 주로 다른 기업에 판매되어 다른 생산물의 생산을 위해 장기간 사용될 수 있는 내구재이다.

다음으로 가계는 노동, 경영기술, 토지, 자본 등의 생산요소를 소유하여 이를 기업 및 정부에게 판매함으로써 소득(income)을 얻는다. 이러한 소득의 형태로는 임금, 봉급, 지대, 로열티, 이자, 배당금 등이 있는데, 이처럼 가계가 생산요소를 공급한 대가로서 기업 및 정부로부터 얻는 소득을 요소소득(factor income)이라고 부른다. 가계가 벌어들인 소득의 대부분은 상품과 서비스의 구입을 위하여 지출되는데, 이를 소비지출(consumption expenditure)이라고 부른다. 반면에 가계의 현재 소득 가운데 소비되지 않고 남는 소득부분을 저축(savings)이라고 부른다.

끝으로 정부는 중앙정부, 지방자치단체 및 그 부속기관으로 구성되어 있는데, 조세를 주된 수입원으로 하여 정부지출을 행한다. 정부지출은 상품과 서비스의 구입을 위한 소비지출, 교육제도, 사법제도, 국방 등 공공재를 생산하기 위한 생산요소의 구입, 그리고 소득분배를 조정하기 위한 사회보장 수혜금 등 이전지출의 세 가지로 구분된다.

02 | 경제제도와 금융시장

오늘날 시장경제질서 하에서는 자원을 배분하고 필요한 상품과 서비스를 생산하는 복잡한 과제를 수행하기 위하여 시장이 사용되고 있다. 시장이란 사회가 그 수요에 비해 상대적으로 희소한 자원을 배분하기 위하여 설립한 제도이다. 시장은 수요자와 공급자가 상품과 서비스 및 생산요소를 교환하기 위하여 서로 만나는 경로이다.

시장은 어떤 상품과 서비스를 얼마만큼 생산할 것인가를 결정한다. 이러한 결정은 기본적으로 상품과 서비스의 가격변화를 통하여 이루어진다. 예컨대, 어떤 상품의 가격이 상승하면, 이는 기업으로 하여금 그 상품을 소비자들에게 더 많이 생산하고 공급하려는 유인을 제공한다. 반면에 가격의 하락은 상품과 서비스의 생산을 감소시키기 마련이므로 장기적으로 일부의 기업들은 그 시장을 이탈할 것이다.

시장의 다른 한 가지 기능은 소득을 분배하는 것이다. 순수한 시장경제에서는 한 개인이나 기업의 소득은 한계생산력설에 의한 소득분배에 따르면 경제주체가 생산에 기여한 정도에 의해 결정된다. 시장은 품질개선, 생산성 향상, 경영혁신 등으로 경쟁력에서 우월한 기업이나 개인에 대해 더 많은 이윤, 더 높은 임금 및 수당, 그 밖의 경제적 편익이라는 보상을 제공한다.

경제제도 내에서는 기본적으로 세 가지 유형의 시장(생산요소시장, 생산물시장 및 금융시장)이 운영되고 있다. [그림 2-1]에서 보는 것처럼 생산요소시장(factor markets)에서는 소비주체가 자신의 노동, 경영기술 및 그 밖의 자원을 가장 높은 가격을 제시하는 생산단위에게 판매한다. 요소시장은 노동, 토지 및 자본과 같은 생산요소를 배분하고 임금, 수당, 임대료 등의 형태로 생산요소의 소유자들에게 소득을 분배한다. 소비주체는 요소시장으로부터 얻은 소득의 대부분을 생산물시장에서 상품 및 서비스를 구매하는 데 사용한다.

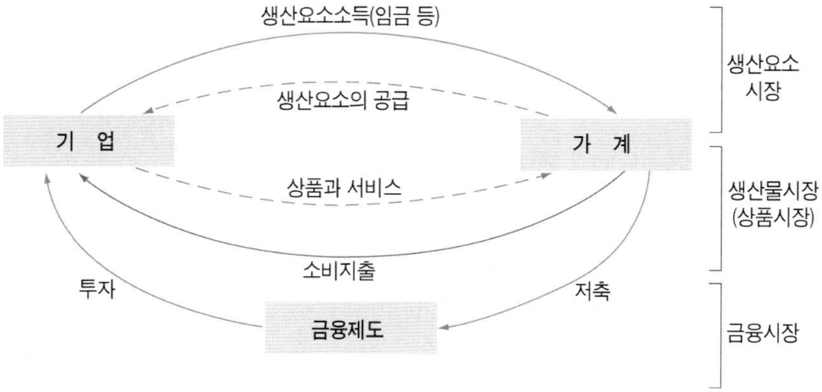

[그림 2-1] 경제제도 내의 시장의 유형

기업은 가계로부터 구입한 생산요소를 갖고 소비재를 생산하여 주로 가계에 판매하는 동시에, 기업 내에서 필요로 하는 생산재를 생산하여 다른 기업에게 판매한다. 전자는 소비주체의 욕구를 직접 충족시키기 위하여 당기 내 사용으로 소모되는 소비지출의 흐름이며, 후자는 기업이 재생산을 위해 장기간 사용할 수 있는 공장, 기계, 건물 등의 스톡을 증가시키는 투자지출의 흐름이다. 생산물시장(product markets)에서는 기업이 생산^판매하는 소비재와 생산재의 형태로 생산물의 공급이 이루어지는데, 가계의 소비지출과 기업의 투자지출은 생산물에 대한 수요를 구성한다.

기업은 생산물시장에서 생산물을 판매함으로써 각종 비용을 공제하고 세금을 지불한 후에 이익을 실현할 수 있다. 기업은 이익의 일부를 주주들에게 배당금으로 지급하는 한편, 미래의 불확실성에 대비하여 자본준비금을 증가시키고 투자기금을 마련하기 위하여 이익의 상당부분을 유보한다. 그러나 일반적으로 기업은 자신의 저축을 훨씬 초과하는 투자지출을 행하므로 적자지출단위(*DSU*)이며, 반면에 가계처럼 자신의 저축이 투자를 초과하는 경제단위는 흑자지출단위(*SSU*)가 된다.

한편, 금융시장(financial markets)은 흑자지출단위로부터 적자지출단위에게로 저축(savings)을 이전시키는 중요한 기능을 수행한다. 금융시장은 이러한 과정에서 금융자산의 가격과 이자율을 결정하고 신용의 가용량을 결정함으로써 금융제도의 핵심을 이룬다.

금융시장에서 자금의 공급자는 대부자금에 대한 대가로 단지 약속증서만을 받는다. 이러한 약속증서는 주식, 채권과 같은 금융청구권(financial claims)이나 저축성 및 요구불예금, 보험증서 등 금융서비스(financial services)의 형태로 나타난다. 금융청구권은 자금의 공급자에게 미래의 소득흐름을 약속하는데, 이러한 소득흐름은 배당금, 이자지급, 자본이득 등 여러 유형의 수익으로 구성될 수 있다. 자금공급자는 자신의 투자원금을 회수하는 것은 물론 현재의 소비를 연기하고 위험을 부담하는 대가로서 추가적 소득을 얻을 수 있을 것으로 기대한다.

03 | 금융시장의 경제적 기능

❶ 금융시장의 유용성

금융시장은 흑자지출단위로부터 적자지출단위에게로 자금을 이전시켜 경제의 효율성을 높이는 역할을 수행한다. 금융시장의 이러한 기능은 금융시장이 있는 경제와 없는 경제를 비교하면 더욱 분명해진다.

금융시장이 존재하지 않는다면 미래의 소득은 있으나 현재의 소득은 없는 사람과 유리한 생산기회를 가지고 있음에도 돈이 없어 투자를 못하는 경제주체들이 미래의 소득을 담보로 돈을 빌려 소비를 하거나 투자를 할 수 없게 된다. 따라서 금융시장은 소득의 시간적 배분을 가능케 함으로써 소비자에게는 그들의 시간선호(time preference)를 만족시켜 주고, 생산자에게는 최적의 투자기회를 제공함으로써 국민경제 전체의 후생을 증진시켜 준다.

즉, 금융시장이 존재하는 경제에서는 금융시장에서 결정되는 이자율 수준에서 소비의 기간간 교환(intertemporal exchange), 즉 대여(저축)와 차입이 이루어진다.

❷ 소비, 저축과 금융시장

먼저 개인들에게 현재소득(y_0)과 미래소득(y_1)이 주어졌다고 가정하자. 소득의 현재가치(W_0)는 y_0와 y_1의 현재가치를 합한 것과 같다. 경제주체들은 미래소비(C_1)에 대비하기 위해 현재소비(C_0)를 얼마로 할 것인지, 그리고 생산적 투자기회에 얼마를 투자할 것인지를 결정해야 한다.

우선, 금융시장선의 특성을 상세히 살펴보기로 하자.

소득의 현재가치(W_0)는 y_0와 y_1의 현재가치(이자율(r)로 할인)를 합한 것과 같으므로 다음과 같이 표시된다.

$$W_0 = y_0 + \frac{y_1}{(1+r)} \qquad \cdots\cdots (2\text{-}6)$$

이때 효용극대화 점인 c에 대응하는 소비패턴(C_0^*, C_1^*)의 현재가치는 W_0와 같다.

$$W_0 = C_0^* + \frac{C_1^*}{(1+r)} \qquad \cdots\cdots (2\text{-}7)$$

이 식을 금융시장선으로 나타내면 다음 식과 같다.

$$C_1 = (1+r)W_0 - (1+r)C_0 \qquad \cdots\cdots (2\text{-}8)$$

또는,

$$C_1 = W_1 - (1+r)C_0 \qquad \cdots\cdots (2\text{-}9)$$

따라서 금융시장선의 절편과 기울기는 각각 W_1과 $-(1+r)$이 된다.

한편 [그림 2-2]에서 U_1, U_2는 무차별곡선을 나타낸다. 즉 U_2 곡선에서 a점의 소비(C_0^a, C_1^a)와 b점의 소비(C_0^b, C_1^b)는 효용 면에서 무차별하다. a나 b는 U_1이란 동일한 효용수준에 있으나, a점에서는 주관적 시간선호, 즉 무차별곡선상의 a점에 접한 기울

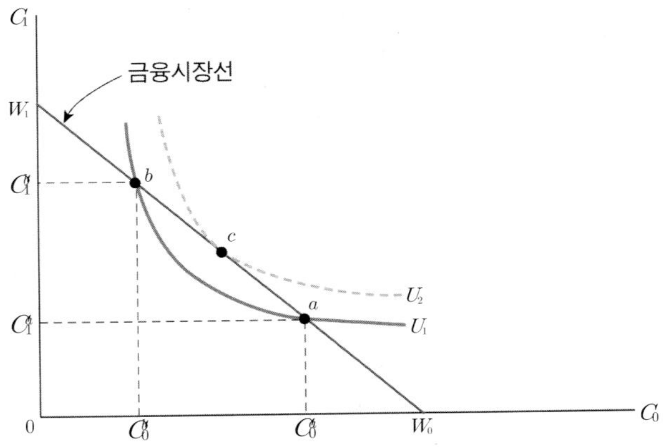

[그림 2-2] 적정소비, 저축과 금융시장

기(C_0, C_1 간의 한계대체율 : MRS)는 시장이자율(금융시장선의 기울기)보다 작다. 이 경우에 금융시장이 주관적인 시간선호보다 더 높은 수익을 제공한다면 효용극대화를 추구하는 개인들은 소비(C_0^a)를 줄이고 대여(C_1^a)를 증대시키기를 원한다.

반면, b점에서는 주관적 시간선호(C_0와 C_1 간의 한계대체율)는 시장이자율보다 크다. 이 경우는 금융시장이 주관적 시간선호보다 더 낮은 수익을 제공하게 되므로 개인들은 소비(C_0^b)를 늘리고 대여(C_1^b)를 감소시키기를 원한다. 따라서 a점이나 b점에서 c점으로 이동하면 c점에서는 주관적 시간선호와 시장이자율이 같아지며, 이 c점에서는 더 높은 효용수준($U_1 < U_2$)에 도달할 수 있게 된다.

③ 생산, 소비와 금융시장

앞에서는 금융시장선만 고려하였으나, 이제 생산가능곡선이 함께 존재하는 경우를 보자.

[그림 2-3]의 a점에서는 $GPbaF$ 로 주어지는 생산가능곡선의 기울기(유보된 소비가 생산에 투입되어 미래의 소비로 전환되는 한계변환율 : MRT)가 주관적인 시간선호율(MRS)보다 커서 생산증가에 따른 수익증대가 기대되므로 투자를 증대시켜 더

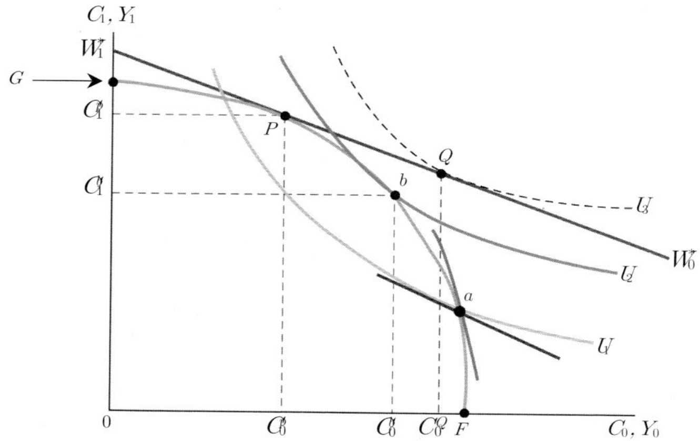

[그림 2-3] 생산, 소비와 금융시장

높은 효용을 얻을 수 있다. 만약 금융시장이 없다면 투자는 생산가능곡선의 기울기(MRT)가 주관적인 시간선호율(MRS)이 일치하는 b점에 그치게 되고 이때의 효용은 U_2수준이 된다.[2)]

만약 금융시장이 존재한다면 생산자는 금융시장으로부터 자금차입을 통해 MRT와 차입이자율이 같아지는 P점에서 생산한다고 하자. 이때 생산자는 0기에 FC_0^P만큼 투자를 하여 1기에 PC_0^P만큼 소득을 올리게 된다. 이때 P점에 대응하는 금융시장선은 $W_0^* W_1^*$으로 나타난다고 하자. 그러면 주관적 시간선호율(MRS)과 금융시장선의 기울기가 같은 Q점에서 소비가 이루어진다. 이때의 효용은 U_3수준이 된다. 따라서 금융시장이 존재함으로써 더 높은 효용수준(즉, $U_3 > U_2$)에 도달할 수 있게 된다는 것이다.

여기에서 주목할 점은 생산과 소비가 서로 독립적으로 결정된다는 점이다. 구체적으로 P점에서의 최적생산의 결정은 MRT와 차입이자율(금융시장선의 기울기)이 일치하는 조건만을 요구하고, Q점에서의 최적소비는 MRS와 금융시장선의 기울기가 일치하는 조건만을 요구한다는 점이다. 이처럼 투자결정과 소비결정이 두 단계로

---

2) 이와 관련한 자세한 증명과정은 미시경제학의 「파레토최적」을 참조 바람.

분리되는 현상을 피셔(I. Fisher)의 분리정리(seperation theorem)[3]라고 한다.

금융시장의 기능은 생산자에게는 최적투자를 위한 기준을 제시하고, 개인에게는 최대 효용을 제공하는 최적 소비패턴을 선택 가능하게 하는 데 있다. 이렇게 금융시장은 차입자와 대여자 사이에 자금의 효율적인 이전을 가능하게 한다. 금융시장은 시장이자율보다 더 높은 수익을 가져올 투자기회를 갖고 있음에도 불구하고 자금이 부족하여 투자하지 못하는 투자자가 자금을 빌리고 투자할 수 있도록 해준다. 금융시장은 충분한 자금을 가지고 있으나 생산기회가 적은 개인으로부터 자금은 불충분하나 많은 투자기회를 갖고 있는 기업에게로 자금이 효율적으로 배분되도록 한다. 그 결과 차입자(적자지출단위)와 대여자(흑자지출단위) 모두 금융시장이 없는 경우에 비하여 보다 높은 효용수준을 누리게 된다.

제3절 금융상품과 금융제도

앞서 본 바와 같이, 금융제도(financial system)는 금융상품, 금융시장 및 금융기관을 포함하는 총체적 조직과 규범을 말한다. 금융수단(financial instruments)은 미래의 시점에서 타인의 소득이나 부에 대한 청구권을 나타내는 증서로서 일반적으로 금융상품으로 불린다.

본 절에서 우리는 금융상품의 의의 및 특성을 분석하고, 금융제도의 구조, 유형 및 기능을 살펴보며, 금융시장의 분류를 소개한다.

---

3) I. Fisher(1930), *The Theory of Interest,* Macmillan, New York.

01 | 금융상품의 의의

❶ 금융상품의 정의

일반적으로 투자주체인 기업은 적자지출단위이며 저축주체인 가계는 흑자지출단위이다. 적자지출단위는 금융부채의 발행을 통해서 흑자지출단위로부터 자금을 조달하여 자기의 경제활동을 위해 자기소득 이상으로 지출을 확대할 수 있게 된다. 이와 같이 금융부채의 발행을 통해서 자금을 조달하는 것을 외부금융(external finance)이라고 한다. 반면 기업의 내부유보와 같은 자기의 저축을 투자자금으로 활용하는 자기금융은 내부금융(internal finance)이라고 한다.

그런데 자금이 대차관계에서 거래되는 금융증서는 차입자의 입장에서 보면 금융부채이지만 대여자의 입장에서는 금융청구권으로서 양자는 결국 같은 것이다. 금융청구권이란 미래에 그 증서에 표시되어 있는 원금과 이자의 인도를 요구할 수 있는 권리를 말하는 것으로서, 금융청구권을 나타내는 모든 증서를 금융수단 혹은 금융상품이라고 한다. 그리고 금융상품을 매수하는 경제행위를 금융투자(financial investment)라고 한다.

❷ 금융상품의 유형

기업은 자본조달 과정에서 내부자금을 활용하기도 하지만 외부금융에 의존하는 비율이 일반적으로 더 크다. 이렇게 외부자금을 조달하기 위하여 기업은 금융상품을 발행하며, 금융투자자는 자금을 빌려주는 대신 기업의 소득과 자산에 대한 청구권을 나타내는 금융상품을 받는다.

실제적으로 금융상품은 그 성질에 따라 부채증서의 유형인 채권(debt claims)과 지분증서의 유형인 주권(equity claims)으로 나누어진다. 주권은 기업의 주식(stock)과 같은 것으로서 기업소유권의 지분을 나타내며, 고정된 이자와 원금의 상환이 보장되어 있지 않고 기업의 경영성과에 따라 그 수익이 변동된다. 만약 기업의 영업실적이 양호하면 배당금도 많아지고 주권의 가치도 높아지며, 기업이 적자를 냈을 경우에는 배당금이 없는 것은 물론 주권의 가치도 하락하게 된다. 이와 같이 주권을 매입하는 것은 기업의 이윤과 손실의 위험을 함께 부담하는 것이 된다. 반면 채권은 만기가 되면 일정액의 이자와 원금을 상환하기로 약속 받은 금융상품으로서 고정소득증서라고도 한다.

한편, 금융상품을 거래당사자간의 대차계약 형태로 거래되는 계약형 금융상품(예금, 대출, 보험 등)과 양도성 및 표준성을 갖춘 증권형 금융상품(주식, 채권 등)으로도 구분할 수 있다.

02 | 금융제도의 구조

국민경제 내에서 금융제도의 기본적 기능은 여유자금을 가진 흑자지출단위(SSU)로부터 자금이 부족한 적자지출단위(DSU)로 자금을 이전하는 것이다. [그림 2-4]에서 보듯이, 이 그림의 왼쪽에 나타나 있는 흑자지출단위는 국민경제에서 자금

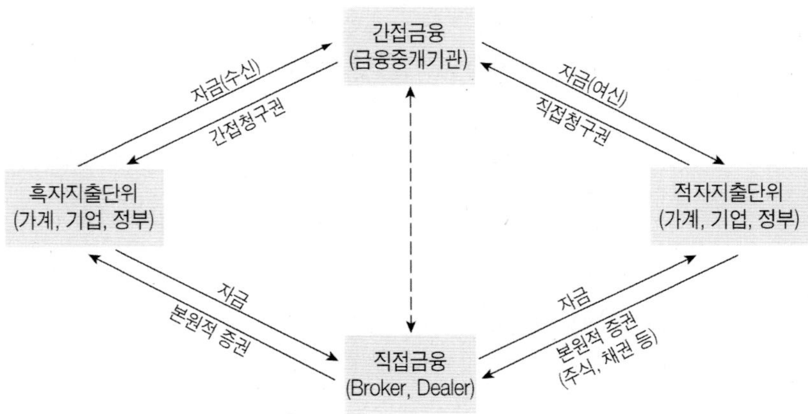

[그림 2-4] 직접금융과 간접금융

의 공급자이다. 대표적 흑자지출단위는 가계이며, 대부분의 가계는 흑자지출단위가 된다. 일부의 기업 그리고 재정흑자기의 정부 역시 흑자지출단위가 될 수 있다. 국민경제에서 자금의 수요자인 적자지출단위는 대표적으로 기업이며, 일부의 가계 그리고 재정적자기의 정부 역시 적자지출단위가 될 수 있다. 일반적으로 가계부문은 거의 모든 시기에 흑자단위가 되고 기업부문은 적자단위가 된다. 정부부문은 때에 따라 흑자단위가 되기도 하고 적자단위가 되기도 한다. [그림 2-4]는 흑자지출단위와 적자지출단위 간 자금흐름의 경로를 보여준다.

직접금융(direct finance)에서는 적자단위가 금융시장에서 흑자단위로부터 직접 자금을 차입한다. 이때 적자단위는 자신의 장래소득 또는 자산에 대한 청구권인 증권을 발행하고, 흑자단위는 자금을 대부하는 대가로서 증권을 수취한다. 적자단위가 발행한 증권을 본원적 증권(primary securities) 또는 직접증권(direct securities)이라고 부른다. 직접금융에 있어서는 본원적 증권이 그 형태를 바꾸지 않고 적자단위로부터 흑자단위로 이전된다는 점에 특징이 있다.[4]

단순한 형태의 직접금융은 어떤 개인이 자기 친구에게 차용증서(IOUs)를 써 주고 돈을 빌릴 때 발생한다. 때로 주식과 사채를 그 발행회사로부터 직접 매입하는 경우가 있는데, 이 경우에도 차입자와 대부자가 서로 만나서 금융자산을 대가로 자금을 교환한다. 그러나 오늘날의 금융시장에 있어서 대부분의 직접금융은 브로커(broker) 및 딜러(dealer)의 중개를 통해 이루어진다. 브로커와 딜러의 기본적 기능은 흑자지출단위와 적자지출단위를 연결함으로써 자금대차에 따른 거래비용 및 정보비용을 절약시켜 주는 것이다.

여기서 브로커(broker)는 증권의 매매 가능성에 대한 정보를 제공하는 개인이나 금융기관에 불과하다. 증권의 매수자나 매도자는 각자 브로커와 접촉하고, 브로커의 임무는 단지 양자를 연결하여 거래를 성립시키는 것이다. 딜러(dealer)는 매수자와 매도자 사이의 중개자인 것은 사실이나, 딜러는 자기계정으로 이후에 보다 유리한

---

4) S.M. Goldfeld and L.C. Chandler(1986), *The Economics of Money and Banking*, Harper & Row, pp.50-55.

가격으로 증권을 되팔 목적으로 매도자의 증권을 매수한다는 점에서 브로커와 구별된다. 즉 브로커는 위탁매매의 경우이고, 딜러는 자기매매의 경우이다.

한편 금융거래가 금융중개기관의 도움을 받아 이루어지는 경우를 간접금융(indirect finance)이라 부른다. 금융중개기관(financial intermediaries)은 흑자지출단위와 적자지출단위의 중간에 위치하는 중개자로서의 역할을 수행하는데, 그들의 역할은 다음과 같은 점에서 브로커 및 딜러와 구별된다.

금융기관은 자기 자신의 증권을 흑자단위에게 발행하는 동시에 적자단위로부터 본원적 증권을 매입한다. 금융중개기관은 자신의 부채인 증권을 발행하여 자금을 조달하는데, 이러한 증권을 간접증권(secondary securities 또는 indirect securities)이라고 부른다.

우리나라의 금융중개기관에는 일반은행, 특수은행, 종금사, 생명보험회사, 상호저축은행, 투자신탁회사 등이 있다. 이러한 금융기관들이 발행하는 간접증권의 예로서는 은행의 각종 예금 및 적금, 보험회사의 보험증서, 연^기금의 연금증서, 투자신탁회사의 수익증권 등을 들 수 있다. 이러한 간접증권의 공통적 특징은 일반적으로 채무불이행위험이 낮으며, 대부분 소액 저축자에게 편리하도록 작은 금액단위로 매입이 가능하며, 대체로 유동성이 높아 거의 거래비용(transaction cost) 없이 신속히 현금화될 수 있다는 점이다. 금융중개기관은 흑자단위로부터 자금을 예치 받아, 적자단위에게 자금을 대출함으로써 양자의 금융적 요구를 동시에 충족시키는 금융중개의 역할을 수행한다.

03 | 금융제도의 유형

❶ 겸업주의와 분업주의

1 의의

금융기관이 특수한 목적 또는 경쟁상의 비교우위에 입각하여 은행업과 증권업 등이 분리되어 있는 분업은행(specialized banking)제도와 은행업과 증권업 등 주변 업무를 겸영하는 겸업은행(universal banking)제도로 분류된다.

전통적으로 독일, 이탈리아, 프랑스 등 서구제국은 겸업은행제도를, 미국, 일본, 우리나라 등은 분업은행제도를 채택하여 왔다. 그러나 1980년대에 들어 세계적인 금융자유화(liberalization)와 정보통신기술(IT)의 발전에 따라 전통적인 상업은행들이 본연의 상품인 예금, 대출 및 결제업무 이외에 증권, 보험 등과 연계된 상품을 직접(in-house) 또는 자회사를 통해 취급하거나 아니면 증권회사, 보험회사 등 여타 연관 금융기관과의 업무제휴를 통해 주변업무에 진출하게 되었다.

겸업주의의 대표적인 독일의 은행들은 증권과 일부 보험업무를 직접 취급해왔다. 유럽연합(EU)의 성립과 함께 대부분의 유럽 국가들도 독일의 금융제도를 그대로 도입하여 은행의 증권업 겸영은 물론, 은행이 보험회사를 인수하거나 보험회사가 은행의 주식에 참가하여 업무를 제휴하는 등으로 은행과 보험의 겸영이 확대되고 있다. 특히 최근에는 은행과 보험회사의 겸업형태인 방카슈랑스(bancassurance)[5)]가 확산되고 있다.

미국은 그간 은행법(Glass-Steagall Act)에 따라 상업은행의 증권업무 취급이 금지되어 왔으나 1987년 법원과 중앙은행이 동 금지규정의 예외조항을 신축적으로 해석하여 은행의 증권업무 취급이 확대되어 오다, 결국 1999년 11월에 동 법이 폐지되기에 이르렀다.

일본은 1993년 관계법을 개정하여 자회사를 통하여 금융기관의 겸업을 확대하였으나 그 진전이 미흡하다는 판단에 따라 미국식 금융지주회사를 통한 겸업을 추진하였다. 특히 1997년에 국회를 통과한 금융개혁(빅뱅) 일정에 따라 금융지주회사 설립을 통해 은행-증권-보험의 벽을 허물고 상호 참여를 허용하고, 보험사에서는 은행종합

---

5) 원래 방카슈랑스는 은행(bank)과 보험(assurance)의 합성어이다. 방카슈랑스는 1986년 프랑스의 크레디 아그리콜은행이 프레디카라는 생명보험회사를 설립하여 대리점이 아닌 은행창구에서 보험상품을 판매한 것이 계기가 되어 발전되었다. 현재 프랑스 전체 생명보험시장의 50% 이상을 이 방식이 차지하고 있다. 우리나라에서는 방카슈랑스가 아직 초기 단계로 2003년 9월부터 도입되었는데, 향후 2008년까지 완전한 선진국형 방카슈랑스제도로 이행할 전망이다.

계좌를, 은행창구에서도 투신상품을 파는 통합금융시대가 열리게 되었다.

우리나라도 이와 같은 세계적인 추세에 따라 겸업주의의 확대를 앞으로의 금융산업 개편의 기본적인 구도로 삼고 있다. 즉 은행, 증권, 보험을 3대 축(major player)으로 하여 각 업종은 핵심업무를 배타적으로 취급하되 여타 부수업무는 상호 진출의 형식으로 겸업의 범위를 확대해 나가고 있다. 여기서 핵심업무란 은행의 경우 지급수단의 발행, 교환 및 결제업무를, 증권의 경우 주식의 위탁매매업무를, 그리고 보험의 경우 보험의 판매 및 운영업무를 말한다. 그리고 타 업종의 핵심업무도 자회사를 통해서는 취급이 가능하게 하고 궁극적으로 2008년까지는 업종간의 장벽을 제거하여 유럽식 겸업은행제도로 이행할 전망이다.

2 양 제도의 특징

(1) 겸업주의의 장점

첫째, 겸업주의는 범위의 경제(economies of scope)를 확보할 수 있다. 범위의 경제란 업무의 다양화를 통해 얻을 수 있는 이점으로 고정비의 절감효과, 정보의 상호 보완성으로 인한 정보효과 등을 말하는 바, 금융산업의 경우 특히 범위의 경제가 큰 것으로 간주되고 있다.

둘째, 겸업주의는 금융기관간의 경쟁을 촉진하고 금융중개비용 절감을 통해 금융시장의 효율성(efficiency)을 증대시킨다.

셋째, 겸업주의 하에서 금융기관이 다양한 업무를 취급함으로써 포트폴리오에 의한 위험절감과 수익의 다변화가 가능하여 금융기관의 경영의 안정성과 건전성에 도움이 될 수 있다.

넷째, 겸업주의는 금융상품의 다양화를 통해 고객의 선택의 폭을 넓히고, 고객으로 하여금 한 장소에서 여러 업무를 동시에 수행할 수 있다.

(2) 겸업주의의 단점

첫째, 겸업주의는 분업주의의 장점인 전문화의 이점을 상실할 우려가 있다.

둘째, 은행이 증권업무를 겸영할 경우 대출자금이 산업자금보다 투기자금으로 연결될 가능성이 크고 위험이 상대적으로 큰 증권업무 취급에 따른 은행경영의 불안정성이 증대될 가능성이 있다.

셋째, 은행과 고객 간 또는 고객 상호간의 이해상충(conflict of interest)에서 발생할 수 있는 도덕적 해이(moral hazard)문제가 발생할 수 있다. 즉, 한 당사자의 이익의 희생이 다른 당사자의 이익증진을 도모하는 부도덕한 행위의 발생을 의미한다.

넷째, 은행이 여러 업무를 겸영함으로써 얻을 수 있는 범위의 경제로 인해 권한의 남용과 타 산업의 지배가 우려된다.

❷ 단점은행제도와 지점은행제도

1 의의

각국은 역사적^지리적^사회적 및 정치적 이유에 따라서 단점 또는 지점은행제도를 채택하고 있다. 대규모 은행의 전횡을 두려워하는 나라는 단점은행제도를, 대규모 은행의 효율성을 선호하는 나라는 지점은행제도를 채택하고 있다.

단점은행제도(unit banking system)는 지점이 없거나 있더라도 그 설치가 지역적으로 엄격하게 제한되어 운영되는 제도이며 종래 미국의 은행제도가 그 전형적인 예이다. 미국도 1994년 "Interstate Banking and Branching Efficient Act(Riegle-Neal 法)"의 제정을 통해 주간(州間) 영업을 허용함으로써 단점은행제도는 사실상 폐지되었다.

지점은행제도(branch banking system)는 전국에 지점망을 갖는 은행제도로 우리나라와 일본 및 서구식 은행제도가 채택한 방식이다. 일반적으로 단점은행들은 지점은행들보다 자본금 규모가 작다.

②양 제도의 특징

(1) 지점은행제도의 장점

첫째, 전국의 지점망을 통하여 거액의 자금을 조달하고, 대출을 전국에 분산함으로써 대출의 위험을 줄일 수 있다.

둘째, 각 지방의 지점들도 본점의 전문화되고 다양한 금융서비스를 제공받을 수 있고 조직, 인사, 기타의 운영 면에서 규모의 경제(economies of scale)를 확보할 수 있으므로 경기변동에 대한 저항력도 커질 수 있다.

셋째, 자금수요가 적은 지역으로부터 자금수요가 많은 지역으로 자금을 용이하게 이전시켜 자원의 효율적 배분을 달성할 수 있다.

넷째, 단점은행을 세우기에는 너무 작은 규모의 도시나 상가 또는 큰 빌딩 등 소규모 지역에도 점포를 설치할 수 있기 때문에 금융서비스를 거의 모든 지역에 제공할 수 있다.

다섯째, 한 지역 안에 여러 은행의 지점들이 위치함으로써 경쟁을 높여 보다 질 높은 서비스를 제공할 수 있다.

(2) 지점은행제도의 단점

첫째, 지점은행제도는 단점은행제도와는 달리 본점 중심으로 운영됨에 따라 지방의 이익이 무시되기 쉽다.

둘째, 수많은 지점을 관리^유지해야 하므로 오히려 한계운영비는 증가할 수 있다.

셋째, 소수의 대규모 은행이 금융시장을 독^과점할 가능성이 크다. 소수의 대규모 은행에 자금력이 집중될 경우에 은행은 금융자본뿐만 아니라 산업자본까지도 지배할 우려가 있다.

넷째, 지점은행제도는 소위 "지역밀착경영"에 한계가 있다. 즉 단점은행제도에 비해 지점은행제도는 지역사회의 특수한 여건에 알맞은 금융서비스를 제공하기 어렵고, 지점 간 순환근무로 고객과의 긴밀한 관계를 유지하기도 힘들 수 있다.

❸ 도매은행제도와 소매은행제도

[1] 의의

전통적으로 금융기관의 거래고객이나 영업구역, 제공하는 서비스 등의 선택은 철저한 수익성에 입각하여 매우 제한적으로 이루어져 왔다.

먼저 금융기관의 거래고객은 거액의 예금이나 대출거래를 할 수 있는 기업이나 정부 및 정부기관들에 한정되었으며 영업구역, 즉 지점망의 선택도 큰 고객이 있는 대도시에 한정되었다. 한편 이들이 제공하는 금융서비스도 수익성에 입각하여 주로 예금과 대출, 그리고 신탁업무 등이 그 대종을 이루었는데 이러한 은행들을 도매은행이라 하고 도매은행들에 의해 이루어지는 영업제도를 도매은행제도(wholesale banking system)라고 한다.

도매은행들은 상대적으로 관리비용이 많이 드는 소비자금융을 취급하지 않고 고객도 부유한 계층이므로 이들의 재산관리가 주종을 이루었다. 현재 도매은행들이 취급하는 기업금융이나 국제금융 등은 대규모 자산이나 자본을 필요로 하나 인력이나 금융기법, 정보통신기술 등에서는 규모보다도 질적 심화가 요구된다.

한편 제2차 세계대전 이후 직접금융시장의 발전으로 대기업들의 은행 이용이 줄어들고 거액거래 고객들이 수익성이 보다 높은 비은행금융기관의 상품을 선호하게 되자 은행은 종래의 도매은행전략을 바꾸어 가계 또는 소액거래 고객을 대상으로 하는 소위 소매은행제도(retail banking system)를 받아들이기 시작했으며, 다수의 은행들은 도매와 소매를 겸영하는 도^소매은행의 형태를 취하기 시작했다.

특히 최근의 정보통신기술(IT)의 발달로 전자은행제도(electronic banking)와 전자자금이체제도(electronic fund transfer system : EFTS)를 통해 은행은 각양각색의 소비자들이 요구하는 다양한 서비스 수요를 저렴한 비용으로 충족시킬 수 있게 됨에 따라 소매은행이 급속히 확대되어 이른바 소매금융혁명(retail banking revolution)시대를 맞고 있다.

2 양 제도의 특징

(1) 도매은행제도의 장·단점

도매은행제도의 장점은 다음과 같다.

① 고객의 수가 적다.
② 거래단위가 거액이어서 소수의 은행원으로 관리 가능하다.
③ 지점망을 대도시로 제한하므로 영세 소규모 점포 유지비용이 절감된다.
④ 고객에게 개별적으로 친절하고 전문적인 서비스 제공 등을 들 수 있다.

반면에 도매은행제도는 다음과 같다.

① 거액거래이므로 1건의 부실 발생도 은행에 위험부담을 준다.
② 고객이 다양화되지 않아 특정산업에 편중될 가능성이 많아서 특정산업의 경제 여건에 은행이 크게 좌우될 수 있다.

(2) 소매은행제도의 장·단점

소매은행제도의 장점은 다수의 고객을 대상으로 소액의 거래를 하므로 위험부담이 적어 은행의 안정성이 확보된다. 반면에 단점은 다수의 고객을 상대해야 하므로 상대적으로 관리비용이 많이 든다는 점이다.

4 기타 은행제도

1 코레스은행

코레스은행(correspondent bank)은 한 은행이 자기의 지점이 없는 지역에 소재하는 다른 은행과 코레스계약을 체결하고 서로 상대방을 대신하여 금융서비스를 제공하는 은행제도로 국제간 은행들의 코레스제도가 그 전형이다.

코레스은행은 주로 격지간의 환거래업무를 대행하나 이 밖에도 코레스은행은 상대은행에 대해 전문서비스를 제공하기도 한다. 미국의 경우 지방은행이 대도시 소재 대규모 은행과 코레스 관계를 갖게 될 때 대도시 소재 은행이 결제, 외환, 리스, 신탁, 투자대행, 협조대출, 이 밖에 컴퓨터서비스 등을 지방은행에 제공해 주는 대신 지방은행은 대도시 소재 코레스은행에 보상예금(compensating balance)을 무이자로 예치한다. 그러나 최근에는 코레스은행이 제공하는 개별 서비스별로 상대은행이 수수료를 지급하고 대신 코레스은행에 예치한 예금에 대해서는 명시적인 이자를 지급하는 방식이 늘어나고 있다.

② 은행지주회사

은행지주회사(bank holding company)란 1개 이상의 은행을 지배하는 회사로 1개 은행만을 지배하는 경우는 단일은행지주회사(one-bank holding company : OBHC), 2개 이상의 은행을 지배하는 경우는 복수은행지주회사(multibank holding company : MBHC)라 한다. 미국에서는 은행지주회사가 은행의 대표적인 지배구조로 발전되어 왔는데, 이는 주로 지점 설치에 대한 규제회피(복수은행지주회사)와 법적으로 겸영이 금지되어 있는 비은행금융업(non-bank bank)에 자회사를 통한 진출(단일은행지주회사)을 추진하기 위해서였다.

실제로 미국에서 1994년 Riegle-Neal法의 통과로 지난 1927년 McFadden法 이후 제한되어 왔던 주간(州間)영업이 자유화되어 1997년 6월부터는 은행지주회사가 타주(他州)에도 지점을 개설할 수 있게 되었다.

04 | 금융제도의 기능

화폐교환 경제에서 금융제도가 수행하는 기본적 기능을 로스(P.S. Rose)의 분류에 따라 다음과 같이 7가지 기능으로 구분해 보자.[6) 7)]

6) P.S. Rose(1998), *Money and Capital Markets*, 5th ed., Irwin, pp.9-12.

❶ 저축기능

금융제도는 일반대중의 저축(savings)을 위한 경로가 된다. 금융시장에서 창출된 채권, 주식, 은행예금 등의 금융청구권은 일반대중에게 수익성이 높고 위험이 비교적 낮은 저축수단을 제공한다. 이러한 저축자금은 금융시장을 통하여 투자로 유입됨으로써 미래에 더 많은 상품과 서비스의 생산을 가능하게 하며 국민경제의 소득수준을 향상시킨다.

❷ 富의 기능

저축을 선택하는 개인 및 기업의 입장에서 보아 금융상품은 미래의 지출을 위해 자금이 필요할 때까지 부를 저장하는 가장 좋은 수단을 제공한다. 여기서 부(wealth)를 저장한다는 것은 가치를 유지하거나 구매력을 보유한다는 것을 의미한다. 우리는 자동차, 서적, 귀금속 등과 같은 실물로도 부를 저장할 수 있지만 이러한 물건들은 감가상각이 되고 또 손실의 위험이 크다는 단점이 있다. 그러나 채권, 주식, 은행예금 등과 같은 금융상품은 시간의 흐름에 따라 마모되지 않고, 일반적으로 현재소득을 발생시키며 또 대체로 부의 저장에 따른 손실의 위험도 다른 저장수단보다는 훨씬 작다.

❸ 자산변환기능

금융제도의 자산변환기능은 흑자지출단위로부터 다양한 만기와 규모의 자금을 수취하여 적자지출단위에게 필요한 자금을 일정기간 동안 공급해 주는 것을 의미한다. 즉 금융제도는 자금의 규모와 기간을 변화시키는 자산변환기능(assets transmutation function)을 수행한다. 화폐는 가장 완전한 유동성을 소지하고 있는 유일한 금융수단으로서 이를 다른 형태로 전환시킬 필요 없이 그대로 지출될 수 있다.

---

7) 이와 관련하여 금융의 기능을 기능별로 분류할 때 금융중개기능과 지급결제기능으로 크게 구분할 수 있으며, 금융중개기능에는 자산변환기능과 여신공여기능이 포함된다.

현실적으로 금융중개기관이 자산변환기능을 수행함에 따라 국민경제 전체로는 소액의 단기자금이 거액의 장기자금으로 바뀌어 생산의 우회도가 높은 투자사업이 촉진되는 등 투자의 효율성이 높아지게 된다.

④ 여신공여기능

금융제도는 소비 및 투자지출을 위한 자금조달이 가능하도록 여러 형태로 여신 및 신용을 제공한다. 신용(credit)은 장래에 지급하겠다는 약속 하에 경제주체에게 자금을 대부하는 것을 말한다. 첫째로 소비자는 흔히 주택이나 자동차를 구입하고, 생필품을 매입하고, 또한 부채를 상환하는 등 여러 가지 이유로 신용을 필요로 한다. 둘째로 기업은 건물을 짓고, 새로운 설비를 구입하고, 임금을 지불하고, 세금을 납부하고, 채권자들에게 이자를 지급하고, 다른 기업을 인수^합병(M&A)하고, 또 주주들에게 배당금을 지급하는 등의 이유로 은행대출금을 이용한다. 셋째로 중앙정부와 지방정부는 흔히 건물 및 그 밖의 공공시설을 신축하고, 봉급을 지불하고, 세수가 유입되기까지 일상의 현금지출을 충당하기 위하여 금융기관으로부터 차입한다.

⑤ 지급결제기능

요소시장에서는 생산요소의 거래를 위한 지급이 이루어지고, 생산물시장에서는 상품과 서비스의 거래를 위한 지급이 이루어지고, 금융시장에서는 금융청구권의 거래를 위한 지급이 이루어진다. 금융제도는 이러한 지급^결제를 행하기 위한 메커니즘을 제공한다. 교환경제에 있어서 화폐(money)는 가장 일반적인 지급수단이며, 은행, 카드전문회사, 백화점 등이 발행한 신용카드(credit card) 역시 고객에게 단기신용을 제공함으로써 편리한 지급수단으로서 널리 사용된다.

다른 유형의 카드인 직불카드(debit card)는 상품과 서비스의 구입대금을 매입자의 예금계좌에서 인출하여 판매자의 계정으로 전자방식에 의해 즉각적으로 이체시키는데 사용된다. 전자화폐와 그 밖의 전자지급결제수단은 지급^결제수단으로서의 역할이 증대되고 있다.

⑥ 위험전가기능

금융제도는 가계, 기업 및 정부에게 생명, 신체, 재산 및 소득 상의 위험에 대한 보호장치를 제공한다. 이러한 기능은 우선 생명 및 손해보험증서의 발행을 통해 행해진다. 생명보험회사가 판매한 증서는 피보험자의 사망시 재산 및 소득의 상실가능성으로부터 가족을 보호한다. 손해보험회사는 질병, 범죄 및 화재, 태풍 피해로부터 운전부주의 및 과실에 이르기까지 광범위한 신체 및 재산상의 위험으로부터 보험가입자를 보호한다. 즉 금융시장은 금융수단의 일종인 보험증서의 발행 및 선물^옵션거래를 통하여 위험전가기능을 수행한다.

또한 금융제도는 흑자지출단위로부터 생산적 투자기회를 지니고 있는 적자지출단위에게 자금을 이전하는 과정에서 위험을 전가시키는 기능을 수행한다. 만일 투자를 수행하는 기업가가 모두 위험을 부담한다면, 전체 투자안에 대한 자금조달능력이 있다고 하더라도 그는 분산투자의 이익을 희생하면서 투자하기를 꺼려할 것이다. 그러나 투자위험이 자금의 공급자와 공유되거나 재분배될 수 있다면, 투자를 수행하고자 하는 기업가의 인센티브는 더 커질 것이다. 금융시장은 이처럼 위험을 공유할 수 있는 메커니즘을 제공함으로써 위험전가기능(risk-hedging function)을 수행한다.

⑦ 정책기능

금융제도는 정책당국이 경제를 안정화시켜 물가안정, 경제성장 및 국제수지 균형이란 경제정책의 목표를 달성하기 위한 금융정책을 실행하는 주요한 경로가 되어왔다.

구체적으로 중앙은행이 금융정책의 양적 수단인 이자율정책, 지급준비율정책, 공개시장조작정책 등을 금융시장이란 경로를 통하여 경제안정화정책을 수행할 수 있게 한다.

05 | 금융시장의 분류

금융자산이 거래되는 시장으로서 금융시장은 일반적으로 다음과 같이 분류할 수 있다.

❶ 제도금융시장과 비제도금융시장

금융시장은 조직적이고 전문적인 금융기관이 중개기능을 수행하느냐의 여부에 따라 제도금융시장(organized financial market)과 비제도금융시장(unorganized financial market)으로 나누어진다. 제도금융시장이 불완전할수록, 다시 말하면 신용할당이나 이자율 규제와 같은 요인이 많을수록, 비제도금융시장의 자금중개기능이 자금이전 측면에서 중요한 역할을 한다. 일반적으로 금융시장이라면 제도금융시장을 의미한다.

❷ 단기금융시장과 자본시장

금융시장은 또한 금융자산의 만기에 따라 단기금융시장(money market)과 자본시장(capital market)으로 구분된다. 단기금융시장에서는 대체로 만기가 1년 미만인 증권이 거래가 되는데 여기에 참가하는 주체들은 이러한 단기증권을 매매함으로써 유동성을 조절하고 있다. 자본시장은 1년 이상의 장기자금을 필요로 하는 주체, 즉 기업이나 정부가 장기자금을 조달하기 위해 참가하는 시장인데 주식, 회사채, 국공채 등 여러 종류의 장기증권이 거래된다.

❸ 직접금융시장과 간접금융시장

자금조달 형태에 따라 직접금융시장과 간접금융시장으로도 구분될 수도 있다. 자금의 최종적 공급자인 흑자지출단위와 자금의 최종적 수요자인 적자지출단위 사이에 직접금융의 경로를 취할 수도 있고, 이 양자의 사이에 금융중개기관이 개입하여 간접금융의 경로를 취할 수도 있다. 즉, 흑자지출단위(*SSU*)는 직접금융시장에서 본원적 증권을 매입하거나 아니면 간접금융시장에서 금융중개기관이 발행한 간접증권을 보유할 수 있는 선택권을 지니고 있다. 간접금융의 경우 금융중개기관은 간접증권의 발행에 의해 조달된 자금을 다시 적자지출단위(*DSU*)에게 대출금이나 다른 직접증권의 취득을 통하여 이전시킨다. 즉 자금조달 형태에서 직접금융의 경로를 취하는 시장을 직접금융시장이라고 하고, 간접금융의 경로를 취하는 시장을 간접금융시장이라고 한다.

4 발행시장과 유통시장

금융시장은 발행시장(primary market), 유통시장(secondary market)으로 구분된다. 발행시장은 새로운 증권이 처음으로 발행되어 투자자들이 발행자로부터 구매하는 시장이고, 유통시장은 이미 발행된 증권이 투자자들 사이에서 매매^거래되는 시장이다.

금융시장이 저축-투자과정에서 새로운 자금이 흑자지출단위(*SSU*)로부터 자금의 수요자(*DSU*)로 이전시키는 중요한 역할을 하는 것은 발행시장 쪽이다. 그러나 유통시장 역시 자금의 이전을 촉진시키는 데 중요한 역할을 한다. 왜냐하면 금융자산의 유동성을 보장하는 유통시장이 없다면 발행시장에서 직접증권에 대한 수요는 줄어들 것이다. 따라서 기업이 투자자금을 확보하기 위해서는 높은 비용(이자)을 지불해야 할 것이고 그 결과 발행시장 역시 위축될 것이기 때문이다.

5 국내금융시장과 국제금융시장

금융시장은 거래당사자의 거주성(국내와 국외), 거래통화(자국통화와 외화), 거래발생 장소(국내와 국외)의 조합에 따라 국내금융시장과 국제금융시장으로도 구분할 수 있다.

전통적으로 국제금융이란 전체 금융거래에서 국내금융을 제외한 부분으로 정의하는 것이 보통이다. 일반적으로 국내금융은 극히 제한적으로 해석하여 ① 거주자간에, ② 자국통화로, ③ 국내거래에서 발생한 거래로 한정하는데, 이 세 가지 요건 중 어느 하나만이라도 해당되지 않으면 국제금융으로 분류하게 된다. 여기서 거주자란 국적 보유와는 관계없이 경제주체가 국제조세원칙 상 어느 국가에 주된 조세부담을 지는가에 따른 분류개념이다.

그러나 최근에는 금융시장의 범세계적 통합화 현상이 가속화됨에 따라 국제금융시장은 거주성이나 장소적 구분을 초월하여 각국의 금융시장, 유로시장, 그리고 외환시장을 포괄하는 총체적 메커니즘으로 이해되는 경향이 있다.

제4절 주요 금융상품과 재테크

01 | 확정금리부 상품과 실적배당형 상품

상대적으로 안정성이 높은 확정금리부 상품에는 은행, 상호저축은행, 신용협동조합, 새마을금고, 우체국 등의 예금(저축예금, 정기예금, 정기예탁금, CD 등)과 적금(정기적금, 장학적금 등) 등이 있다.

상대적으로 수익성이 높은 변동금리 및 실적배당형 상품에는 단기금융상품펀드(MMF), 어음관리계좌(CMA), 수익증권, 뮤추얼펀드(적립식펀드, 부동산펀드, 선박펀드 등), 그리고 주식과 관련된 파생상품인 주식연계증권(ELS), 주식연계예금(ELD), 주식연계펀드(ELF) 등이 있다.[8]

---

8) 증권관련 실적배당형 상품은 본 서의 제7장 제4절에서 상세히 다룸.

02 | 재테크 용도에 따른 금융상품의 분류9)

❶ 입출금이 자유로운 상품

입출금이 자유로운 상품으로는 저축예금, 가계당좌예금, 시장금리부 수시입출금식 예금, 단기금융상품펀드 등이 있다.

1 저축예금

저축예금은 예치금액^기간 등에 제한이 없고 입출금이 자유로운 동시에 보통예금보다 이율이 높아 여유자금의 초단기 예치에 적합하다.

2 가계당좌예금

가계당좌예금은 가계수표를 발행할 수 있는 개인용 당좌예금으로 일반 당좌예금과 달리 이자가 지급되며, 일정 자격요건을 충족시키는 개인, 자영업자가 가입할 수 있는 상품이다.

3 시장금리부 수시입출금식예금

시장금리부 수시입출금식예금(MMDA : money market deposit account)은 시장 실세금리에 따른 고금리가 적용되며, 입출금이 자유롭고 각종 이체 및 결제 기능이 가능한 단기상품이므로 1개월 이내의 목돈 운용에 적합하다.

4 단기금융상품펀드

단기금융상품펀드(MMF : money market fund)는 자산운용회사가 고객의 자금을 모아 CD, CP, 1년 이하의 국채 등 단기 우량 금융자산에 투자하는 채권투자 신탁상품

9) www.kbstar.com; www.bok.or.kr; www.mk.co.kr; www.moneytoday.co.kr 참조.

〈표 2-1〉 입금과 출금이 자유로운 금융상품별 특징

구 분	취급기관	가입대상	예치기간/ 가입한도	예금자 보호여부	특 징
저축예금	은행, 우체국, 상호저축은행	개인	제한 없음	보호	예금잔액이 일정액 이하인 경우 수수료를 부과하는 경우도 있음
가계당좌 예금	은 행	신용상태가 양호한 개인 및 자영업자	제한 없음	보호	가계수표 발행예금
MMDA	은 행	제한 없음	제한 없음	보호	MMF 및 CMA와 경쟁관계
MMF	운용 : 자산운용회사 판매 : 은행, 증권사 등	제한 없음	제한 없음	비보호	장부가평가방식의 실적배당 상품
보통예금	은 행	제한 없음	제한 없음	보호	이자율이 매우 낮음

자료 : www.bok.or.kr

으로, 수익률이 높고 수시입출금이 가능하여 소액 투자 및 단기자금 운용에 적합하나 예금자보호 대상이 아니다.

참고로, 입^출금이 자유로운 금융상품별 특징이 설명하면 〈표 2-1〉과 같다.

② 목돈마련을 위한 금융상품

목돈마련을 위한 금융상품으로는 정기적금, 근로자우대저축, 농어가목돈마련저축 등이 있다.

1 정기적금

정기적금은 정기적으로 일정 금액을 납입하는 가장 보편적인 장기저축상품으로 필요시 적금을 담보로 대출을 받을 수 있다. 개인만 가입할 수 있는 가계우대정기적금은 적금담보대출을 받지 않는 경우에는 통상 특별금리를 가산하여 지급한다.

2 근로자우대저축

근로자우대저축은 연소득 3,000만원 이하의 근로자가 가입할 수 있는 3년 이상의 비과세저축으로 신탁상품도 있으며, 은행 외에 자산운용회사, 증권회사, 보험회사에서도 각각 근로자우대투자신탁, 근로자우대증권저축, 근로자우대보험 등의 명칭으로 취급하고 있다. 지난 2002년 말까지 가입이 가능하였으며 현재 신규가입은 중단된 상태이다.

3 농어가목돈마련저축

농어가목돈마련저축이란 농어민의 생활안정과 재산형성 지원을 위해 도입된 3년 이상의 장기저축상품으로, 가입자에게 기본금리 이외에 법정장려금리를 가산하여 원리금을 지급하는 상품이다. 그러나 이자소득세 비과세 혜택은 세법 개정이 되지 않으면 2006년 말로 폐지될 예정이다.

참고로, 목돈마련을 위한 금융상품별 특징은 〈표 2-2〉와 같다.

〈표 2-2〉 목돈마련을 위한 금융상품별 특징

구 분	취급기관	가입대상	예치기간/가입한도	예금자 보호여부	특 징
정기적금	은행, 상호저축은행, 상호금융, 신협, 새마을금고, 우체국	제한 없음	6개월 이상 5년 이내	보호	•적금담보대출 허용 •상호금융, 새마을금고는 자체기금으로 예금자보호
근로자우대저축	은행, 상호저축은행, 상호금융, 새마을금고, 우체국, 자산운용회사, 증권회사, 보험회사	연간 총급여액 3,000만원 이하 근로자	분기당 150만원 이내	보호	•3년 이상 예치시 비과세 •현재 신규가입 중지
농어가목돈마련저축	지역 농협, 지구별 수협, 인삼협동조합	농어민	3년, 5년/월 5,000~12만원	보호	•법정장려금리 가산 •비과세 •자체기금으로 예금자보호

❸ 목돈 증식을 위한 금융상품

목돈 증식을 위한 금융상품으로는 정기예금, 정기예탁금, 실세금리연동형 정기예금, 양도성예금증서, 환매조건부채권, 기업어음, 표지어음, 어음관리계좌, 특정금전신탁, 불특정금전신탁 등이 있으며 그 특징은 다음과 같다.

1 정기예금

정기예금은 금리를 미리 정하여 놓고 일정금액을 일정기간 동안 예치하는 장기저축예금으로, 여유자금을 장기간 안정적으로 운용하기에 적합하다.

2 정기예탁금

정기예탁금은 은행 정기예금과 유사한 상품으로 상호금융 등 신용협동기구들이 취급하며, 비과세로 은행보다 높은 금리를 지급한다.

3 실세금리연동형 정기예금

실세금리연동형 정기예금은 가입 후 일정기간마다 시장실세금리를 반영하여 금리를 변경하는 정기예금이다.

4 양도성예금증서

양도성예금증서(CD)는 은행이 양도성을 부여하여 무기명 할인식으로 발행한 정기예금증서로, 수익률이 높으며 목돈을 3~6개월 정도 운용하는 데 적합하다.

5 환매조건부채권

환매조건부채권(RP)은 금융기관이 보유하고 있는 국공채 등 채권을 고객이 매입하면 일정기간이 지난 후 이자를 가산하여 고객으로부터 다시 매입하겠다는 조건으로 운용되는 단기저축상품으로, 단기여유자금 운용에 유리하다.

6 기업어음

기업어음(CP)은 적격업체의 기업어음을 종합금융회사, 증권회사가 할인^매입한 후 일반기관이나 투자자에게 다시 매출하는 금융상품으로, 거액자금을 1~3개월 단위로 운용하기에 적합하다.

7 발행어음

발행어음은 종합금융회사가 영업자금의 조달을 위해 자체 신용으로 융통어음을 발행하여 일반투자자에게 매출하는 형식의 저축상품으로, 자기발행어음 또는 자발어음이라고도 한다.

8 표지어음

표지어음은 금융기관이 기업으로부터 매입(할인)해 보유하고 있는 상업어음, 무역어음, 외상매출채권 등을 다시 여러 장으로 쪼개거나 한데 묶어 액면금액과 이자율을 새로이 설정해 발행하는 어음형식의 단기저축상품이다.

9 어음관리계좌

어음관리계좌(CMA)는 종합금융회사가 고객의 예탁금을 어음, 국공채 등 단기저축상품에 직접 투자하여 운용한 후 그 수익을 고객에게 돌려주는 단기저축상품으로, 개인이나 기업이 1개월에서 6개월 정도의 여유자금을 운용하기에 적합하다.

10 특정금전신탁

특정금전신탁은 투자자가 신탁재산의 운용대상을 지정한 경우로서 특정금전신탁에는 첫째로 맞춤형 특정금전신탁과 둘째로 분리과세 특정금전신탁 등이 있다.

〈표 2-3〉 목돈 증식을 위한 금융상품별 특징

구 분	취급기관	가입대상	예치기간/가입한도	예금자 보호여부	특 징
정기예금	은행, 우체국, 상호저축은행	제한 없음	5년 이내	보호	•중도해지 시 낮은 금리 적용 •이자지급방식 선택 가능
정기예탁금	상호금융, 새마을금고	조합원, 준조합원 또는 회원	5년 이내	보호	•2,000만원 한도 내 비과세 •자체기금으로 예금자보호
신용협동기구 출자금	상호금융, 새마을금고	지역^직장 등 상호유대를 가진 거주자	제한 없음	보호	•조합원 등의 자격취득 •1,000만원 한도 내 비과세
실세금리 연동형 정기예금	은행	제한 없음	1년 이내	보호	•금리 상승기에 유리
CD	은행, 종합금융회사, 증권회사	제한 없음	30일 이상	비보호	•할인식 •중도해지는 불가하지만, 시장에서 매각 가능
RP	은행, 종합금융회사, 증권회사, 우체국, 증권금융회사	개인, 법인	제한 없음	비보호	•국채 등 우량채권을 대상으로 투자
CP	종합금융회사, 증권회사	제한 없음	1년 이내	비보호	•중도해지는 불가하지만, 시장에서 매각 가능
발행어음	종합금융회사, 증권금융회사	제한 없음	1년 이내	보호/비보호	•증권금융회사 취급분은 예금자보호대상이 아님
표지어음	은행, 종합금융회사, 상호저축은행	제한 없음	원어음의 최장만기일 범위	보호	•중도해지 불가
CMA	종합금융회사	제한 없음	180일 이내	보호	•수시입출금식, 실적배당
맞춤형 특정금전신탁	은행	제한 없음	일반적으로 5천만원 이상	비보호	•고객이 직접 유가증권에 투자한 것으로 간주
분리과세 특정금전신탁	은행	제한 없음	일반적으로 1억원 이상	비보호	•33% 세율로 소득세를 납부
불특정 금전신탁	은행	상품별로 상이		비보호	•실적배당 •'04년 7월 이후 취급 중지

자료 : www.bok.or.kr

(1) 맞춤형 특정금전신탁

은행이 고객별^신탁계약건별 별도 펀드를 구성하면, 투자자는 자신이 맡긴 돈의 운용대상^운용방법^운용조건을 은행에 지시하고, 은행은 고객이 지시한 내용대로 그 돈을 운용한 후 운용수익에서 일정한 비용(신탁보수 등)을 차감한 뒤 실적 배당하는 상품이다.

(2) 분리과세 특정금전신탁

특정금전신탁 상품 중에서 발행일로부터 상환일까지의 기간이 10년 이상(2003년 이전에 발행된 채권은 5년 이상)인 장기채권에 투자하는 경우, 그 채권에서 발생하는 이자소득에 대해 분리과세를 신청하면 금융소득종합과세 대상소득에서 제외되는 상품이다.

⑪ 불특정금전신탁

불특정금전신탁은 신탁업을 영위하는 은행 등의 금융기관이 신탁단위(펀드)별로 일정 기간을 정하여 다수의 고객으로부터 금전을 신탁 받아 대출, 채권, 주식 등의 자산에 운용하고, 운용수익에서 일정한 비용(신탁보수 등)을 차감한 후 실적 배당하는 상품을 말한다. 불특정금전신탁 상품에는 가계금전신탁, 적립식목적신탁, 비과세가계장기신탁, 근로자우대신탁, 부동산투자신탁, 단위금전신탁, 추가금전신탁 등이 있으며, 2004년 7월 이후 취급이 중지되었다.

참고로, 목돈 증식을 위한 금융상품별 특징을 요약하면 〈표 2-3〉과 같다.

4 노후자금을 위한 금융상품

노후자금을 위한 금융상품으로는 연금저축, 노후생활연금신탁이 있다.

1 연금저축

연금저축은 개인의 노후생활안정을 목적으로 일정금액을 적립한 후 연금으로 원리금을 수령할 수 있는 장기저축상품으로 연간 납입액 240만원(2006년부터는 300만원) 한도 내에서 소득공제혜택을 받을 수 있으나, 연금수령 시 소득공제분과 연금이자에 대해 과세한다.

2 노후생활연금신탁

노후생활연금신탁은 개인의 노후생활 및 장래의 생활안정을 목적으로 일정금액을 5년 이상 거치 또는 적립하는 실적배당형 장기저축 상품으로서 지난 2004년 6월

〈표 2-4〉 연금저축 취급 금융기관별 비교

<table>
<tr><th rowspan="2">구 분</th><th colspan="2">신 탁 형</th><th colspan="2">보 험 형</th></tr>
<tr><th>은행
(농^수산중앙회 포함)</th><th>자산운용회사</th><th>생명보험회사, 우체국 생명공제
(농^수협중앙회, 회원조합, 신협중앙회)</th><th>손해보험</th></tr>
<tr><td>납입방식</td><td>자유적립식</td><td>자유적립식</td><td>정액식</td><td>정액식</td></tr>
<tr><td>연금
지급방식</td><td>확정기간형</td><td>확정기간형</td><td>확정기간형
종신연금형</td><td>확정기간형</td></tr>
<tr><td>상품형태</td><td>채권형, 주식형
(주식 10% 이내)</td><td>국공채형, 채권형, 주식형, 혼합형</td><td>고정금리형
금리연동형</td><td>고정금리형
금리연동형</td></tr>
<tr><td>수익률 및
원금보장
여부</td><td>실적배당
(원금보장)</td><td>실적배당
(수익률에 따라
원금손실 가능)</td><td>원리금 보장형</td><td>원리금
보장형</td></tr>
<tr><td>예금자
보호</td><td>5,000만원까지
보호</td><td>비보호</td><td>•생명보험회사는 5,000만원까지
•우체국은 정부에서 지급보장
•생명공제는 보호대상이 아님</td><td>5,000만원
까지 보호</td></tr>
<tr><td rowspan="3">주요 특징</td><td colspan="2" rowspan="2">자유적립식이므로 소득수준에 따라 신축적으로 납입 가능</td><td colspan="2">원리금 보장형이므로 미리 약정한 금리로 연금수령</td></tr>
<tr><td colspan="2">추가 보험료로 다양한 보장성 특약 제공</td></tr>
<tr><td>납입원금 보장</td><td>–</td><td colspan="2">종신연금형의 경우 사망 시까지 연금 보장</td></tr>
</table>

자료 : www.bok.or.kr

신규 가입이 마감되었다(〈표 2-4〉 참조).

⑤ 교육자금 마련을 위한 금융상품

교육자금 마련을 위한 금융상품으로는 장학적금과 교육보험이 있다.

1 장학적금

장학적금은 초^중^고등학교 학생들에게 저축성을 고취시키고 학부모에게는 자녀들의 학자금을 용이하게 마련할 수 있도록 하기 위한 적금식 저축상품이다.

2 교육보험

교육보험은 자녀가 학업을 마치고 경제적으로 독립할 때까지 연령에 따라 생일축하금, 학자금, 국토순례자금, 배낭여행자금, 자립자금 등 소정의 교육자금을 수혜할 수 있도록 부모가 자녀를 피보험자로 계약하는 일종의 생존보험상품이다(〈표 2-5〉 참조).

⑥ 비과세 및 세금우대금융상품

비과세금융상품은 현행 15.4%인 이자소득세가 면제되며, 세금우대금융상품의 경우는 15.4%(소득세 14%+주민세 1.4%)가 아닌 9.5%(소득세 9%+농특세 0.5%)로

〈표 2-5〉 교육자금 마련을 위한 금융상품별 특징

구 분	취급기관	가입대상	예치기간/가입한도	예금자 보호여부	특 징
장학적금	은행, 상호저축은행, 상호금융, 새마을금고, 우체국	미취학아동 초^중^고생	6개월 이상 (보통 3년)	보호	•학교를 통한 단체 가입 •상호금융, 새마을금고는 자체기금으로 보호
교육보험	생명보험회사	–	상품별로 상이	보호	•법정장려금리 가산 •비과세 •자체기금으로 예금자보호

〈표 2-6〉 비과세 및 세금우대금융상품

구분	저축종목	취급기관	가입대상	가입기간	비과세한도
비과세상품	장기주택마련저축	전 금융기관	•만 18세 이상 무주택자	7년 이상	분기 300만원
	연금저축	전 금융기관 (증권사 제외)	•만 18세 이상	10년 이상	분기 300만원
	농어가 목돈마련저축	지역 농협, 지구별 수협	•2ha 이하 농경지 보유 •2ha 이하 어선 보유	3년, 5년	농어민 : 분기 36만원 저소득 : 분기 30만원
	장기저축성 보험	보험회사, 농^수협, 우체국	•개인	10년 이상	보험별로 상이
	생계형저축	전 금융기관, 직장공제회	•65세 이상, 장애인 •독립유공자 가족	상품별로 상이	2,000만원
	장기주식형 펀드	증권회사, 자산운용사, 뮤추얼펀드, 은행신탁	•개인	1년 이상	8,000만원
	선박펀드	펀드운용회사	•개인	5년 이상	3억원
세금우대	소액가계저축, 노후생활연금신탁, 하이일드펀드, 소액채권저축, 소액보험저축, 근로자장기저축, 근로자장기증권저축, 장학저축 등				

자료 : www.bok.or.kr

저율과세된다. 또한 세금우대저축의 혜택을 받을 수 있는 1인당 한도액은 일반인은 4천만원, 노인과 장애자는 6천만원, 미성년자는 1천 5백만원까지이다. 비과세 및 세금우대금융상품의 내역은 〈표 2-6〉과 같다.

한편 조세형평성 차원에서 2006년을 기점으로 세금감면 대상이 점차 축소되고, 요건도 강화되었는데, 재테크 금융상품과 관련하여 이를 소개하면 다음과 같다.

첫째, 미성년자의 세금우대저축(1,500만원) 가입제한이 2006년부터 시행된다. 둘째, 2006년부터 장기주택마련저축 가입요건도 강화(85㎡ 이하 1주택자라도 기준시가 3억원 이하)되며, 가입기한도 2006년 말까지로 제한된다. 셋째, 상호금융의 조합예탁금은 1인당 2,000만원까지 이자소득세 면제(단, 농특세 1.4% 부과) 혜택이 2006년까지로 한정되며, 2007년(5%), 2008년부터는 9%로 분리과세 예정이다.

[연습문제]

① 실물과 금융의 관계를 설명하시오.
② 금융제도 및 금융시장의 개념을 설명하시오.
③ 자금의 산업적 순환과 금융적 순환을 구분해 보시오.
④ 현실의 경제에서 금융시장이 존재하는 이유를 설명하시오.
⑤ 금융시장의 유용성과 피셔의 분리정리(separation theorem)를 설명하시오.
⑥ 금융수단이란 무엇이고, 금융수단의 성질에 따른 유형을 분류하시오.
⑦ 금융제도의 기능을 Rose의 분류에 따라 설명하시오.
⑧ 단기금융시장과 자본시장은 어떻게 구분되는가?
⑨ 국내금융시장과 국제금융시장은 어떻게 구분할 수 있나?
⑩ 경제제도에서 금융시장의 역할을 간략히 설명하시오.
⑪ 직접금융과 간접금융의 차이를 설명하시오.
⑫ 겸업주의와 분업주의의 장^단점을 비교하시오.
⑬ 도매은행제도와 소매은행제도의 장^단점을 비교하시오.
⑭ 입출금이 자유로운 금융상품을 소개해 보시오.
⑮ 노후자금 준비를 위한 금융상품을 소개해 보시오.
⑯ 비과세금융상품과 세금우대금융상품의 차이는 무엇인가?

제3장 국·내외 금융환경의 변화

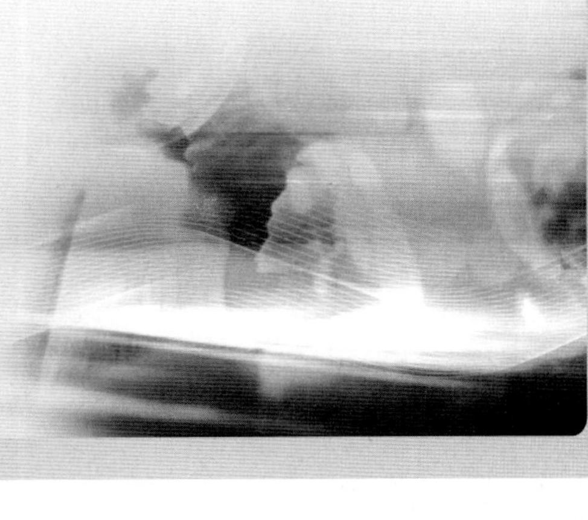

제 03장 국·내외 금융환경의 변화

1970년대 중반부터 미국을 중심으로 시작된 금융혁신을 포함한 금융환경의 급속한 변화는 지난 1980~90년대를 거치면서 가속화되고 있는 추세이다. 특히 1995년부터 WTO체제가 출범하게 됨에 따라 세계 각국의 금융시장에 엄청난 개방의 파고가 몰아치고 있는 상황이다. 또한 최근 정보기술(IT)의 눈부신 발달은 금융의 기능 및 금융산업에 막대한 영향을 미치고 있다.

본 장에서는 지난 1980~90년대 및 21세기 들어서 국제금융시장에서 진행된 금융환경 변화의 특성과 우리나라 금융환경 변화의 과정에 대해 알아본다.

제1절 금융환경 변화의 특성

오늘날 국제 금융환경의 변화를 큰 줄기로 구분해 보면 금융자유화^금융통합화^금융증권화^금융디지털화로 요약할 수 있다. 먼저, 정부의 금융규제 완화 및 철폐에 따른 금융자유화의 진전은 금융기관간의 치열한 경쟁을 야기하여 새로운 금융상품 및 금융기법의 개발과 같은 금융혁신을 일으키게 하였다.

또한 1980년대 이후 세계경제는 상호 의존관계가 심화되어서 한 나라의 금융자유화 및 금융혁신이 다른 나라에 파급되어 금융통합화를 촉진시키고 있다. 다시 말하면 금융국제화 현상의 가속화라고 할 수 있다. 한편 금융증권화는 금융기관이 예금보다는 채권발행을 통해서 자금을 조달하거나 장기 고정화되어 있는 대출채권을 유동화하여 새로운 대출재원으로 활용하는 경향을 통칭하는 것이다. 1980년대를 거쳐 1990년대 들어 더욱 가속화되고 있는 금융혁신 및 자유화는 금융의 증권화 현상을 더욱 촉진시키는 계기가 되었다. 또한 최근의 정보기술(IT)의 발달로 금융거래도 리모트뱅킹, 인터넷뱅킹 등 사이버거래가 급속히 증가하고 있다.

세계 금융시장의 자유화(liberalization)^통합화(globalization)^증권화(securitization)^디지털화(digitalization)의 진전 속에서 우리나라도 1996년에 OECD에 정회원국으로 가입하기에 이르렀다. 그러나 1997년 하반기에는 뜻하지 않게 외환위기를 맞이하게 되어, 동년 12월에는 IMF구제금융체제에 들어서게 된 우리나라의 금융산업은 1, 2차 금융구조조정을 거치게 되었다. 참여정부에 들어와서 2003년 '카드채대란'을 조기에 극복하고, 방카슈랑스 도입(2003.5) 및 저금리 기조의 정착, 한국증권선물거래소(KRX)의 통합출범(2005.1), 자본시장통합법(2008년 하반기 실시 목표) 추진 등 금융개혁이 진행되고 있다.[1)]

01 | 금융자유화

❶ 금융자유화의 의의

금융의 자유화(liberalization)란 금융제도의 안정과 신용질서를 유지하기 위하여 실시하고 있는 각종의 규제, 즉 금리규제, 국제자금 이동규제, 외국금융기관 진출규제, 금융기관의 업무규제 등을 완화 또는 폐지(deregulation)하는 것을 가리킨다. 그러나 이 중에서 금리규제와 업무규제의 완화가 핵심을 이루고 있다.

---

1) 김대식(1991), 「금융자유화^국제화에 따른 금융정책의 방향」, 한국경제연구원 ; 좌승희(1998), "한국경제 재도약을 위한 정책과제", 「1997년 한국경제학회 정기학술대회 논문집」, 한국경제학회; 김종선(2003), "IT혁신과 통화금융정책의 유효성에 관한 연구", 다산출판사; 김종선(2005), "자유변동환율제도와 원/달러 환율의 변동성 분석", 「국제무역연구」, 제11권 제1호 참조.

❷ 금융자유화의 원인

금융환경 변화의 특성 중 하나인 금융자유화가 진행되고 있는 원인으로서는 다음 세 가지를 들 수 있다.

1 금융수요의 다양화와 겸업주의 경향

금융자유화가 이루어지고 있는 원인으로서는 먼저 기업과 개인의 금융수요의 다양화를 들 수 있다. 2차 대전이 끝나고 경제성장이 높아지면서 개인의 저축도 증대되었다. 이러한 저축을 은행에 예금하는 것이 아니라 보다 수익률이 높은 금융자산을 보유하려는 경향이 커졌다. 따라서 은행의 저축성예금으로부터 증권, 신탁, 보험 등으로 자금의 이전(shift)이 일어났고 은행은 이러한 수요변화에 대처하기 위하여 비은행 금융기관이 취급하는 상품, 특히 증권발행 또는 인수를 취급하는 것이 절실하게 되었다.

그러나 독일, 프랑스와 같이 은행이 어떠한 상품이나 취급할 수 있는 겸업은행(universal banking)제도를 채택하고 있지 않고, 미국, 일본, 우리나라와 같이 은행업과 증권업이 분리되어 있는 분업은행(specialized banking)제도를 채택하고 있는 나라에서는 규제완화 또는 규제폐지가 필요하게 되어 금융자유화가 시작되었다.

기업에서도 증권시장의 발달에 따라 자금조달의 형태가 종래 간접금융(indirect finance) 중심에서 직접금융(direct finance) 중심으로 이행되었다. 따라서 회사채 발행이 크게 증가되었다. 미국에서는 은행과 리스회사가 신탁기능을 이용하여 대출채권을 증권화하여 자금을 조달하고 있으며, 은행이 취급할 수 있는 기업어음(CP) 등의 발행을 증가시켜 금융기관이 증권상품을 보다 많이 취급하기에 이르렀다. 이와 같은 금융의 증권화 현상은 금융제도의 겸업화를 촉진시키는 핵심적인 요인으로 작용하였다.

2 국가간 상호 의존관계의 강화

세계 무역은 2차 대전 이후 국제통화제도인 IMF와 무역자유화를 추구하는 GATT의 영향으로 크게 증대되었으며 이에 따라 무역금융(trade finance)의 수요도 증가되었다. 무역이 증가되자 기업의 해외진출도 또한 증가되었으며 기업의 금융수요에 대처하고자 금융기관의 해외진출도 증대되었다. 그러나 유로금융시장 이외의 금융시장은 규제가 심하기 때문에 규제가 없는 유로금융시장에 많은 금융기관이 진출하였고 이에 따라 국제금융거래도 많이 증가되었다. 1970년대 초 석유파동의 여파로 중동의 산유국이 고유가로 벌어들인 오일달러를 유로금융시장에 있는 은행, 즉 유로뱅크에 예치하고 유로뱅크는 이 자금을 신디케이트론으로 운용하여 많은 자금을 공급하였다.

그러나 1980년대에 들어서면서 에너지효율의 증가 및 석유 대체에너지가 개발되어 국제유가는 안정되기 시작하여 중동 산유국의 달러 보유가 크게 감소하였으므로 자금공급의 능력을 상실하게 되었다. 그 대신 엄청난 무역수지 흑자를 보인 일본과 독일이 국제금융시장에서 채권을 매입하게 되어 금융은 간접금융에서 직접금융으로 변모하게 되었다. 뿐만 아니라 다른 국내금융시장보다 저렴한 금리로 자금조달이 가능하게 되었으므로 국내금융시장이 유로시장에 비하여 위축을 면치 못하였다.

이에 대항하기 위하여 특히 미국은 유로시장과 비슷한 역외금융시장인 IBF(international banking facilities)를 1981년에 설치하는 한편, 국내시장에서의 규제완화를 적극적으로 추진함에 따라 금융자유화가 진행되었다.

3 신 금융기법 및 파생금융상품의 발전

컴퓨터와 정보통신기술(IT)의 발전으로 금융정보를 신속하고 저렴하게 획득할 수 있게 됨에 따라 전 세계의 금융시장을 대상으로 외환 및 금융거래를 할 수 있게 되었다. 또한 컴퓨터 프로그램을 이용하는 금융공학(financial engineering)의 발전으로 파생금융상품의 거래가 크게 증가되었고, 이 중에서도 통화 및 금리 등의 거래조건을 서로 맞바꾸는 계약인 스왑거래의 발전으로 변동금리와 고정금리를 서로 바꿀

〈표 3-1〉 파생금융상품의 장내거래 추이(기말 명목원금 기준)[1)]

(단위 : 10억달러, 배)

구 분	1988(A)	1993	1997	1999	2002(B)	B/A
장내거래[2)] 계	1,305	7,776	12,403	13,522	23,874	18.3
외 환	60	110	161	59	74	1.2
금 리	1,175	7,323	11,221	11,669	21,710	18.5
주가지수	70	343	1,021	1,793	2,089	29.8

주 : 1) 명목원금(notional principal)은 각 파생상품 계약의 명목가치(face value)에 계약수를 곱하여 산출. 주가지수관련 상품의 명목가치는 해당 지수에 지수당 가격을 곱하여 산출.
2) FOW TRADE data, Futures Industry Association, 기타 선물옵션거래소 등.

자료 : BIS, Derivatives Statistics, www.bis.org
ISDA, Market Statistics, www.isda.org

수 있게끔 되었다. 그러므로 금융시장의 참가자는 크게 증가되었고 종래의 제도와 규칙으로는 새로운 금융환경을 규제할 수 없어 규제완화가 진행되었으며 따라서 금융자유화가 촉진되었다.

한편 1980년대에 선물 및 옵션거래소가 확립된 나라는 미국과 네덜란드에 불과했으나, 1990년대에는 우리나라를 포함한 대다수 국가에서 파생금융상품을 거래하기 위한 정규시장이 개설되었다. 특히 최근에는 금리 및 환율의 변동성이 증대되면서 국제금융시장에서 위험회피를 위한 파생금융상품의 거래가 크게 증가하고 있다(〈표 3-1〉 참조).

③ 금리의 자유화

주요 선진국이 금리자유화를 추진한 이유로는 다음 두 가지를 들 수 있다.

첫째, 국가간 자금이동이 자유로워지자 금융기관과 대기업이 국제금융시장에서 자금을 조달^운용하게 되었고, 이에 따라 국내금융시장과 국제금융시장 간의 재정거래(arbitrage)가 활발하게 이루어졌다. 그러나 국내금융시장의 금리가 경직되어 있어 국내금융시장이 혼란을 거듭하게 되었으며 이로 인하여 금리의 자유화가 필요하게 되었다.

둘째, 인플레가 심하여 규제금리와 시장실세금리 간에 괴리가 발생하였다. 증권회사 등은 시장금리로 영업을 하였으나 상업은행들은 규제금리의 적용을 받았으므로 상업은행들이 상대적 열세에 놓이게 되었기 때문에 이를 극복하기 위하여 금리자유화를 추진하게 되었다.

미국에서는 대출금리는 규제를 받지 않았으나, 예금금리는 1933년의 은행법에 의하여 규제되었으며 예금이자제한법(Regulation Q)에 의하여 요구불예금에 대한 이자지급이 금지되었고, 저축 및 정기예금의 상한금리를 설정하였다. 이로 인하여 금융 긴축기에는 규제금리와 시장금리 간 괴리가 발생하였으며 예금이 감소하는 현상이 발생하였다.

이러한 문제를 해결하기 위하여 미국 연방준비은행(federal reserve bank)은 1970년 6월에 30~89일 만기 10만달러 이상의 양도성예금증서에 대한 금리를 자유화하였고, 1972년 6월에는 NOW계정(negotiable order of withdrawal accounts)의 취급을 인가하였다. 1973년 5월에는 만기가 90일 이상인 양도성예금증서에 대한 금리를 자유화하였다. 또 1978년 6월에는 6개월 만기, 1억달러 이상의 MMC(money market certificate : 시장금리연동예금)가 도입되어 예금금리 규제가 상당히 완화되었다. 1980년도에는 금융제도개혁법이 제정되어 6년간에 걸쳐 예금금리상한규제가 차례로 폐지되어 1986년에 예금이자제한법(Regulation Q)이 완전히 폐지됨으로써 사실상 금리자유화가 완료되었다.

한편 주요 선진국 중 가장 최근까지 금리를 규제해 온 일본은 1975년 5월에 자유금리인 CD를 도입함으로써 예금금리의 자유화가 시작되었다. 1985년 3월에는 MMC가 도입되었고 같은 해 10월에는 10억엔 이상의 정기예금의 금리가 자유화되었다.[2] 그 후 1989년에는 대출금리를 자유화한 데 이어, 1992년 6월에는 기일지정정기예금(期日指定定期預金)과 일부 유동성예금을 제외한 모든 예금금리가 자유화되었다. 이어 1993년에는 모든 정기예금의 금리자유화가 이루어지고, 1994년 10월에는 당좌예금을 제외한 모든 금리를 자유화함으로써 미국보다는 약 10년 쯤 늦게 사실상의

2) 김한수(1994), UR금융개방^자유화 어떻게 대처할 것인가, 국제금융연구원, p.26 참조.

금리자유화를 마무리하였다.

업무의 자유화

은행의 업무규제에 관해서도 앞서 본 두 가지 유형으로 구분할 수 있다. 첫째로 미국과 같이 은행이 은행 고유의 업무 이외의 업무, 예컨대 증권업무를 취급하지 못하게 하는 소위 분리주의(specialized banking)를 엄격히 채택하는 유형, 둘째로 독일과 프랑스와 같이 은행이 증권업무를 취급할 수 있도록 하는 겸업주의(universal banking)의 유형으로 구분할 수 있다. 우리나라와 일본은 미국 은행제도의 영향을 받아 은행업과 증권업을 구분하여 관장하고 있는데, 종주국인 미국에서조차도 이를 확연하게 구분하는 세칭 소방벽(fire wall)을 허물려는 노력이 꾸준하게 진행되었다.

미국은 1930년대 금융대공황 이전에는 양자를 구분하지 않았으나 금융대공황이 은행이 모든 업무를 취급함으로써 비롯되었다는 인식 때문에 양자를 엄격하게 구분하게 되어 Glass-Steagall법(G-S法)이 제정되었다.[3] 그러나 이러한 소방벽은 1970년대에 증권회사가 은행업무를 취급함으로써 허물어지기 시작하였다. 증권회사들은 자유금리상품인 MMF(money market mutual fund)를 개발하여 은행업에 진출하였고, 메릴 린치(Merrill Lynch)는 CMA(cash management account)를 도입하였으므로 1970년대와 같은 고금리시대에 상당한 경쟁력을 가지게 되었다.

그러나 은행은 금리상한 규제로 고객의 욕구를 충족시킬 수 있는 예금상품을 개발할 수가 없었다. 그리하여 은행경영이 어려워지기 시작하였다. 이를 타개하기 위하여 업무자유화를 추진하게 되었는데 1981년에는 수익률이 좋은 증권회사의 매수가 상당히 이루어졌고, 1982년에 은행이 MMDA(money market deposit account)를 도입하였다.

1980년에는 은행의 증권업 진출을 허용하는 입법이 추진되었으나 입법에 성공하지 못하였다. 그러나 1987년에는 은행에 CP발행^알선업무가 인가되었고 1989년에는

3) 최범수 외(1995), 국제화시대의 금융제도, 한국개발연구원, p.49 참조.

사모채 발행업무, 1990년 주식의 발행^인수업무가 인가되었으며, 이러한 소방벽을 허물려는 노력은 1990년대 후반에 들어 미국 및 일본에서 이미 성사되었고, 이러한 업무자유화를 통한 겸업주의 경향은 일본을 거쳐 우리나라의 금융빅뱅에 상당한 영향을 미치고 있다.

이에 따라 우리나라에서도 겸업이 허용될 수 있도록 현행 증권, 은행, 보험 등 기관별로 적용되는 42개 금융관련법을 기능별, 상품별 법률로 통합할 예정이다. 특히, 2008년 하반기 시행을 목표로 2006년 입법 예고된 자본시장통합법("자본시장과 금융투자업에 관한 법률")안에 따르면, 증권사^자산운용사^신탁회사^선물회사^종금사 등이 나누어 맡고 있는 증권매매와 중개, 자산운용, 투자자문 등을 모두 겸영할 수 있는 금융투자회사가 등장할 전망이며, 취급할 수 있는 금융상품의 범위도 열거주의에서 포괄주의로 바뀔 전망이다.

02 | 금융통합화

❶ 금융통합화의 조류

컴퓨터와 정보통신의 혁신을 배경으로 자금은 수익성을 추구할 목적으로 국경을 초월하여 범세계적 차원에서 대량으로 신속히 움직이고 있다.

금융국제화는 국내시장을 개방하고 외국사람과 기관, 그리고 자금의 유^출입을 자유화하는 것이지만, 이 경우에도 국내의 금융제도와 시장에 대해서는 기본적으로 각국의 독자성과 주체성이 존중된다. 그러나 금융통합화는 각국의 개별시장과 금융제도를 보편적인 통합기준과 규칙을 기초로 개편하여 통합적 금융^자본시장을 형성한다는 방향성을 갖고 있다.

따라서 금융통합화(globalization)로 인해 최종적으로 금융기관이나 기업에 의해 동경금융시장에서 자금을 움직이는 것과 뉴욕금융시장과 런던금융시장에서 자금을 움직이는 것은 다를 것이 없고, 다만 다른 것은 오직 시각뿐이다. 즉 금융통합화로 뉴욕, 동경, 런던의 각 시장을 이용하면 24시간 거래가 가능하게 된다. 이러한 24시간 거래는 주식뿐만 아니라 채권도, 외환도, 그리고 각종 파생금융상품도 이렇게 매매될 수 있다. 그러므로 이렇게 거래가 세계적으로 증대할수록 각국의 개별 금융시장은 통합화를 지향하여 거래규칙과 제도가 단일화되어야 한다. 이런 맥락에서 규제자본금의 측정과 자본의 적정성에 관한 최초의 국제적 통일기준은 국제결제은행(BIS)이 1988년 7월에 제정한 자기자본규제에 관한 국제적 통일기준(International Convergence of Capital Measurement and Capital Standards)이다.[4)]

한편 BIS기준은 대출자산의 신용위험을 주 대상으로 하고 있는데, 1992년 1월에 제네바에서 개최된 국제결제은행과 국제증권위원회(IOSCO) 간에 증권업무를 취급하는 금융기관의 건전성을 도모할 목적으로 '시장위험규칙에 관한 국제통일기준 초안'이 마련된 바 있다. 그 후 1993년 4월 바젤위원회는 기존의 '신용위험' 이외에 '시장위험'에 대해서도 일정수준 이상의 자기자본(capital charges)을 보유하는 방안을 제안하여 각국의 의견수렴을 거쳐 1996년 1월 바젤합의를 개정하고, 1997년 12월부터 회원국을 대상으로 신 BIS자기자본규제를 적용하기에 이르렀다.[5)]

이에 따라 은행보유 자산을 신용위험 자산과 시장위험 자산으로 구분하고 전자에 대해서는 8% 이상의 자기자본을 유지토록 하고, 후자에 대해서는 일정 방식에 의해 산출된 위험상당액만큼의 자본을 별도로 보유토록 하였다.

그러나 BIS의 바젤위원회는 자산증권화 등을 통한 자기자본규제 의무의 회피의 문제점을 극복하기 위해 1999년 6월 "은행자기자본규제제도 개편에 관한 협의안"(바젤II협약)을 발표하였으며, 2004년 6월에 바젤II협약을 확정하여, 2006년 말부터 시행할 예정이다. 우리나라는 바젤II협약을 2007년 말부터 도입하기로 하였다. 2007

---

4) BIS자기자본비율 = $\frac{\text{자기자본}}{\text{위험가중자산}} \times 100 \geq 8\%$ 로 정의되며, 이때 자기자본은 '기본자본+보완자본-공제항목'이며, 위험가중자산은 'Σ(대차대조표자산×위험가중치)+Σ(부외자산×신용환산율×위험가중치)'로 정의됨.

5) 신 BIS자기자본비율= $\frac{\text{자기자본(Tier I+Tier II)+단기후순위채(Tier III)}}{\text{신용위험가중자산} - \text{단기매매목적채권 및 주식의 위험가중자산} + \text{시장위험량} \times 12.5} \times 100 \geq 8\%$ 로 정의되며, 금융감독원에 따르면 우리나라에서는 2001년 결산 때부터 적용.

〈표 3-2〉 주요국 주가지수 추이

연 도	뉴욕증권거래소	나스닥	영 국	독 일	일 본	홍 콩
	DOW JONES[1)]	NASDAQ[2)]	FTSE 100[3)]	DAX[4)]	NIKKEI 225[5)]	HANG SENG[6)]
1991.12	3,168.83	586.34	2,493.10	1,577.98	22,983.77	4,297.33
1992.12	3,301.11	676.95	2,846.50	1,545.05	16,924.95	5,512.39
1993.12	3,754.09	776.82	3,418.40	2,266.68	17,417.24	11,888.39
1994.12	3,834.44	751.96	3,065.50	2,106.58	19,723.06	8,191.04
1995.12	5,117.12	1,052.14	3,689.30	2,253.88	19,868.15	10,073.39
1996.12	6,448.27	1,291.03	4,118.50	2,888.69	19,361.35	13,451.45
1997.12	7,908.25	1,570.35	5,135.50	4,249.69	15,258.74	10,722.76
1998.12	9,181.43	2,192.69	5,882.60	5,002.39	13,842.17	10,048.58
1999.12	11,479.12	4,069.31	6,930.20	6,958.14	18,934.34	16,962.10
2000.12	10.786.85	2,470.52	6,222.50	6,433.61	13,785.69	15,095.53
2001.12	10,021.50	1,950.40	5,217.40	5,160.10	10,542.62	11,397.21
2002.12	8,341.63	1,335.51	3,940.40	2,892.63	8,578.95	9,321.29
2003.12	10,453.92	2,003.36	4,476.90	3,965.16	10,676.64	12,575.94
2004.12	10,783.01	2,175.44	4,814.30	4,266.08	11,488.76	14,203.14
2005.12	10,717.50	2,205.32	5,618.80	5,408.26	16,111.43	14,876.43

주 : 1) (1) 1928.10.1=240.01 (2) 1971.2.8=100 (3) 1983.12.31=1,000
(4) 1987.12.31=1,000 (5) 1949.5.16=176.21 (6) 1964.7.31=100
2) 각국의 주가지수는 연월말 평균치임.
자료 : 증권업협회.

년 말에 국내에 도입되면 은행산업의 리스크관리 선진화와 신용평가시장의 활성화가 촉진되며, 금융감독시스템의 선진화에도 기여할 전망이다.

〈표 3-2〉에서는 금융통합화가 진전되던 지난 십여 년간의 주요 선진국의 주가지수 추이를 보여주고 있다.

❷ 금융통합화의 효과

1 긍정적 측면

이러한 금융통합화에 따른 긍정적 효과를 고찰하면 다음과 같다.

첫째, 금융기관의 수익이 증대된다. 즉 외국환 및 국제금융에 관련된 각종 수수료

수입이 증가될 것이다.

둘째, 해외거점이 확보된다. 국내금융기관이 해외지점, 사무소 또는 현지법인을 설치하여 현지에 진출한 국내회사의 지사와 우리나라와 영업관계가 있는 외국회사에 각종의 서비스를 제공할 수 있다.

셋째, 고용이 창출된다. 국내금융시장에 외국은행이 진출하면 고용이 증대된다.

넷째, 국제수지가 개선된다. 외국은행이 진출하고 역외금융시장이 형성되면 국내금융기관과 거래가 많아지므로 국제수지가 개선된다.

다섯째, 국내통화가 국제통화, 즉 기축통화(key currency)가 되면 국가위신이 높아지고 국제수지정책 수행이 쉬워지며 국제정치 및 경제적 입장이 강화된다.

여섯째, 외자도입이 수월해진다. 외국은행이 자국 내에 진입하면 이 은행을 이용하여 쉽게 외자를 도입할 수 있다.

2 부정적 측면

그러나 금융통합화가 긍정적 효과만을 가지고 있는 것은 아니다. 부정적 효과를 살펴보면 다음과 같다.

첫째, 금융이 통합화되면 자본이동이 국제간에 활발해지며 금융기관이 상호 진출하게 되므로, 국내경제가 국제경제에 영향을 받게 되어 금융정책과 재정정책 등을 독자적으로 실시하기 어렵게 된다.

둘째, 금융통합화는 국내금융기관과 외국금융기관과의 경쟁을 심화시키고, 비교우위를 가진 외국금융기관이 국내시장을 잠식하여 금융거래 수익이 해외로 유출될 수 있다.

셋째, 금융통합화(globalization)는 자본자유화를 유발하게 되므로 핫머니(hot money)가 국내에 유입되어 금융^자본시장을 교란시킬 염려가 있다.

03 | 금융증권화

❶ 금융증권화의 발전과정

금융증권화란 금융시장에서 증권을 이용한 자금조달 및 운용이 확대되는 것을 말하며, 이를 통해 금융중개방식이 직접금융화되고, 대출채권이 증권화되는 현상이라고 하겠다. 금융의 증권화(securitization)가 진행되어 은행과 증권회사 간의 업무를 둘러싼 싸움이 격화되고 있다. 이것은 은행과 증권 간의 영역다툼이다. 전술한 바와 같이 유럽 각국의 겸업주의(universal banking)와는 달리, 미국과 더불어 일본에 있어서는 은행업무와 증권업무가 명확히 구분되어 있었다.

그러나 80년대 이후 금융증권화의 기복이 커짐에 따라 은행이 수익의 확보와 증대를 위해 증권업무에 진입할 필요성이 커졌다. 그 동안 미국에서 증권회사가 비은행 금융기관(상업대출 또는 요구불예금을 취급하지 않는 금융기관)을 설립하여 사실상 은행업무에 진출하였고, 일본에서는 은행의 국채 창구판매를 시작하는 등, 은행과 증권 간의 울타리가 점차로 무너지고 있었다. 더욱이 유로시장에서는 미국과 일본의 은행이 증권 현지법인을 설립하고, 대대적으로 증권업무를 실시하고 있기 때문에 은행^증권 간의 울타리마저 점차로 유명무실화 되었다.

이러한 중에 미국 및 일본에서 은행^증권 분리를 법적으로 재조명하고 금융제도를 근본적으로 개정하려는 움직임이 구체화되었다. 일본에서는 1987년 2월에 「금융제도조사회」가 은행^증권의 분리 등의 영역을 재조명할 필요성에 대하여 보고서를 발표하고, 그 이후 1989년 5월에 '새로운 금융제도에 대하여'란 보고서에서 금융제도 개혁의 방법으로서 세 가지를 제시하고 그 중에서 '업태별 자회사방식'과 '특례법에 의한 투자은행 자회사 설립방식'의 두 가지가 바람직하다고 결론지었다.[6] 결국 일본에서는 1992년 6월 "금융제도개혁법안"이 국회에서 통과됨에 따라 은행 및 증권사들

6) 배영목 역(1994), 현대금융입문, 비봉출판사, pp.32-34.

이 자회사를 통해 상호 상대방 업무에 진출할 수 있도록 허용하였다. 이후 1997년에 확정되어 2001년까지를 목표로 추진된 "금융개혁(빅뱅)안"에 따라 금융지주회사 설립을 통해 은행, 증권, 보험의 벽을 허물고 상호 참여를 허용하고, 보험사에서 은행종합계좌를, 은행창구에서 투신상품을 파는 등 통합금융시대가 열리게 되었다.[7)]

미국에서도 1933년의 G-S법에 의해 은행업과 증권업이 확연히 구분되어 있어 상호 진출이 불가능하였으며, 1991년 2월에 제출된 은행의 증권 및 보험업 등으로의 진출을 허용하는 금융제도개혁안의 법률개정도 실패하였으나, 실질적으로 미연준(FRB)의 G-S법의 탄력적 해석에 의해 업무구분이 점차 완화되고 있으며 주요 은행지주회사들이 특정조건 하에서 비은행 자회사를 통해 증권업무에 참여할 수 있게 되었다.[8)] 이후 1994년 리글-니얼법(Riegle-Neal : The Interstate Banking and Brenching Efficient Act)의 제정을 통해 주간(州間)영업을 허용하고, 은행^증권업 분리를 완화하였다. 결국 1999년 11월 G-S법이 폐지되어 금융겸업화가 확립되기에 이르렀다.[9)] 이에 따라 금융증권화 현상은 더욱 가속화되고 있다.

❷ 금융증권화의 원인 및 내용

금융의 증권화의 원인 및 내용은 다음과 같다.

첫째, 외채위기와 자금조달방법 변화.

국제금융시장에서 진행되고 있는 증권화 현상은 외채위기가 표면화된 이후 유로대출시장의 기능이 대폭 축소되고 국제채시장이 이를 대신한 데서부터 비롯되었다. 즉, 폴란드와 멕시코의 외채위기를 기점으로 상업은행들이 개발도상국에 대한 대출을 감소시키고, 그 대신 신용이 양호한 선진국의 정부, 정부기관과 기업에 신용을 제공하였다. 그러나 이들 차입자들은 조달비용이 큰 대출보다는 조달비용이 저렴한

7) 김종선 외(2004), 금융시장론, 학현사, pp.50-54.

8) 조정구(1994), 국제금융환경변화와 기업의 국제금융시장 활용전략, 대외경제연구원, pp.15-17.

9) 미국에서 1999년 11월 금융개혁법(Financial Service Modernization Act of 1999)이 통과됨에 따라 은행, 증권, 보험 상호간의 업무장벽이 철폐되어 이들 간의 겸업이 가능하게 되었다.

채권 발행을 선호하여 이들의 기호에 맞추기 위하여 국제상업은행들도 채권을 발행하여 자금을 공급하게 되었다.

따라서 변동금리채(FRN)의 발행이 급속히 증가하였고, 그 후 NIF(note issuance facility), RUF(revolving underwriting facility), MOF(multi option facility)나 CD facility 등이 개발되었다.

둘째, 국제자금이동의 변화.

제1, 2차 석유파동으로 인한 유가폭등으로 OPEC 산유국은 엄청난 경상수지의 흑자를 보게 되었다. 그러나 이들 산유국은 자금운용기술의 미숙으로 대부분의 자금을 유로뱅크에 예치하여 제1차 석유위기 후에 유로뱅크의 예금의 50%, 제2차 석유위기 후에는 61%나 차지하였다. 한편 유로뱅크들이 이들 자금을 신디케이트론으로 운용함으로써 국제금융시장에서 간접금융의 비중이 압도적으로 높았었다.

그러나 제2차 석유파동 후 세계의 여러 나라들이 석유 절약적 생산방법을 채택하고 대체에너지를 개발하여, 석유수요의 증가세가 감소하고 원유가격의 하락으로 산유국들의 경상수지는 1982년을 기점으로 적자로 반전하였다. 반면, 일본, 독일 등 선진국들이 많은 경상수지 흑자를 보게 되었다. 그러나 이들은 흑자로 인한 자금을 산유국과 같이 예금의 형태로 운용하지 않고 수익률이 높은 채권을 매입하였다. 또 차입국인 미국이 채권을 발행하여 경상수지 적자를 보전함으로써 금융의 증권화 현상은 본격화되었다.

셋째, 위험관리 기법의 발달.

국제금융시장에서 변동금리의 적용이 일반화되자 금리위험이 크게 문제되기 시작하였고 이를 커버하기 위하여 금리스왑(interest swap), 금리선물(forward rate agreement) 등을 개발하였다. 이들 기법은 증권 및 파생증권을 매개로 하여 이루어지는 것이다. 이에 따라 금융증권화 현상은 더욱 심화되었다.

장기자금 조달에 사용되는 것이 금리스왑인데 이는 1981년부터 발전되기 시작하였다. 채권발행 시 금리 및 통화스왑을 이용하여 차입자는 원하는 금리의 형태 및 만기와 통화를 선택할 수 있다. 특히 1984년 12월에 유로엔채와 유로달러채를 스왑하는 기법이 유행하여 스왑거래는 크게 증가하였다. 한편 단기차입거래에는 금리선물, 금리옵션과 선물금리 등이 이용된다.

넷째, 은행의 자기자본비율 규제.

상업은행들은 자기자본규제의 회피와 수수료 수입의 증대를 위하여 부외거래(off balance business)를 행하였다. 부외거래란 대차대조표의 본문에 계상되지 않고 각주에 기재되는 거래로서 보증신용장의 발행, 회전대출약정, CP용 백업 크레딧과 NIF 등이 여기에 포함된다. 최근에는 이와 같은 부외거래의 급증에 따른 은행의 재무구조의 안정성을 제고하기 위해 은행의 자기자본비율을 규제하려는 움직임이 전 세계적으로 일어나, 앞서 본 바와 같이 1988년 7월 국제결제은행(Bank for International Settlement)이 은행의 자기자본에 대한 국제적인 통일기준을 마련하였다. 이에 따라 BIS기준을 준수하여야 하는 은행들은 1992년 말까지 위험도에 따라 가중치가 부여되는 위험가중자산에 대하여 8% 이상의 자기자본을 유지하도록 되었다. 또한 1997년 12월부터는 신 BIS자기자본규제를 적용하기에 이르렀다.

선진국에서는 이 기준을 지키기 위하여 위험자산인 대출보다는 증권관련업무 등을 통한 수수료 수입증대를 추구하고, 자기자본비율의 제고를 위해 우선주, 후순위채(CBO) 등의 발행증대에 따라 금융의 증권화 현상은 더욱 심화되고 있다.[10)]

04 | 금융의 디지털화

최근 정보기술(information technology : IT)의 눈부신 발달은 금융의 기능 및 금융산업에 큰 영향을 주고 있다. 구체적으로 정보기술의 발달은 금융의 기능 및 금융환경 변화에 큰 영향을 주고 있어서 금융의 디지털화(digitalization)가 진행 중이라고

10) 우리나라는 BIS기준에 의한 자기자본비율규제를 도입해 1993년 말부터는 7.25% 이상, 1995년 말부터는 8% 이상 유지하도록 하였고, 1996년 9월에는 한국은행이 BIS에 가입을 신청하여 1997년 1월부터 정회원국이 되었다. 또한 자기자본규제 의무 회피를 극복하기 위한 바젤II협약을 우리나라는 2007년 말부터 도입하기로 하였다.

하겠다.

오늘날 정보기술의 진전은 크게 컴퓨터의 발달과 통신기술의 발달로 구분된다. 1945년 미국 펜실바니아대학에서 개발된 컴퓨터는 지난 수십 년간 그 사용이 폭발적으로 증가하였다. 컴퓨터의 연산능력이 기하급수적으로 증가함에 따라 금융분야에서 컴퓨터의 중요성은 더욱 증대되었다. 특히 컴퓨터가 수많은 지급결제 정보를 순식간에 처리하고, 각종 자산과 부채에 대한 정보를 관리함으로써 금융제도의 효율성을 크게 제고시켰다.

한편 통신기술의 발달 역시 금융산업에 막대한 영향을 끼쳤다. 인터넷의 활성화로 원거리에서의 금융거래가 가능해짐에 따라 각종 정보를 손쉽게 접할 수 있고, 리모트뱅킹, 인터넷금융, 사이버거래, 모바일뱅킹 등 새로운 금융서비스가 제공되고 있다.

제2절 국내 금융환경 변화의 실제

01 | 금융환경 변화의 배경

우리나라의 금융당국은 지난 1960년대 이후 경제개발계획을 추진하는 과정에서 제한된 금융자원을 특정부문에 공급(할당)하는 과정에서 금융부문 전반에 걸쳐 규제를 지속해 왔다. 따라서 이러한 금융규제는 금융구조의 취약성과 금융산업의 낙후를 초래하였고, 결국 관치금융의 틀에서 크게 벗어나지 못하였다. 그러나 범세계적인 금융환경의 변화 추세에 발맞춰 1980년대에 들어서 1981년 「자본시장 자유화를 위한 4단계 조치」가 발표되어 외국인 전용수익증권이 발매되고, 코리아펀드 등이 설립되기에 이르렀고, 1988년 「자본시장 국제화 중기계획」을 수립하여 1992년에는 외국인의 국내증권 직접투자를 허용하는 등 자본자유화를 본격화하기에 이르렀다.

한편 1984년 금융기관 대출금의 차등금리제 도입을 시작으로 금리자유화가 추진되기 시작하여, 1991년 금리자유화 4단계 추진계획이 발표되어 금리자유화 계획의 청사진이 마련되었다.

1993년에 출범한 문민정부는 전격적으로 그 해 8월에 금융실명제를 전격 실시하고, 신경제 5개년 계획(1993~1997)과 제3단계 금리자유화 및 시장개방계획을 수립^발표하여 1997년까지의 종합적인 금융개혁 및 시장개방계획을 제시하였다. 그 배경은 ① 금융산업의 낙후로 인한 실물경제발전의 제약요인 해소, ② 금융의 국제화^개방화 추세에의 능동적 대응하기 위한 노력이라고 하겠다.

이런 배경 하에 1996년에는 은행법과 증권거래법이 대폭 개정되었고, 금융산업구조조정법이 제정되었다. 1997년에는 금융개혁위원회가 발족하여 금융빅뱅을 추진하여, 결국 동년 12월에 「금융감독기구의 설치 등에 관한 법률」 등 금융개혁 관련 13개 법안이 제정 및 개정되기에 이르렀다.

한편 외환위기를 맞아 국민의 정부는 1, 2차 금융구조조정을 포함한 대폭적인 제도개편을 추진하였으며, 2003년 참여정부 출범 이후에도 금융개혁은 꾸준히 추진되고 있다.

이 과정에서 우리나라 금융부문 발전의 정도를 측정해 볼 수 있는 대표적 척도인 골드스미스(R.W. Goldsmith)의 금융연관비율(FIR)을 이용하여 우리나라 금융부문의 발전의 정도를 알아보자. 금융연관비율이란 일정시점에서 한 나라의 금융자산총액을 실물자산총액으로 나눈 비율이다. 그런데 한 나라의 실물자산총액을 나타내는 통계(즉, 정부, 기업 및 가계부문의 자본스톡 총액)가 갖추어져 있지 않은 경우가 많아 흔히 그 대용지표로 명목 국민총소득(GNI)을 사용하기도 한다. 금융연관비율은 자본축적액(실물 측면)에 대한 금융자산액(금융 측면)의 비율로, 일반적으로 경제가 발전할수록 금융연관비율이 높아지는 것으로 나타난다. 이처럼 경제발전에 따라 실물자산에 대한 금융자산의 규모가 커져 금융연관비율이 높아지는 현상을 일컬어 '금융의 심화'(financial deepening)라고 한다.

우리나라의 금융자산 축적 추이를 〈표 3-3〉에서 살펴보면 우리나라의 금융연관비

〈표 3-3〉 금융자산 축적 추이

(단위 : 조원, 배)

구 분		1996	1998	2000	2002	2004	2005.6
금융자산 증가액		319.2	328.2	265.4	449.5	308.3	108.6
금융자산 잔액		2,168.4	2,990.3	3,592.5	4,385.6	4,893.9	5,107.9
금융연관 비율(배)	한 국	5.20	6.83	6.24	6.40	6.28	6.46
	미 국	7.78	8.74	8.96	8.54	9.26	8.96
	일 본	10.55	10.99	11.29	11.27	11.49	11.45

주 : 1) 금융연관비율 : 금융자산잔액/명목 GNI
① 금융자산잔액 : 현금, 예금은 물론 보험, 채권, 주식, 출자지분 등(정부, 금융, 기업, 개인 및 해외부문까지 포함).
② 명목 GNI(gross national income) : 명목 국내총생산(GDP)－외국인의 국내생산＋내국인의 해외생산.
2) 실질 GNI는 국내총생산(GDP)에다 교역조건 변화에 따른 무역손익을 반영.
자료 : 한국은행.

율은 2001년 이후 6배를 조금 넘어선 수준에서 큰 변화가 없으며, 선진국인 미국(9배 수준), 일본(11배 수준)과 비교해 보면 아직 낮은 수준에 있어, 금융의 심화가 더 필요한 것으로 나타났다.

02 | 국내 금융환경 변화 내용

❶ 금리자유화

1984년 1월 금융기관 대출금 차등금리제 도입으로 부분적으로 시행되기 시작한 금리자유화가 1991년 8월 금리자유화 4단계 추진계획을 발표하여 추진되어 오다, 신경제 5개년 계획에 의해 〈표 3-4〉에서 보듯이 보완되어 시행되어 왔다.

금리자유화 추진계획은 여^수신금리의 단계적 자유화와 금리연동부 상품(CD 등)의 저변 확대 등에 초점이 맞춰져 있다.

제1단계 금리자유화(1991년 11월)에서는 규제의 실효성이 적고, 금리변동의 경제

〈표 3-4〉 금리자유화 추진계획 및 현황

<table>
<tr><th colspan="2">구 분</th><th>당초 계획</th><th>조치 내용</th></tr>
<tr><td rowspan="3">1단계
(1991~92년)</td><td>수신</td><td>CD, 거액RP 등
단기시장성 수신상품</td><td rowspan="3">〈1991.11.21. 시행〉
•수신 : CD, 거액RP, 거액상업어음 및 거액무역어음 일반매출, 3년 만기 정기예금(신설), 투금사의 거액기업어음(CP), 3년 이상 예금 등(상호신용금고 : 2년 이상)
•여신 : 당좌대출, 상업어음할인(한은 재할인대상 제외), 연체대출, 상업어음할인(신탁, 상호신용금고, 보험), 투금사의 기업어음할인 및 무역어음할인 등
•2년 이상 회사채</td></tr>
<tr><td>여신</td><td>당좌대월, 상업어음
할인 등 단기여신</td></tr>
<tr><td>채권</td><td>2년 이상 회사채</td></tr>
<tr><td rowspan="3">2단계
(1993년 중)</td><td>수신</td><td>제1^2금융권의 2년 이상 정기예금 및 3년 이상 정기적금 등</td><td rowspan="3">〈1993.11.1. 시행〉
•수신 : 2년 이상 정기예금, 3년 이상 적금 등(정기적금, 상호부금 등), 2년 이상 예금, 3년 이상 적금 등(상호신용금고 : 1년 이상 예금, 2년 이상 적금)
•여신 : 제1^2금융권의 모든 여신(재정 및 한은 지원대상 대출 제외)
•2년 미만 회사채, 금융채 및 국공채</td></tr>
<tr><td>여신</td><td>재정 및 한은 지원대상 대출을 제외한 모든 제1^2금융권의 여신</td></tr>
<tr><td>채권</td><td>2년 미만의 회사채
2년 이상 금융채</td></tr>
<tr><td rowspan="2">3단계
(1994~96년)</td><td>수신</td><td>단기시장성 상품
자유화폭 확대
(1994~95년 중)
요구불예금을 제외한
2년 미만 수신
(1996년 중)</td><td rowspan="2">〈1994.7.18. 일부 시행〉
•CD, CP, RP의 최단만기 단축(91일 → 60일), 은행 표지어음 발행 허용
〈1994.12.1. 일부 시행〉
•수신 : 1년 이상 2년 미만 예금, 2년 이상 3년 미만 적금
•여신 : 한은 총액한도대출 관련자금 금리를 우대금리 범위 내에서 자유화
〈1995.7.24. 일부 시행〉
•수신 : 6개월 이상 1년 미만 예금, 1년 이상 2년 미만 적금, 단기 시장성상품 자유화폭 확대(최단만기 단축 및 최저발행금액 인하)
•여신 : 한은 총액한도대출 관련자금 금리
〈1995.11.20. 완결〉
•수신 : 6개월 미만 예금(적금 등 1년 미만), 3개월 이상 예치 자유저축예금^기업자유예금, 단기시장성 상품 자유화폭 확대(최저발행금액 인하)</td></tr>
<tr><td>여신</td><td>한은 자금지원대상
정책자금 대출
(1994~95년 중)</td></tr>
<tr><td>4단계
(1997년 이후)</td><td>수신</td><td>전 단계에서
자유화되지 않은
단기수신 및
요구불예금</td><td>〈1997.7.7. 일부 시행〉
•수시입출식 저축성예금(저축예금, 자유저축예금, 기업자유예금)
•단기 시장성 상품 제한을 사실상 폐지
〈2004.2.2. 시행〉
•요구불예금금리 완전 자유화</td></tr>
</table>

자료 : 한국은행.

적 파장이 작을 것으로 예상되는 금융상품을 대상으로 하였다. 즉 수신 면에서는 CD, 거액 RP, 거액상업어음 및 무역어음일반매출, 3년 만기 정기예금 등이며, 여신 면에서는 당좌대출, 상업어음할인, 연체대출 등의 금리를 자유화하였다.

제2단계 금리자유화(1993년 11월)에서는 정책금융을 제외한 여신금리와 2년 이상 정기예금과 같은 장기수신금리를 자유화하였다. 또한 4번에 걸쳐 시행된 제3단계 금리자유화에서는 수신 면에서 6개월 미만 정기예금과 1년 미만 적립식 수신금리와 여신 면에서 한은 총액한도 대상 대출금리를 자유화하였다.

끝으로, 제4단계 금리자유화(1997년 7월)의 일부 시행으로 3개월 미만의 수시입출식 저축성예금(MMDA)을 도입하고, 단기시장성상품 제한을 사실상 폐지하여 전 금융기관을 대상으로 한 전체수신은 92.0%로, 은행수신은 78.4%로 자유화비중이 높아지게 되었다. 따라서 재정자금의 여신금리와 요구불예금 및 7일 미만 저축성예금을 제외하고는 모든 수신금리가 자유화되었다. 그러나 2004년 2월부터는 요구불예금(보통예금, 가계당좌예금, 별단예금 등) 및 7일 미만 저축성예금의 금리도 완전 자유화하기에 이르렀다. 이로써 1991년 시작된 예금금리 자유화가 완전히 마무리 되었다(〈표 3-4〉 참조).

❷ 금융업무영역의 완화(겸업주의 경향)

금융의 국제화, 국내금융시장 개방 압력에 따라 국내금융기관의 국제경쟁력 강화 및 경쟁의 공평성 확보를 통한 효율화 유도와 고객 편의의 증진을 도모할 목적으로 금융업무영역의 완화를 추진하고 있다. 궁극적으로 업종간의 장벽을 완전히 제거하여 유럽식 겸업주의로 이행할 전망이다.

한편 단계별로 보면, 이미 1단계와 2단계는 시행되었으며, 3단계 시행이 진행되고 있다. 이에 따라 현행 증권, 은행, 보험 등 기관별로 적용되는 42개 금융관련법을 기능별, 상품별 법률로 2008년까지 통합^시행할 전망이다.

(1) **1단계** : 본격적인 금융개편을 위한 정지작업.

① 단기금융회사 정비.

② 단기금융회사 기능 중 예금은행 업무에 해당되는 부문은 은행업무로, 투자은행에 해당되는 부문은 증권회사나 투자기관 업무로 정비.

(2) **2단계** : 금융기관 업무영역 조정은 은행, 증권, 보험 등 3대 금융권역의 골격을 유지하면서 부수업무에 대한 상호 진출, 자회사 설립 등의 형식으로 겸업의 범위 확대 조정.

① 은행 : 금융기관의 중추기능을 담당하면서 국공채 인수 주간사 등 증권업무 범위를 단계적으로 확대.

② 증권 : 시장의 중추적인 기관으로 육성해가고 제한적으로 외국환업무 허용.

③ 보험 : 보험기관으로서의 특성을 강화하고 기관투자가로서의 역할을 제고하며 국공채의 창구매출을 허용.

(3) **3단계** : 은행과 비은행 업무 간의 본격적인 겸업 허용(은행, 증권업).

① 규모의 경제(economies of scale)와 범위의 경제(economies of scope)를 극대화할 수 있는 금융겸업 허용.

② 금융기관간의 합병 및 전환 자율성 강화.

3 자본자유화(금융통합화)

1 외환자유화

1995년부터 1999년까지 5년 동안 「1단계(1995), 2단계(1996~97), 3단계(1998~99)」로 나누어 외환제도 개혁을 통해 외환자유화를 추진해 왔다. 즉, 외환거래에 대한 제한 완화 및 외환시장의 활성화를 도모하고, 원화의 국제화를 추진하여 국내금융기관의 국제화를 지원하기 위한 목적으로 외환자유화를 추진해 왔다.

〈표 3-5〉 시장평균환율제의 일일변동폭 확대추이

(단위 : %)

기　　간	일일변동폭
1990년 3월~91년 8월	상하한 ±0.4
1991년 9월~92년 6월	±0.6
1992년 7월~93년 9월	±0.8
1993년 10월~94년 10월	±1.0
1994년 11월~95년 11월	±1.5
1995년 12월~97년 11월 19일	±2.25
1997년 11월 20일~97년 12월 15일	±10
1997년 12월 16일 이후~현재	자유변동환율제로 이행

1997년 11월에 외환위기를 맞이하여 결국 2단계 외환자유화 추진 일정대로 환율변동폭 제한을 없애고, 동년 12월 16일 자유변동환율제도로 이행하게 되어 외환시장은 완전한 변동환율제 하에서 외환거래가 이루어지게 되었다(〈표 3-5〉 참조).

한편 외환거래자유화와 관련하여, 1998년 들어서 정부는 경제여건이나 금융시스템 수용능력에 비춰 일시에 외환규제를 철폐하는 것은 경제 전반에 미치는 부작용이 크다는 판단에서 크게 3단계로 나눠 시행하기로 했다.

우선 외자도입 여건을 개선하기 위해 외환관리규정을 고쳐 1998년 7월 1일부터 기업이 중장기 외화차입 및 외화증권 발행을 자유롭게 할 수 있도록 했다. 외국인 투자자들에게 단기금융상품 투자를 전면 허용한 것이나 부동산 매입을 자유롭게 한 것도 같은 맥락이다. 여행경비, 증여성 송금 등 소모성 경비를 포함한 개인의 외환거래 자유화는 국제통화기금(IMF)체제 극복시점인 2001년 이후로 미루었다. 급격한 외화유출을 막기 위해서였다. 그러나 대내외적 경제여건을 감안하여 2001년 시행계획이던 외환자유화 일정을 일부 조정한 바, 즉 2000년 10월 「외국환거래법」을 개정하여 재무건전성 불량기업에 대한 단기차입 제한, 비거주자의 원화조달규제 폐지 등을 유보하였다.

또한 2002년 4월에는 제1^2단계 외환자유화조치 이후 남아 있는 외환규제를 3단계에 걸쳐 완화하기 위한 「외환시장 중장기 발전방향」을 발표하였다(〈표 3-6〉 참조).

〈표 3-6〉 외환거래 자유화 추진 일정(2002년 4월)

구 분	1단계(2002~2005년)	2단계(2006~2008년)	3단계(2009~2011년)
무역거래	multi-netting 허용 등 결제방법 간소화	채권회수의무 면제를 허가제에서 신고제로 전환	채권회수의무 폐지
자본거래	거주자의 해외차입한도(3천만불 초과 시 재정경제부장관 신고) 상향조정 등	자본거래 허가제를 신고(수리)제로 전환	신고제 폐지
원화 국제화	•원화수출 자유화 •비거주자의 원화차입한도 (10억원 초과시 한국은행 총재 허가) 상향조정 등	비거주자의 원화차입 허가를 신고(수리)제로 전환	신고제 폐지
외환시장 활성화	증권사, 보험사의 은행간 시장 참여 허용	금융기관의 외국환 업무취급 자유화	

자료 : 한국은행(2003).

외환거래 자유화계획의 제1단계 조치로서 2002년 7월 다자간 상계(multi-netting)에 의한 대금결제를 허용하였으며 증권사 및 보험사의 은행간 외환시장 참여 허용, 원화 수출 자유화 등 외환시장 선진화를 위한 조치를 시행하였다.

② 자본자유화

지난 1988년 12월 "자본시장 국제화 중기계획"에 뒤이어 금융의 효율화와 선진화를 도모하고 대내외 경제여건에 능동적으로 대처해 나가기 위해 자본자유화를 적극 추진해 왔다. 이러한 정책의 기본방향에 따라 1993년 '신경제 5개년 계획'의 일환으로 '금융자율화 및 시장개방계획'을 수립하여 향후 5년간의 자본시장의 확대 추진계획을 발표하였고, 1996년 우리나라가 OECD에 가입함으로써 자본자유화와 금융산업의 개방은 더욱 가속화되기에 이르렀다. 더욱이 1997년 11월에 외환위기를 맞이하여 자본자유화는 원래 계획보다 앞당겨 주식시장, 채권시장 및 단기금융시장까지 개방이 진행되기에 이르렀다(〈표 3-7〉과 〈표 3-8〉 참조).

이에 따라 2005년 말 현재 외국인의 주식보유액은 260.3조원으로 거래소 시가총액

〈표 3-7〉 IMF 구제금융 전^후의 자본자유화 추진 계획 비교

구 분	구제금융 전의 계획	구제금융 후의 시행
주식시장	•2000년까지 총액투자한도 철폐 –1997년부터 매년 3%씩 확대하여, 2000년 한도 철폐 •1인당 투자한도 확대 –1996년 5%를 2000년까지 10%까지 인상	•1997년 12월 12일 총액투자한도를 26%에서 50%로 확대 –1인당 투자한도는 7%에서 50%로 상향조정 •1997년 말까지 총액투자한도를 50%에서 55%로 확대 •1998년 5월에 외국인투자한도 완전 철폐 –단, 공기업은 30%까지 한도 확대
채권시장	•중소기업 –무보증전환사채('96년 말) –무보증 5년 이상 장기채('97년 말) •대기업 –무보증전환사채('98년 말) –무보증 5년 이상 장기채('99년 말) •거시경제 안정이 지속되거나 금리차 2% 이내로 축소되는 경우에 완전 자유화	•1997년 12월 12일 –만기 3년 이상 보증회사채 1인당 10%, 종목당 30%까지 외국인투자 허용 –중소기업발행 무보증회사채의 외국인투자한도 철폐 –무보증회사채(전환사채 포함)의 종목당 외국인 투자한도를 30%에서 50% •1997년 12월 23일 –회사채에 대한 외국인투자한도 철폐 –국채와 특수채에 대한 종목당 30%까지 투자 허용 •1997년 12월 30일 –만기 3년 이내의 국채, 특수채, 회사채에 대한 외국인투자한도 철폐
단기금융시장	•개방계획 제시하지 않음	•CP, 상업어음, 무역어음 등 1998년 2월 개방 •CD, RP, 표지어음 등 1998년 5월 개방

〈표 3-8〉 증권산업의 개방 과정

구 분	증권사	투신사	투자자문사
현지법인	1998년	1998년	1997년 말
합작법인	1990년 11월	1996년 12월	1997년 말
지 점	1990년 11월	1996년 12월	1995년 12월
사무소	1981년 1월	1993년 1월	1993년 1월
기존사 M&A	1998년	1997년 말	1998년

자료 : 재정경제부.

의 39.7%로 늘었으나, 외국인 채권투자는 부진해 외국인 채권보유액은 전체 상장채권 잔액의 0.1% 수준 이하에 그쳤다.

금융증권화

우리나라 금융의 증권화 진전 상황을 살펴보면, 대출금 대비 주요 금융자산 비율이 1980년 27.2%에서 2003년 10월에는 127.6%로 급속히 증대되었다(〈표 3-9〉 참조).

이와 같이 우리나라에서도 금융증권화가 진전된 이유는 다음과 같다.

첫째, 기업의 직접금융 증가.

기업의 자금조달에서 유가증권(주식, 회사채 등) 발행에 의한 직접금융의 비중이 증가하고 있다.

둘째, 금융기관의 유가증권 보유비중 확대.

기업의 직접금융에 의한 자금조달 확대에 따라 기업금융의 은행의존도가 낮아지는 가운데 금융기관의 자금여력 증대 등으로 금융기관의 유가증권 매입이 크게 증가하였다.

셋째, 자본시장 개방폭 확대에 따라 해외부문의 유가증권 매입 증대.

〈표 3-9〉 국내 주요 금융자산 규모 추이

(단위 : 조원, %)

구 분	1980	1990	1995	2000	2003.10
단기금융상품	1.5	44.3	118.8	138.8	173.4
채 권[1]	2.5	35.0	112.0	414.4	629.0
주 식[2]	2.5	79.4	148.5	217.1	369.6
소 계(A)	6.6	158.8	139.3	770.3	1,172.0
A/대출금[3] (%)	27.2	87.2	87.4	113.7	127.6
A/명목GDP(%)	17.5	88.8	100.5	147.6	196.5

주 : 1) 상장채권 기준.
2) 유가증권시장 및 코스닥시장의 시가총액.
3) 자금순환표 상 대출금(단, 한국은행 대출금 제외).

자료 : 한국은행.

해외증권 발행 및 외국인의 국내주식투자 증가 등 자본시장 개방 확대로 해외부문의 유가증권 매입비중이 크게 상승하였다.

넷째, 고금리 채권관련 금융상품의 개발.

시장금리와 연동된 유가증권연계 금융상품의 도입 및 발전으로 총 금융자산 중 유가증권연계 금융상품이 크게 확대되었다.

한편 금융증권화와 관련하여 우리나라에서도 유동화증권(ABS : aset backed securities)이 등장하게 되었는데, 유동화증권이란 대출채권이나 부동산 등의 자산을 기초로 증권을 발행하여 당해 자산의 관리^운영에 의한 수익으로 그 증권의 원리금을 지급하는 증권이다.

ABS의 종류에는 기초자산의 형태에 따라 주택저당유동화증권인 MBS(mortgage-backed securities), 회사채담보부증권인 CBO(collateralized bond obligation), 그리고 대출채권담보부증권인 CLO(collateralized loan obligation) 등으로 구분된다. ABS는 기초자산 보유자의 재무상태를 개선할 수 있다는 점이 최대의 장점이다.

1997년 외환위기 이후 금융기관과 성업공사[11] 등이 보유하고 있는 채권이나 토지 등의 자산을 조기에 현금화하여 금융기관의 재무건전성을 높이고, 주택저당채권(mortgage)을 증권화하여 장기주택금융을 안정적으로 공급할 필요성 증대에 따라 "자산유동화에 관한 법률"(1998년 9월)을 제정하였다. 또한 후속입법으로 "주택저당채권 유동화 중개회사법"(1998년 12월)의 제정으로 주택저당유동화증권(MBS)제도가 도입되어, 이에 따라 2000년 4월에 MBS가 최초로 발행되기에 이르렀다. 최근 2004년에 발행된 MBS는 총 1.2조원 규모에 이르렀다.

---

11) 금융기관이 보유하는 부실자산의 정리와 부실징후기업의 경영정상화 지원을 주된 업무로 하는 성업공사는 1999년 12월 법률 개정으로 한국자산관리공사로 개편되었다.

연습문제

1. 금융혁신의 배경과 그 내용을 설명하시오.
2. 최근의 세계적인 금융환경 변화의 특성을 요약하시오.
3. 겸업은행제도와 분업은행제도의 차이점은 무엇이고, 우리나라는 어느 제도를 택하고 있나?
4. 금리자유화의 추진 배경을 밝히고, 미국과 일본의 금리자유화 추진 과정을 설명하시오.
5. 금융통합화의 경제적 효과를 긍정적 측면과 부정적 측면으로 나누어 설명하시오.
6. 금융증권화의 원인을 밝히고, 그 내용을 설명하시오.
7. 최근의 우리나라 금융환경 변화의 특성을 요약하시오.
8. 금융의 심화(financial deepening)란 무엇이며, 선진국과 비교할 때 우리나라의 금융의 심화정도는 어떠한가?
9. 우리나라의 금리자유화의 진행과정을 설명하시오.
10. IMF구제금융체제에서 우리나라의 자본자유화의 내용을 설명하시오.
11. 외환규제를 3단계에 걸쳐 완화하기 위한 「외환시장 중장기 발전방향」을 약술하시오.
12. 유동화증권(ABS)의 의의 및 도입 배경과 종류를 설명하시오.

제4장 증권분석-기본적 및 기술적 분석

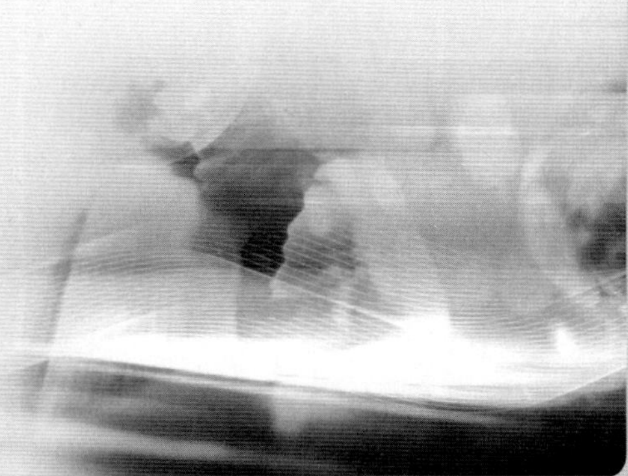

제 04장 증권분석 - 기본적 및 기술적 분석

소위 "BLASH"(Buy Low and Sell High)라는 명구가 시사해주듯이 증권투자는 쌀 때 사서 비쌀 때 파는 것이 정석이지만, 일반투자자는 현재의 시세가 싼지 비싼지를 알기가 힘들다. 따라서 투자의 판단 척도로서 증권분석을 먼저 이해해야 한다. 즉, 증권분석은 기업의 내재가치를 분석하여 시가와 비교함으로써 그 기업의 주가가 과대평가(overvalued)되었는지 혹은 과소평가(undervalued)되었는지를 판단하는 데 그 목적이 있다.

본 장에서는 투자대상을 복수증권의 결합관계에서 분석하는 포트폴리오접근법과 달리, 투자대상을 개별적으로 접근하는 전통적인 기본적 분석법 및 기술적 분석법을 소개한다.

제1절 증권분석의 의의

01 | 증권분석의 필요성

증권의 가격은 예측하기 어려운 여러 요인에 의해 영향을 받기 때문에 증권투자에서 예상할 수 있는 수익률 또한 불확실하다. 그러므로 투자자들은 증권투자에 따르는 기대수익률과 위험을 분석하여 투자가치를 평가할 필요를 느끼게 된다. 이러한 필요를 충족시킬 수 있는 분석활동이 증권분석(security analysis)이다.

증권투자자들은 투자결정을 내리는 데 있어서 몇 가지 검토하여야 할 과제를 안는다. 초과수익의 여지가 큰 투자종목의 선정, 투자위험을 효율적으로 줄일 수 있는 분산투자방법의 결정, 적절한 투자시점 포착의 과제가 그것이다.

이 같은 투자결정의 과제를 해결하는 데 제일 중요한 것은 투자대상들의 투자가치를 분석하는 것이다. 투자가치가 평가되면 실제 시장가격과 비교하여 예상되는 투자수익의 정도를 추정할 수 있기 때문이다.

02 | 증권분석의 방법

투자대상들의 투자가치를 분석하는 증권분석의 방법은 여러 가지로 분류될 수 있겠으나, 투자대상을 개별적으로 분석하는가 아니면 둘 이상의 복수증권들의 결합관계에서 분석하는가에 따라 개별자산접근법과 포트폴리오접근법으로 구분된다.

먼저 개별자산접근법(asset by asset approach)은 투자대상들을 독립적^개별적으로 분석하여 선택하는 것을 말하는데, 기본적 분석(fundamental analysis)과 기술적 분석(technical analysis)이 이에 속한다. 반면에 포트폴리오접근법(portfolio approach)은 증권을 두 개 이상 복수의 증권들 간의 결합관계에서 투자가치를 평가하여 투자결정에 이용하는 방법인데, 효율적 분산투자의 원리를 다루는 포트폴리오이론적 분석방법이 이에 속한다.[1)]

1) 김종오 외(2001), 경영분석, 방송대, 제10장; 최혁^김종오(2002), 투자론, 방송대, 제5장; 김종선 외(2004), 금융시장론, 학현사, 제10장 참조.

제2절 기본적 분석

01 | 기본적 분석의 의의

기본적 분석(fundamental analysis)은 시장에서 객관적으로 형성되는 시장가격(market price)이 증권이 본래 지니는 내재적 가치(intrinsic value)에 접근해 가지만 단기적으로는 동일하지 않을 수 있다는 전제 하에서 증권의 내재적 가치를 중점적으로 분석하는 방법이다. 내재적 가치가 추정되면 이를 시장가격과 비교함으로써 내재적 가치가 시장가격보다도 큰 과소평가된 증권 또는 내재적 가치가 시장가격보다도 작은 과대평가된 증권을 발견하여, 이에 따라 매입 또는 매각의 투자결정을 하면 초과수익(abnormal return)을 얻을 수 있다는 입장이다. 투자결정에 있어서 가격이 잘못 형성된(mispriced) 종목선택(asset selection)을 통하여 초과수익을 얻고자 하는 적극적 투자관리의 분석기법이다.

그러므로 기본적 분석에서는 내재적 가치를 평가하는 작업이 주가 되는데, 내재적 가치를 결정짓는 요인 중 주당이익, 배당, 재무구조, 경영진의 능력, 산업의 경쟁적 구조와 같은 재무요인 혹은 경영요인들이 중시되고 있다.

이들 내재적 가치를 결정짓는 요인들인 재무요인과 경영요인은 재무제표와 같은 공개적으로 이용 가능한 정보(public information)에 의해서 평가되는 경우가 대부분이다. 따라서 내재적 가치의 규명에 초점을 두는 기본적 분석방법은 재무제표분석과 가장 밀접한 관계를 가지고 있다고 볼 수 있다. 따라서 재무정보가 가장 많이 이용되고 있는 증권분석의 방법은 기본적 분석방법이다.

02 | 기본적 분석의 방법

기본적 분석을 수행하는 절차는 크게 질적 분석방법과 양적 분석방법이 있다. 질적 분석방법은 기업의 재무제표나 주가 등에 영향은 미치고 있지만 계량화하기 힘든 영향 요인에 관한 분석이다. 질적 분석은 구체적인 수치로 표시할 수 없지만 기본적 분석방법에서 매우 중요한 비중을 차지한다. 또한, 양적 분석은 재무제표에 나타난 정보나 주가자료, 배당자료 등을 기초로 구체적인 기업가치를 구하는 내재가치 평가방법이다.

기본적 분석의 접근방법에는 기업분석-산업분석-경제분석의 순서로 분석시각을 점차 확대시키는 미시적(bottom-up) 접근방법과, 역으로 점차 분석대상을 축소시키는 거시적(top-down) 접근방법을 사용하여 투자종목의 선택(selection)에 중점을 두는 분석방법이다. 일반적으로 기본적 분석방법에서는 거시적 방법을 많이 이용하고 있는데, 이를 정리해 보면 다음과 같다.

① 경제분석

모든 기업활동은 궁극적으로 GNP성장률, 경기순환의 국면, 통화량, 물가상승률, 이자율 등과 같은 거시경제 요인의 영향을 받는다. 즉, 대부분의 경제변수가 직^간접으로 주가에 영향을 미치고 있다. 특히, 외국과의 교역이 증대되고 세계가 하나의 시장으로 통합되어 가고 있는 오늘날에는 세계경제의 흐름도 영향요인으로 작용한다. 근래에는 뉴욕, 동경, 런던, 싱가포르 등 세계 각국의 증권시장이 서로 동조적인 움직임을 보이는 현상이 뚜렷해지고 있다.

경제분석의 경우는 그 분석의 범위가 넓고 내용도 다양하기 때문에 정형적인 분석의 틀이 있는 것도 아니며 많은 경험과 종합적 판단이 요구된다.

① GNP성장률

국민총생산(GNP)은 한 나라의 국민이 1년간 생산한 최종 생산물의 시장가치이다. GNP성장률은 기업의 성장과 밀접한 관계를 가진다. 일반적으로 기업의 성장이 촉진되면 GNP성장률이 높아지고 증권시장이 활성화된다. 반면 기업의 성장이 둔화되면 GNP성장률이 낮아지고 증권시장이 침체된다.

② 경기순환의 국면

경험적으로 주가는 실물경기에 대해 선행성을 가진다. 실증분석 결과에서도 적어도 3개월 내지 6개월 이상 선행하는 것으로 분석된다. 따라서 실물경기 사이클이 회복기, 호황기, 후퇴기, 침체기를 거치는 동안에 주가 사이클은 실물경기 사이클보다 먼저 움직인다는 것이다.

③ 통화량

일반적으로 적정 통화량의 증가와 주가는 양(+)의 관계를 가지고 움직이는 경향이 있다. 즉, 확대 금융정책으로 통화량이 증가하면 시중의 자금이 풍부해지고 주식투자 수요가 확대되어 주가는 상승하게 된다. 반면에 긴축정책으로 통화량이 감소하면 시중의 자금이 경색되어 주식시장은 위축된다. 그러나 장기적으로 볼 때는 과도한 통화량의 증가는 인플레이션을 유발해 결과적으로 주식시장에 나쁜 영향을 미칠 수도 있다.

④ 물가상승률

인플레이션은 물가지수의 변화율로 측정하는데, 물가지수에는 우리나라에서는 재경부에서 작성하는 소비자물가지수와 한국은행에서 작성하는 도매물가지수와 수출입물가지수가 있다. 일반적으로 완만한 인플레이션(creeping inflation) 하에서는 기업의 투자의욕을 북돋우고 기업의 내재가치를 증대시켜 주가상승에 긍정적인 영향을 미치지만, 반면에 급격한 인플레이션(galloping inflation) 하에서는 경제주체들이 인플레이션 헷징을 하려고 실물자산을 선호하게 되어 금융시장에서 자금 이탈로 주가를 하락시키게 된다.

실증분석 결과에서도 대체로 주식투자의 실질수익률이 인플레이션과 음(−)의 관계를 보이는 것으로 분석된다. 이는 주식이 인플레이션의 위험회피(hedge) 수단으로 적절치 못함을 의미한다.

5 이자율

금리자유화가 진행된 오늘날에도 각국의 중앙은행은 금융정책의 한 가지 수단인 기준금리의 운영목표치를 조정함으로 경기가 침체되면 금리인하를 통해 경기를 부양하고, 반대로 경기가 과열되면 금리인상을 통해 경기과열을 방지한다.

일반적으로 이자율과 주가는 반대로 움직인다. 왜냐하면 금리인상은 자금의 수요자인 기업의 투자의욕을 떨어뜨리고, 금융비용 부담의 증가로 기업의 순이익은 감소되어 경영압박을 초래하게 된다. 또한 금리인상이 주식투자자들의 경우는 주식의 대체투자 수단으로서 상대적으로 안전자산인 예금이나 채권에 투자하게끔 함으로써 주가는 떨어진다.

6 환율

환율(exchange rate)은 자국통화와 외국통화와의 교환비율은 의미하는 것이다. 예를 들면 1달러의 가격을 우리나라 통화인 원화의 수량으로 표시할 때 1,000원이라고 하면 원/달러 환율은 1,000원이라고 한다.

한편 환율의 변동은 두 나라 통화의 상대적인 가치의 변동을 나타내는데, 환율상승(depreciation)이란 국내통화의 가치가 외국통화의 가치에 비해 떨어지는 것을 의미하며, 반면에 환율하락(appreciation)이란 국내통화의 가치가 외국통화의 가치에 비해 상대적으로 올라가는 것을 의미한다.

일반적으로 환율하락(원화가치 상승)은 기업의 수출 경쟁력을 약화시켜 수출 감소로 인해 주가는 하락하게 되며, 반면에 환율상승(원화가치 하락)은 기업의 수출 경쟁력을 강화시켜 수출증가로 인해 주가는 상승하게 된다.

7 원자재 가격

부존자원이 많은 국가는 국제 원자재 가격의 상승이 주가와 정(+)의 관계를 가지지만, 우리나라처럼 대부분의 원자재를 해외로부터 수입해야 하는 나라에서는 원자재 가격의 상승이 주가와 역(−)의 관계를 가지는 경향이 있다.

국제 원자재 가격이 상승할 때에는 원자재의 수입액이 증가하여 국제수지를 악화시킬 뿐만 아니라 물가상승의 요인으로도 작용하므로 경제여건이 악화되어 주가는 하락하게 된다.

2 산업분석

모든 기업의 수익성과 위험은 기업 자체의 특성이나 능력 이외에도 그 기업이 속한 산업의 특성과 동향에 큰 영향을 받게 된다. 그런데 산업 중에는 성장산업이 있는가 하면, 사양산업이 있고, 경쟁이 별로 없는 산업이 있는가 하면, 경쟁 정도가 매우 치열하여 망하는 기업이 속출하는 산업도 있다. 따라서 중^장기에 걸쳐 특정기업에 자금을 빌려주거나 특정기업이 발행한 사채의 인수를 고려하고 있는 금융기관은 물론이고, 유망한 종목을 선택하고자 하는 주식투자자의 경우에도 특정기업이 속한 산업을 분석하는 일은 매우 중요하다.

산업분석 시 검토해야 할 요인들로는 산업의 연혁, 수요구조, 생산구조, 판매구조, 재무구조, 정부의 산업에 대한 정책, 해외 산업동향, 산업의 경쟁상황 등이 있다.

1 산업의 연혁

특정산업이 언제 시작되었으며, 시작된 이후 어떠한 발전단계를 거쳤으며 또 현재는 어떤 상태에 있는가를 검토한다. 구체적인 검토사항은 매출액신장률, 수익성,

수출비중, 국민경제 내에서의 중요성 등이다.

2 수요구조

산업제품에 대한 수요가 단기적인 관점, 장기적인 관점에서 볼 때 어떻게 변화해 갈 것인가를 제품별^이용자별^지역별로 검토한다. 아울러 이 같은 수요가 경기변동에 의해서 어떤 영향을 받을 수 있는지를 분석한다. 또한 최근의 급속한 기술혁신^소비자욕구의 다양화에 비추어 볼 때 산업제품이 제품 라이프사이클 상 어느 단계에 위치하고 있는가, 그리고 산업제품 주요 수입국의 수입규제 동향도 분석해야 한다.

3 생산구조

제조공정^생산기술^생산능력^가동률 등에 대하여 업계 전체의 동향을 파악하는 한편, 설비투자의 내용과 규모, 주요 원자재가격의 동향, 생산량 카르텔의 유무, 해외진출상황 등도 검토해야 한다.

4 판매구조

판매조직 및 물적 유통구조를 명확하게 파악하는 한편, 유통과정의 재고수준, 판매가격의 추이, 가격 카르텔의 유무 등을 검토해야 한다.

5 경영성과와 재무구조

산업의 성장성^수익성^자본구성^원가구조 등에 대하여 검토하고, 필요하다면 관련산업과의 비교를 실시한다.

6 정부의 산업정책

특정산업에 대하여 정부가 어떤 태도를 가지고 있는가를 검토한다. 예컨대, 정부가 정책적으로 육성시키고자 하는 산업이라면 세제^재정^금융 상의 지원을 받게 된다.

7 해외의 산업동향

분석대상 업종에 대한 주요국의 동향을 조사한다. 이때는 주요 제품별로 가격, 품질, 기술력, 생산방식 등을 검토한다. 또한 기업별로 규모, 수익력, 연구개발투자, 시장점유율 등을 조사한다.

8 산업의 경쟁상황

특정산업 내의 경쟁이 얼마나 치열한가에 따라 그 산업의 수익성과 위험이 결정된다. 그러므로 특정산업의 경쟁환경을 파악하기 위해서는 신규진입, 도산, 철수, 전업, 폐업, 합병 등에 의한 기업 수의 변동추이, 규모별^지역별 기업의 분포, 기업별 시장점유율, 그리고 자본^기술^판매 등에 의한 계열기업의 존재 유무 등을 분석하여야 한다.

9 산업의 라이프사이클

특정 산업의 시장규모와 투자기회의 크기는 그 산업이 라이프사이클의 어떤 단계에 있는가에 따라 달라진다. 예를 들어 생명공학산업은 아직 도입기에 있기 때문에, 자동차 산업보다 작은 시장규모를 갖고 있지만 풍부한 투자기회를 갖고 있다. 그 결과 생명공학산업은 큰 투자규모와 높은 투자수익률, 낮은 배당성향으로 특징지을 수 있다. 또 자동차산업은 거의 성숙단계에 이르렀기 때문에 산업 내 경쟁이 치열하고 투자수익률은 낮다.

일반적으로 산업은 [그림 4-1]과 같은 라이프사이클에 따라 성장 또는 쇠퇴해가며 4단계에 따른 특징을 보인다.

(1) 도입기

1980년대의 VCR이나 PC, 1990년대의 생명공학 등과 같은 산업이 해당된다. 도입기에는 산업 전반은 매우 빠르게 성장하지만 어떤 회사가 산업을 주도하게 될 것인지

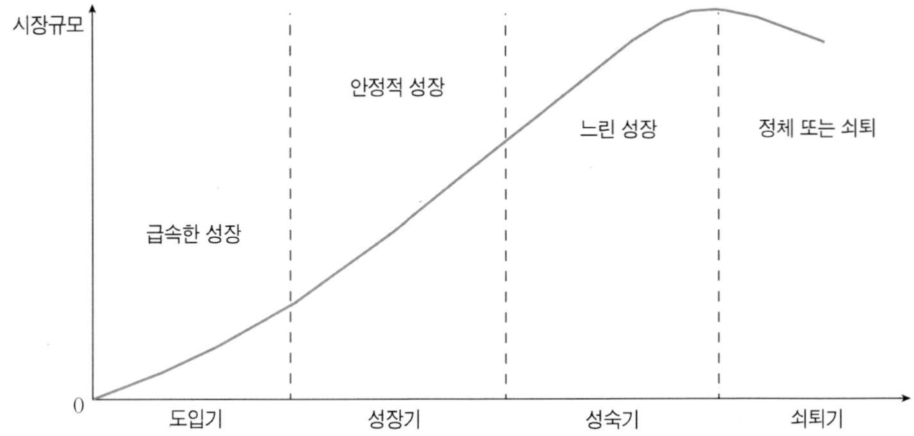

[그림 4-1] 산업의 라이프사이클

불분명하기 때문에 산업 내에서의 투자종목 선택이 매우 어렵다.

(2) **성장기**

제품이 확고한 시장기반을 형성하게 되고, 산업 내 선도기업이 점차 명확해진다. 선도기업의 위치가 안정되므로 시장점유율의 예측이 보다 용이해진다. 산업 전체 및 선도기업의 성장률과 투자수익률은 경제 전반보다 훨씬 높은 수준이다.

(3) **성숙기**

제품이 충분한 시장을 확보하게 되어 성장률이 현저히 둔화되어 경제 전반의 성장률 수준에 머무르게 된다. 제품이 표준화되고 기업간의 가격경쟁이 격화된다.

(4) **쇠퇴기**

제품의 진부화, 대체적인 신제품의 등장, 비용절약적인 신기술의 등장 등 때문에 산업의 규모가 정체하거나 쇠퇴한다. 기존 업종 내에서는 수익성이 좋은 투자기회가 드물기 때문에 기업은 산업에서 완전히 철수하거나 다각화를 모색하게 된다.

❸ 개별 기업분석

1 질적 분석

기업을 종합적으로 분석하기 위해서는 기업의 양적 요인, 즉 재무제표 상의 회계정보뿐만 아니라 기업의 질적 요인도 포괄적으로 분석해야 한다.

기업에 대한 질적 분석이란 기업의 성장성, 사업내용과 전망, 기업의 연혁, 경영자의 능력 및 경영진의 구성, 업계에서의 지위, 노사관계, 금융관계, 기업문화, 연구개발(R&D) 등을 분석하는 것이다. 기업에 대한 질적 분석은 객관화할 수 있는 방법과 기준이 없지만, 양적 분석에 못지않게 중요하다. 특히 질적 분석의 대상 중에서 기업의 성장성과 경영자 및 경영진의 평가는 매우 중요하다.

기업의 성장성에 대한 분석은 산업분석에서와 마찬가지로 개별기업이나 그 제품이 도입기, 성장기, 성숙기, 쇠퇴기의 과정을 거치게 되므로 어느 단계에 있는가를 판단하는 것을 말한다. 또한 불확실성과 위험이 증대되고 있는 현대 경영에서 경영자의 역할(CEO효과)은 더욱 중요시되고 있으며, 따라서 경영자 및 경영진의 분석 또한 매우 중요하다고 하겠다. 즉, 경영진의 진용과 경력, 능력, 인격, 신용, 그리고 최고경영진의 팀웍 등이 분석되어야 한다. 또한 그 기업의 노사관계는 안정적인지, 자금조달방식은 어떤지, 연구개발비 비중은 얼마나 되는지 등도 매우 중요한 질적 분석요인이라고 하겠다.

그러나 질적 분석의 한계는 관련 정보 및 자료의 수집도 쉽지 않고, 정보 및 자료에 대한 객관적인 평가가 매우 어렵다는 점이다.

2 양적 분석

기업에 대한 양적 분석은 기업이 공시한 재무제표를 중심으로 한 분석방법을 말한다. 즉, 양적 분석은 주로 재무제표를 통해 수익성, 안정성, 성장성 등을 분석하는 것이다. 상장기업의 재무제표는 기업분석에 있어서 기초적인 자료로, 공인회계사의 감사를 받아야 한다. 우리나라 기업회계 기준 상의 재무제표는 대차대조표, 손익계산서, 이익잉여금처분계산서, 현금흐름표를 가리킨다.

기업에 대한 양적 분석은 보고된 회계정보에 의거한 비율분석을 기초로 하는데, 여기서는 증권시장에서 경제적 의미가 있는 중요한 것만 설명하기로 한다.

(1) 총자본순이익률

총자본순이익률(net profit to total assets)은 기업에 투자된 총자본(자산)으로부터 어느 정도의 당기 순이익을 얻었는가를 나타내는 지표로서 수익성 분석의 대표적 비율이다.

$$총자본순이익률 = \frac{당기\ \ 순이익}{총자본(자산)} \times 100 \qquad \cdots\cdots (4\text{-}1)$$

이 비율은 투자수익률(return on investment : ROI)이라고도 하며, 일반적으로 총자본순이익률이 높을수록 기업의 수익성이 양호하다는 뜻이 된다. ROI는 경영자가 이 비율을 극대화해야 하는 목표라는 점에서 기업분석에 있어 가장 중요한 지표라고 할 수 있다.

(2) 자기자본순이익률

자기자본순이익률(return on equity : ROE)은 기업에 투자된 자기자본에 의하여 얻어지는 납세 후 이익이 얼마인가를 측정하는 것으로, 당기 순이익을 자기자본으로 나눈 것이다.

$$자기자본순이익률 = \frac{당기\ \ 순이익}{자기자본} \times 100 \qquad \cdots\cdots (4\text{-}2)$$

자기자본순이익률은 주주들의 투자자본인 자기자본에 대해 어느 정도의 이익을 올렸는가를 나타내는 지표로서, 최소한 은행의 정기예금금리 이상이 되어야 효율적이라고 할 수 있다. 특히, ROE가 높은 기업들이 배당을 많이 하는 경향이 있으므로 배당투자를 목적으로 하는 투자자들에게 관심 있는 지표이다.

(3) 부채비율

부채비율(debt of equity ratio)은 기업이 타인자본에 의존하고 있는 정도를 나타내는 비율로서, 특히 장기부채의 상환능력을 판단하는 지표이다.

$$\text{부채비율} = \frac{\text{타인자본}}{\text{자기자본}} \times 100 \quad \cdots\cdots (4\text{-}3)$$

부채비율은 주주나 채권자의 입장에서 재무위험을 나타내는 지표이기 때문에, 일반적으로 100% 이하를 표준비율로 보고 있다. 그러나 이론적으로 높은 부채비율이 언제나 나쁜 것만은 아니다. 타인자본 사용에 따른 재무비용이 지렛대(level) 역할을 하여 기업의 순이익을 증대시키는 재무 레버리지 효과(financial leverage effect)가 있기 때문이다. 자기자본 이외에 추가적인 타인자본을 사용함으로써 매출액이 증가하고 추가이익이 발생하게 되는데, 이때 발생한 추가이익의 크기가 부채 사용에 따른 이자를 상회하면 이익의 확대효과가 발생한다.

이와 반대로 경기침체로 매출액이 감소하고 타인자본 조달에 따른 이자가 추가이익을 초과하게 되면 손실의 확대효과가 발생한다. 이와 같은 의미에서 부채비율을 레버리지 비율(leverage ratio)이라고도 한다.

(4) 이자보상비율

이자보상비율(interest coverage ratio)은 기업의 영업이익이 타인자본의 사용으로 인해 발생하는 이자의 몇 퍼센트가 되는가를 나타내는 비율이다.

$$\text{이자보상비율} = \frac{\text{영업이익}}{\text{이자비용}} \times 100 \quad \cdots\cdots (4\text{-}4)$$

이자보상비율이 100% 이하라면 영업이익으로 이자도 갚지 못하는 상황이므로, 기업 퇴출의 대상이 된다는 점에서 투자자가 유의해야 한다.[2)]

2) 우리나라 상장기업의 이자보상비율이 100% 이하인 비율은 IMF 직후인 1999년에는 35.6%까지 증가했다가 2004년에는 26.4%까지 감소했으나, 고유가 등의 영향으로 2005년에는 30.8%로 다시

(5) 유동비율

유동비율(current ratio)은 유동자산을 유동부채로 나눈 비율로서 기업의 단기채무에 대한 지급능력을 나타내는 비율이다.

$$\text{유동비율} = \frac{\text{유동자산}}{\text{유동부채}} \times 100 \quad \cdots\cdots (4\text{-}5)$$

유동성이란 보유자산을 단기간 내에 현금화할 수 있는 가능성을 말하는데, 유동성이 부족하면 단기채무에 대한 지급불능으로 기업이 도산할 위험이 높아지기 때문에 유동비율은 기업분석에서 가장 중요시된다. 그러나 유동성분석에 대한 평가는 업종, 규모, 투자자의 주관 등에 따라 다를 수 있다. 채권자의 입장에서는 높은 유동성을 요구하겠지만, 주주의 입장에서는 과도한 유동자산은 기업의 수익성을 저해하는 요인이 될 수도 있기 때문이다.

(6) 매출액증가율

매출액증가율은 기업의 성장성을 나타내는 대표적 지표이다.

$$\text{매출액증가율} = \frac{\text{당기 매출액} - \text{전기 매출액}}{\text{전기 매출액}} \times 100 \quad \cdots\cdots (4\text{-}6)$$

매출액증가율이 높다는 것은 시장점유율이 높아지는 것을 의미하므로 기업의 외형적 성장을 나타내는 주요 지표의 하나라고 할 수 있다. 매출액증가율은 클수록 좋으며, 적어도 물가상승률보다는 높아야 성장하는 기업이라고 평가할 수 있다.

(7) 주당순이익

주당순이익(earnings per share : EPS)은 주식을 평가할 때 가장 기본이 되는 지표로서, 발행주식 1주당 순이익이 얼마인가를 나타내는 수치이다.

증가했다.

$$주당순이익 = \frac{당기\ 순이익}{발행주식\ 수} \times 100 \quad \cdots\cdots (4\text{-}7)$$

자본금 규모가 다른 기업과의 수익성을 비교할 때 이익의 절대적 규모만으로는 비교를 할 수 없기 때문에 주당순이익(EPS)을 사용한다.

보통주 1주당 순이익을 계산할 때에는 당기 순이익에서 우선주 배당금을 빼며, 분모의 발행주식 수에서도 우선주식 수를 차감한다. 또한 전환사채나 무상증자가 있었던 경우에도 발행주식 수가 증대함으로 그것을 고려하여 주당순이익을 산출해야 한다.

(8) 배당성향, 배당률 및 배당수익률

배당성향(dividend payout ratio)은 당기 순이익 중 현금배당으로 지급되는 비율로, 이 비율은 배당금 지불능력 또는 기업의 배당정책을 나타내는 지표이다.

$$배당성향 = \frac{현금배당}{당기\ 순이익} \times 100 \quad \cdots\cdots (4\text{-}8)$$

배당성향이 높다는 것은 배당금 지불능력이 크고, 배당정책상 현금배당의 비중을 높인 결과라고 볼 수 있다.

배당률(dividend payout)은 배당금을 주식의 액면가격으로 나눈 것으로, 특히 배당투자를 목표로 하는 투자자들에게 의미 있는 지표이다.

$$배당률 = \frac{배당금}{액면가격} \times 100 \quad \cdots\cdots (4\text{-}9)$$

배당수익률(dividend yield)은 배당금을 당해 주식의 시장가격으로 나눈 것으로 투자자의 입장에서는 더 의미가 있는 지표이다.

$$배당수익률 = \frac{배당금}{시장가격} \times 100 \quad \cdots\cdots (4\text{-}10)$$

(9) 토빈의 q 비율

토빈의 q비율(Tobin's q-ratio)은 주식시장에서 평가된 기업가치, 즉 주가를 기업 자신의 현재가치로 나눈 값이다.

$$q = \frac{\text{기업의 시장가치(주가)}}{\text{기업 자산의 현재가격(대체원가)}} \times 100 \quad \cdots\cdots (4\text{-}11)$$

기업자산의 현재가치는 기업이 현재 보유하고 있는 모든 실물자산을 새로 조달한다고 할 때 소요되는 대체원가(replacement cost)를 가리킨다. 만약 주가가 자산의 현재가치보다 높다면 주식을 팔아 그 자금을 새로 기업을 창설하는 것이 더 많은 이익을 얻을 수 있다. q비율이 1 이하인 기업은 저평가되어 아직 성장잠재력이 있을 가능성이 크기 때문에 M&A의 대상이 되기도 한다.

03 | 기본적 분석의 유용성

기본적 분석이 경제 분석－산업 분석－개별기업 분석의 체계로 진행되는 것은 실제적인 투자결정의 단계에서 유용한 의미를 지닌다. 구체적으로 투자결정의 단계별로 의미를 분석해 보면 다음과 같다.

투자결정의 첫째 단계는 예금, 채권, 주식, 부동산, 귀금속 등의 여러 가지 자산 중에서 어느 곳에 얼마를 투자할 지를 선택하는 것이다. 특히 주식과 부동산은 대체적인 관계를 지니며 경기순환의 국면이나 지가상승률 등의 거시경제 변수가 주요한 분석자료로 활용된다.

투자결정의 둘째 단계는 주식 중에서 어느 산업에 속한 주식을 대상으로 할 것인지를 선택하는 것이다. 산업도 개별제품과 마찬가지로 도입－성장－성숙－쇠퇴의 변천과정을 겪으므로 과연 어떤 산업이 성장성이 있는지를 알기 위하여 산업분석을 실시해야 한다.

투자결정의 마지막 단계는 구체적으로 어느 기업의 주식을 구매할 지를 결정하는 것이다. 같은 산업에 속하더라도 업계에서의 경쟁력, 소비자의 인지도, 최고 경영자의 경영능력 등이 서로 다르며 이에 따라 투자가치도 달라진다.

제3절 기술적 분석

01 | 기술적 분석의 의의

❶ 기술적 분석의 개념

기술적 분석(technical analysis)은 과거의 증권가격 및 거래량의 추세와 변동패턴에 관한 역사적 정보를 이용하여 미래 증권가격을 예측하는 방법이다. 이 분석방법은 과거의 증권가격 움직임의 양상이 미래에도 반복된다는 가정을 하고 있고, 증권의 가격이 이성적 요인뿐만 아니라 비이성적인 요인, 심리적 요인에 의해서도 결정된다고 보는 입장이어서 증권가격의 패턴을 결정짓는 증권의 수요와 공급 그 자체에 대한 분석을 중요시 한다.

기술적 분석은 본래 다우이론(Dow theory)에서 발전되었는데, 증권시장의 시황이 약세시장(bear market)이나 강세시장(bull market)으로 전환하는 시점을 미리 포착하여 초과수익을 얻고자 하는 데 분석의 초점을 두고 있다.

적절한 투자시점(timing)은 주로 과거의 증권가격이나 거래량의 움직임을 도표(chart)로 표시하거나 이동평균, 투자심리선과 같은 기술적 투자지표를 이용하여 포착하고 있다.

❷ 기술적 분석의 가정

주가는 경제적 변수뿐만 아니라 시장환경이나 투자자들의 심리상태 등이 모두 반영되어 나타나므로 주가가 항상 내재적 가치와 일치한다고 보기는 어렵다. 기술적 분석가들은 주가와 거래량을 주의 깊게 살펴보면 수급상황과 투자심리의 변화를 읽을 수 있으며 이로부터 매매시점을 포착할 수 있다고 믿는다. 또 기술적 분석가들은 주가는 술 취한 사람의 걸음 같이 아무렇게나 움직이는 것처럼 보이지만 잘 살펴보면 일정한 추세와 패턴을 가지고 움직인다고 생각한다. 주가에 영향을 미치는 정보가 발생하였을 때 주가가 즉각적으로 완전하게 조정되는 것이 아니라 일정기간에 걸쳐 서서히 정보를 반영한다면 주가변동에 특정한 추세나 패턴이 형성된다. 기술적 분석에서는 주로 도표를 이용해서 주가변동의 패턴이나 대세 전환점을 찾고자 한다. 기술적 분석은 다음과 같은 가정을 토대로 하고 있다.

① 주가에는 시장이나 기업에 관한 모든 것이 반영되어 있다. 그리고 이 주가는 수요와 공급에 의해서만 결정된다.
② 주식에 대한 수요와 공급은 이성적 요인뿐만 아니라 비이성적이거나 심리적인 요인들도 복합적으로 작용해서 결정된다.
③ 수요와 공급의 변화에 따라 주가변동은 서서히 진행되며 장기적으로는 특정한 추세를 형성한다.
④ 도표에서 주가변동의 모습을 분석하면 변화의 추세를 파악할 수 있으며 이러한 추세는 반복하는 경향이 있다.

이러한 가정 중에서 핵심은 주가가 장기적으로 특정한 추세를 형성한다는 데 있다. 기술적 분석으로 이 추세를 찾아내면 앞으로 주가가 올라갈지 떨어질지를 미리 예측하는 것이 가능하며 이로부터 초과수익을 올릴 수 있다고 본다.

③ 기본적 분석과의 비교

기본적 분석가들이 주식의 내재적 가치를 수리적 모형을 이용하여 계산하는 데 대하여 기술적 분석가들은 비판적인 태도를 취한다. 주가는 경제적이거나 계량적인 요인뿐만 아니라 비경제적 또는 질적인 요인들에 의하여도 영향을 받으므로 수리적 모형으로 계산되는 내재적 가치가 믿을만한 값이 못 된다고 본다. 반면에 주가의 과거기록은 주가에 영향을 미치는 모든 요소가 반영되어서 나타난 결과이므로 보다 종합적이고 믿을 수 있다고 주장한다.

그러나 과거의 기록에서 미래의 변화를 찾을 수 있다는 기술적 분석가들의 주장에 대한 비판도 거세기는 마찬가지이다. 주가는 미래에 발생하는 새로운 정보에 의하여 결정되는 것이지 과거의 변화 패턴에 따라 반복적인 움직임을 보이는 것은 아니라는 지적이 그것이다.

기본적 분석과 기술적 분석은 서로 대치되는 것이 아니라 보완적인 관계에 있다고 보아야 한다. 기본적 분석은 개별주식의 가치평가에 유용하고, 기술적 분석은 전반적인 시장동향의 파악에 도움이 된다. 미래의 주가에 대한 예측이 완전할 수는 없으며 다양한 자료를 서로 다른 각도에서 보았을 때에 보다 유용한 정보를 얻을 수 있기 때문이다. 어느 한 가지 방법만을 맹신하고 기계적으로 적용해서는 판단을 그르치게 될 것이다.

02 | 기술적 지표

기술적 분석에 사용되는 기법은 이루 헤아릴 수 없을 정도로 많이 있다. 여기서는 실무적으로 흔히 이용되고 있는 주가지표와 거래량지표 몇 가지를 설명한다.

❶ 주가지표

1 이동평균

이동평균(moving average)이란 일정기간 동안의 주가를 단순평균하여 계산한 것으로서 오래된 자료가 삭제되고 최근의 자료가 추가되면서 매일 계산된다. 이와 같이 계산된 이동평균값을 그린 것이 이동평균선이다. 이동평균의 계산 대상으로는 개별주가 또는 종합주가지수가 이용되며 계산기간으로는 5일, 25일, 75일, 150일 등이 이용된다. 식 (4-12)는 5일 이동평균을 구하는 식이다.

$$5\text{일 이동평균} = \frac{P_{t-4} + P_{t-3} + P_{t-2} + P_{t-1} + P_t}{5} \quad \cdots\cdots (4\text{-}12)$$

이동평균선을 보면 주가의 변동추세를 보다 쉽게 파악할 수 있다. 매일의 주가는 상승과 하락을 반복하면서 어지럽게 움직이는 데 반하여 이동평균 주가는 완만한 형태의 움직임을 보여준다. 이동평균의 계산기간이 길수록 추세선이 보다 완만하게 나타난다. 즉, 이동평균선에 의한 분석은 매일매일의 미세한 주가변동을 배제시키고 전반적인 대세의 움직임을 읽는데 그 목적이 있다.

증권투자에 관심이 있는 사람이라면 골든크로스(golden cross) 또는 데드크로스(dead cross)라는 말을 들어보았을 것이다. 이는 주가의 25일 이동평균선과 75일 이동평균선이 교차하는 모습에 대한 별명이다. 25일 이동평균선은 주가의 단기적인 추세를 나타내고, 75일 이동평균선은 주가의 중기적인 추세를 나타낸다. 골든크로스는 25일선이 75일선을 상향 돌파하는 형태를 말한다. 이는 매수세력이 응집되고 있어서 앞으로 주가가 계속 상승할 것이라는 신호이므로 주식매입의 기회로 해석한다. 데드크로스는 25일선이 75일선을 하향 돌파하는 형태를 말한다. 이는 매수세력이 분산되고 매도세력이 우세하여서 앞으로 주가가 계속 하락할 것이라는 신호이므로 주식매도의 시점으로 해석한다.

2 이격도

이동평균은 과거의 자료를 이용해서 계산되기 때문에 이동평균선을 이용하여 매매시점을 포착하고 투자하면 시간적으로 이미 늦게 된다는 결점이 있다. 이를 보완하기 위한 수단으로 개발된 것이 이격도(disparity) 지표이다. 이격도는 아래 식과 같이 당일의 주가를 이동평균값으로 나누어 계산하며 25일 이동평균값이 많이 이용된다.

$$\text{이격도} = \frac{\text{당일의 주가}}{\text{25일 이동평균}} \times 100 \qquad \cdots\cdots (4\text{-}13)$$

당일의 주가가 이동평균선보다 위에 있으면 이격도는 100% 이상이 되고 당일의 주가가 이동평균선보다 아래에 있으면 이격도는 100% 이하가 된다. 흔히 25일 이동평균선의 이격도가 150% 이상이면 매도시점으로 해석하고 50% 이하이면 매입시점으로 해석한다.

3 투자심리지표

투자심리지표는 종합주가지수가 최근 10일 동안에 상승한 날이 며칠인지를 계산해서 백분율로 표시한다.

$$\text{투자심리지표} = \frac{\text{최근 10일 중 상승일 수}}{10} \times 100 \qquad \cdots\cdots (4\text{-}14)$$

주가는 주로 경제적 요인에 의하여 움직이지만 정치상황이나 시장분위기와 같은 비경제적이고 심리적인 요인에 의해서도 상당한 영향을 받는다. 이러한 모든 요인이 결국은 종합주가지수에 반영되므로 투자심리지표를 보면 증시가 과열되었는지 침체되었는지를 파악할 수 있다.

일반적으로 투자심리지표가 25% 이하이면 주가가 상당기간 하락하였으므로 주식을 매입할 적기라고 해석하고, 투자심리지표가 75% 이상이면 증시가 과열되는 징조로 보아 주식을 매도할 시점으로 해석한다.

❷ 거래량지표

① 거래량회전율

거래량회전율은 주간 또는 월간의 거래량 누적값을 전체 상장주식 수로 나누어서 측정한다. 이는 일정기간 동안에 상장주식이 몇 회전 되었는가를 나타내는 지표로서 회전율이 높을수록 강세시장으로 해석한다.

$$거래량회전율 = \frac{거래량\ \ 누적값}{상장주식\ \ 수} \times 100 \quad \cdots\cdots (4\text{-}15)$$

② 거래성립률

거래성립률은 주가의 상승이나 하락과는 관계없이 당일에 거래가 성립된 종목이 전체 상장종목 중에서 몇 %나 되는가를 측정한다. 일반적으로 거래성립률이 65% 이상이면 강세시장, 55% 이하이면 약세시장으로 해석한다.

$$거래성립률 = \frac{거래성립\ \ 종목\ \ 수}{상장종목\ \ 수} \times 100 \quad \cdots\cdots (4\text{-}16)$$

③ 번한지표

번한지표는 거래량회전율과 거래성립률을 곱하여 측정한다. 거래량회전율이 거래의 양을 나타낸다면 거래성립률은 거래의 질을 나타낸다. 따라서 번한지표는 거래의 양과 질을 동시에 고려한다는 의미를 지닌다.

$$번한지표 = 거래량회전율 \times 거래성립률 \quad \cdots\cdots (4\text{-}17)$$

번한지표가 높다는 것은 곧 대부분의 종목에서 많은 양의 거래가 성립된다는 의미이므로 강세시장의 신호로 해석한다. 일반적으로 번한지표가 30% 이상이면 주가가 천정권을 형성하여 시장이 과열되는 신호로 간주하고 5% 이하이면 매입의 시점으로 해석한다.

4 OBV지표

OBV(on balance volume)지표는 그랜빌(J. Granville)에 의하여 고안된 것으로 거래량을 이용하는 기술적 지표 중에서 가장 널리 이용되고 있다. OBV지표는 주가가 상승한 날의 거래량 누계에서 주가가 하락한 날의 거래량 누계를 차감하여 계산한다.

일반적으로 OBV지표는 주가가 뚜렷한 등락을 보이지 않고 정체되어 있을 때 향후의 주가 움직임을 예측하는 데 많이 이용된다. 주가가 상승할 때 거래량이 증가하면 시장이 초과수요 상태라는 의미로 해석하고 앞으로 주가가 추가상승할 것으로 예측한다. 반대로 주가가 하락할 때 거래량이 증가하면 시장이 초과공급 상태에 있으므로 앞으로 주가의 추가하락이 있을 것으로 예측한다. 거래량이 감소하는 경우에는 주가 움직임이 반전되고 있는 신호로 해석한다.

03 | 기술적 분석의 한계

1 기술적 분석의 특징

월스트리트 저널의 창시자 다우(C. Dow)는 주가는 제멋대로 움직이는 것이 아니라 중장기 추세와 사이클(강세시장 3국면, 약세시장 3국면)을 나타낸다는 가설을 제시하였다. 또 엘리어트(R.N. Elliott)는 장기간의 주가흐름은 상승 5파와 하락 3파를 보이며 끝없이 순환한다는 파동이론(wave principle)을 주장하였다. 이외에도 기술적 분석가들이 실전에서 활용하는 기법은 이루 헤아릴 수 없을 정도로 많다. 이들은 모두 주가 움직임과 관련된 투자자들의 심리와 행태를 세심하게 관찰해서 얻은 경험의 산물이다. 이러한 지표와 기법을 잘 활용하면 장세흐름의 파악과 매매시점의 선택에 유용한 참고가 될 것이다.

그러나 기술적 분석이 지나치게 도식화되면 오히려 판단을 그르칠 수도 있다는 점을 유의해야 한다. 수많은 기술적 분석 기법들이 개발되고 있다는 사실이 기술적 분석의 유용성을 의심하게 하는 역설적인 증거이기도 하다. 그러나 기술적 분석은 기본적 분석에서 고려하지 못하는 시장의 수급요인을 다루고 도표를 통하여 간단하게 시장동향을 파악한다는 장점이 있다.

❷ 기술적 분석의 약점

기술적 분석은 동일한 자료를 가지고 분석하더라도 분석가마다 서로 다른 해석이 나오며 시장이 변동한 원인이나 변동추세를 설명할 수 있는 논리적 기반이 없다는 약점을 지니고 있다. 또 과연 기술적 분석을 통하여 초과수익을 얻을 수 있는가에 대하여 실증 분석한 결과를 보면 대개 부정적으로 나오고 있다. 대부분의 나라에서 증권시장은 상당히 효율적이어서 과거의 자료를 분석하는 기술적 분석으로는 초과수익을 실현시킬 수 없는 것이다.

❸ 기술적 분석의 평가

이상에서 설명한 기본적 분석과 기술적 분석은 개별적으로 투자가치를 분석^평가하는 개별자산접근법에 속한다는 점 이외에도 증권시장의 비효율성을 전제로 초과수익을 얻고자 하는 분석방법이라는 점에서 적극적 투자관리에 활용되고 있다는 공통점을 지닌다. 이들 방법은 전통적 투자분석방법(traditional approach)으로 불리어지고 있다.

현대 자본시장이론은 기본적 분석을 토대로 하여 포트폴리오투자를 행하는 쪽으로 정립되고 있으며, 기술적 분석은 참고자료 정도의 수준으로 활용되고 있다.

[연습문제]

1. 투자의 명구라는 소위 "BLASH"가 의미하는 바는 무엇인가?
2. 증권분석에서 기본적 분석과 기술적 분석의 의의를 설명하시오.
3. 주가와 거시경제변수(GNP, 통화량, 물가상승률, 이자율, 환율 등)와의 관계를 설명하시오.
4. 기본적 분석의 산업분석에는 어떤 요인들이 있나?
5. 기본적 분석의 개별기업분석의 질적 분석에는 어떤 요인들이 있나?
6. 총자본순이익률(ROI)과 자기자본순이익률(ROE)을 비교하여 설명하시오.
7. 주식의 배당성향과 배당률 및 배당수익률의 차이를 설명하시오.
8. 주가지표 중 골든크로스(golden cross) 및 데드크로스(dead cross)가 의미하는 바를 설명하시오.
9. 거래량지표 중 번한지표란 무엇인가?
10. 그랜빌(Granville)에 의하여 고안된 OBV지표가 의미하는 바는 무엇인가?
11. 기술적 분석의 한계를 설명하시오.

제5장 불확실성과 금융자산의 가격결정이론

제 05장 불확실성과 금융자산의 가격결정이론

현대 포트폴리오이론에서는 투자대상의 과거 수익률을 분석하고, 이를 토대로 미래수익률의 기대값을 구하는 것이 투자분석의 출발점이다. 그러나 대부분의 경우 미래 현금흐름이 불확실하기 때문에 미래에 발생할 수익률을 정확히 예측하는 것이 불가능한 경우가 많다. 따라서 수익률의 위험을 적정히 평가하고 이를 투자의사결정에 반영하여 최적의 투자의사 결정을 내릴 수 있다. 모든 투자자들이 나름대로 최적의 포트폴리오를 선택한다면 자산의 가격은 어떻게 결정되는가?

본 장에서는 이런 내용을 알아보기 위해 먼저 기대수익률과 위험에 대해 알아보고, 투자대상을 복수증권의 결합관계에서 분석하는 포트폴리오이론과 현대 포트폴리오이론의 정수인 자본자산가격결정모형(CAPM : capital asset pricing model)을 간략하게 소개하고, 이어 효율적 시장가설에 대해 알아본다.

제1절 개별자산의 기대수익률과 위험

01 | 기대수익률

미래의 자산이 확실하면 자산의 수익을 측정하는 척도로 수익률을 사용할 수 있으나, 불확실한 상황에서는 자산의 수익률을 일률적으로 정하기 어렵다. 그러나 개별 자산의 미래수익률의 확률분포를 알고 있다면 자산수익의 척도로서 기대수익률을 사용할 수 있다.

일반적으로 변수 X의 기대값(expectation)은 $E(X)$로 표시하며, 이는 각 상황이 발생할 때 실현될 변수값에 그 상황의 발생확률을 곱한 값들의 합이다. 주식수익률의 경우에도 마찬가지 방법으로 수익률의 기대값, 즉 기대수익률을 계산할 수 있다. 주식수익률 r_1, r_2, … r_T 중 하나가 실현될 것이라고 하고, 각각의 수익률이 나올 확률은 p_1, p_2, … p_T라고 하자. 그 기대수익률은 다음과 같이 계산된다.

$$E(r)=\sum_{t=1}^{T} r_t\, p_t \qquad \text{(5-1)}$$

02 | 위험

미래에 나올 결과가 하나로 고정되어 있지 않고 상황에 따라 두 가지 이상의 결과가 가능할 때 위험(risk)이 있다고 말한다. 위험은 미래에 나올 결과가 불확실하기 때문에 발생한다.

한편 개별 자산의 위험은 그 자산의 수익률이 변동하는 정도, 즉 수익률이 기대수익률을 중심으로 흩어진 정도인 퍼짐성(dispersion)으로 측정된다. 또한 분산(variance) 또는 표준편차(standard deviation)는 확률분포가 옆으로 퍼진 정도, 즉 확률분포의 퍼짐성(dispersion)의 척도로서 일반적으로 사용되는 통계량이다. 변수 X의 분산은 보통 σ_x^2, $\sigma^2(X)$ 또는 Var(X)로 표기하며, 표준편차는 분산의 제곱근으로서 σ_x 또는 $\sigma(X)$로 표기한다. 분산은 각 상황이 발생했을 때 실현될 변수값과 기대값의 차이를 제곱한 값의 기대값으로 정의된다.

따라서 수익률의 경우 분산은 다음과 같이 계산된다.

$$\sigma^2(r) \equiv E[r - E(r)]^2 \quad \cdots\cdots (5\text{-}2)$$

$$= \sum_{t=1}^{T} [r_t - E(r)]^2 P_t \quad \cdots\cdots (5\text{-}3)$$

03 | 위험회피성과 투자자 유형

일반적으로, 투자자들은 동일한 기대회수액을 가져다주는 두 투자안 중에서 하나만을 선택할 경우 불확실성이 없거나 불확실성이 상대적으로 작은 투자안을 택하게 된다. 이처럼 위험을 회피하고자 하는 투자자들의 유형을 위험회피형(risk-averse) 투자자라고 부른다. 투자자의 위험회피성은 논리적으로 증명할 수 있는 이론이 아니라 대부분의 사람들이 이러한 성향을 갖고 있다는 경험적 관찰에 근거한 행태적인 가정(behavioral assumption)이다.

위험회피형의 투자자는 위험한 자산에 투자할 때 위험을 감수하는 대신 그 보상을 받을 수 없다면 이 투자안을 선택하지 않을 것이다. 위험회피도가 높은 투자자일수록 위험에 대해 더 큰 보상을 요구하게 된다. 달리 표현하면, 동일한 투자안이라 하더라

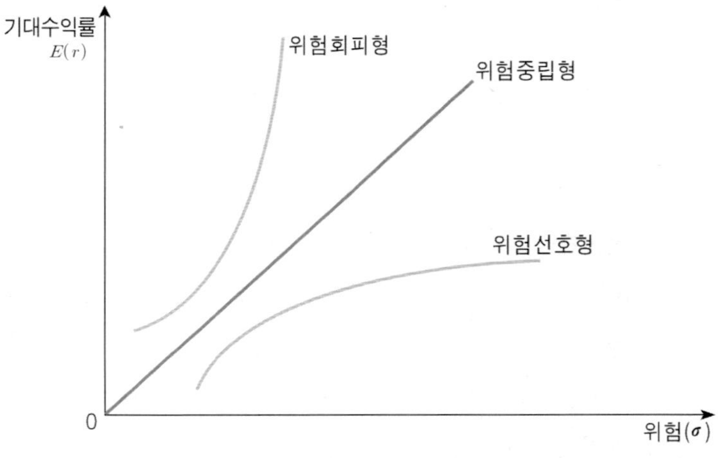

[그림 5-1] 투자자의 유형

도 위험회피도가 높은 투자자들은 투자의 가치를 더 낮게 평가한다.

따라서 투자안들을 비교할 때 단순히 기대수익률만을 비교하는 것이 아니라 그 기대수익률이 투자자에게 가져다주는 효용(utility)을 비교해야 한다. 효용이란 주어진 기대수익률과 위험에 대해 투자자들이 느끼는 주관적인 만족도 또는 후생(welfare)을 의미한다. 그러나 효용이 얼마인가를 제시해주는 이론은 존재하지 않으며, 이론 전개의 편의에 따라 다양한 함수 형태를 사용하게 된다.

만일 어떤 투자자의 효용이 위험이 클수록 증가한다면 이러한 투자자들을 위험선호형(risk-loving) 투자자라고 부른다. 위험을 전혀 고려하지 않고 오직 기대수익률만으로 투자안을 평가하는 투자자들을 위험중립형(risk-neutral) 투자자라고 부른다([그림 5-1] 참조).

제2절 포트폴리오의 기대수익률과 위험

01 | 포트폴리오의 개념

포트폴리오(portfolio)는 자산의 집합을 말한다. 투자자들이 한 자산에 투자할 수도 있지만 보통의 경우에는 둘 이상의 자산에 투자하게 되는데, 이러한 투자자산 전체를 일컬어 포트폴리오라고 한다. 여기서 말하는 자산에는 주식만이 아니라 채권, 부동산, 귀금속, 회원권, 골동품, 서화, 우표 등 모든 투자 대상들이 포함될 수 있다. 물론 하나의 자산에만 투자할 경우에도 정의 상 포트폴리오라고 부를 수 있다. 이 경우에는 한 자산으로 구성된 포트폴리오를 갖는 것으로 본다.

포트폴리오는 개별자산에 대한 투자비중을 어떻게 정하는가에 따라 여러 가지 방법으로 구성할 수 있지만, 두 가지 특수한 경우가 빈번히 사용된다.

(1) 등가중 포트폴리오(equal-weighted portfolio)

포트폴리오에 포함되어 있는 자산들에 대한 투자비중이 동일한 경우를 말한다. 1,000만원을 투자할 때 10개의 주식에 100만원씩 투자하는 것이 그 예이다.

(2) 가치가중 포트폴리오(value-weighted portfolio)

각 개별자산의 총 시장가치에 비례하여 투자한 포트폴리오를 말한다. 예컨대, 세 주식의 총 시장가치가 각각 100억원, 200억원, 700억원이라고 하자. 1,000만원을 이 세 주식에 투자할 때 각각 100만원, 200만원, 700만원을 투자한다면 이 포트폴리오는 가치가중 포트폴리오이다.

한편 시장포트폴리오(market portfolio)는 각 투자대상들의 가치에 비례하여 세상에 존재하는 모든 투자대상들에 투자한 가치가중 포트폴리오를 의미한다. 그러나 모든 투자대상들의 가치를 평가하기 어려우므로, 보통 주식시장에 상장되어 있는 모든 종목 또는 대표적인 일부 종목에 투자하여 구성한 포트폴리오를 시장포트폴리오의 대용으로 사용한다.

우리나라의 경우에는 종합주가지수(KOSPI)를 시장포트폴리오의 대용으로 사용한다. 종합주가지수는 한국증권선물거래소의 유가증권시장에서 거래되는 모든 종목들로 구성된 가치가중 포트폴리오의 가격을 지수로 나타낸 것이다.

02 | 두 자산으로 구성된 포트폴리오의 수익률과 위험

여기서는 두 개의 자산으로 구성된 포트폴리오의 수익률에 관하여 설명한다. 어떤 투자자가 자산 A에 60만원을 자산 B에 40만원을 투자했다고 하자. 1년 동안 이 두 자산의 수익률이 각각 10%와 20%라면 이 포트폴리오의 가치는 연말에 60(1+0.1)+40(1+0.2)=114만원이 된다. 기초의 총투자액이 100만원이므로 이 포트폴리오의 수익률은 0.14 또는 14%가 된다.

이 포트폴리오의 수익률을 다른 방법으로도 계산할 수 있다. 전체 투자액에 대한 자산 A의 투자액이 차지하는 비중이 0.6이고, 자산 B의 비중은 0.4이므로 이 비중들을 가중치로 하여 각각의 수익률을 가중평균하면,

$$0.6 \times 0.1 + 0.4 \times 0.2 = 0.14 \quad \cdots\cdots (5\text{-}4)$$

가 되어 동일한 값을 얻을 수 있다.

이를 일반화하기 위하여 자산 A가 포트폴리오에서 차지하는 비중을 w_A, 자산 B의 비중을 w_B라 하고, 이 두 자산의 수익률을 각각 r_A와 r_B라고 하자. 당연히 투자비율의 합은 $w_A + w_B = 1$ 이다. 이 포트폴리오를 P라 하면 P의 수익률 r_P는 다음과 같이 두 수익률의 가중평균으로 쓸 수 있다.

$$r_P = w_A r_A + w_B r_B \quad \cdots\cdots (5\text{-}5)$$

포트폴리오 P의 기대수익률과 수익률의 분산을 계산하는 방법을 살펴본다. 투자비율 w_A와 w_B는 투자할 때 이미 정해진 상수이지만, 두 자산의 수익률 r_A와 r_B는 미래 상황의 변화에 따라 변하는 변수이다. 그러므로 기대값의 연산공식에 의해 포트폴리오 P의 기대수익률은 다음의 식과 같이 두 기대수익률의 가중평균으로 쓸 수 있다.

$$E(r_P) = w_A E(r_A) + w_B E(r_B) \quad \cdots\cdots (5\text{-}6)$$

포트폴리오 P의 수익률 r_P의 분산은 $\sigma_P^2 = \sigma^2(r_P) \equiv E[r_P - E(r_P)]^2$로 정의되므로, r_P와 $E(r_P)$ 대신 식 (5-5)와 (5-6)을 대입하여 정리하면 다음과 같은 공식이 얻어진다.

$$\sigma_P^2 = w_A^2 \sigma_A^2 + w_B^2 \sigma_B^2 + 2w_A w_B Cov(r_A, r_B) \quad \cdots\cdots (5\text{-}7)$$

여기서의 σ_A^2과 σ_B^2는 두 자산 수익률의 분산을 나타내며 $Cov(r_A, r_B)$는 두 수익률의 공분산(covariance)이다.

03 | 수익률의 공분산

공분산은 $Cov(r_A, r_B)$ 대신 $\sigma_{A,B}$로 표기하는 것이 편리한 경우가 많다. 공분산 정의식은 다음과 같다.

$$\sigma_{AB} \equiv E[(r_A - E(r_A))(r_B - E(r_B))] \quad \text{(5-8)}$$

공분산은 두 자산의 수익률이 같은 방향으로 움직이는 정도를 말해준다. 공분산이 양의 값이면 두 수익률이 같은 방향으로 움직이는 경향이 있음을 의미하고, 공분산이 음의 값이면 두 수익률이 반대 방향으로 움직이는 경향이 있음을 말해준다.

만일 두 자산이 동일한 자산이면 자산 A와 B의 수익률은 동일하므로 그 공분산은 $E[r_A - E(r_A)]^2$으로 정리될 것이다. 이 식은 r_A의 분산과 같으므로 다음 공식이 얻어진다.

$$\sigma_{A,A} \equiv \sigma_A^2 \quad \text{(5-9)}$$

결국, 동일한 변수 간의 공분산은 그 변수의 분산이라는 결론에 도달하게 된다.[1)]

1) 최혁^김종오(2002), 투자론, 방송대, 제6장; 김종선 외(2004), 금융시장론, 학현사, 제9장 참조.

제3절 포트폴리오이론과 자본자산가격결정모형

01 | 마코위츠의 포트폴리오이론

1 기본 가정

포트폴리오이론을 전개하기 위해 필요한 기본 가정은 다음과 같이 요약될 수 있다.

(1) 완전시장(perfect market)

자본시장이 거래에 아무런 제약이나 마찰이 없는 완전한 시장이다.

(2) 자산수익률의 정규분포성

정규분포 가정 하에서는 평균과 분산이 포트폴리오수익률에 관한 모든 정보를 요약하는데, 자산수익률의 확률분포는 정규분포이다.

(3) 위험회피형 투자자

위험을 회피하는 투자자들은 기대수익률이 동일하다면 표준편차가 작은 투자안을 선택한다.

(4) 동질적 기대

자산수익률의 확률분포에 대해서 모든 투자자가 동의한다.

2 평균-분산모형

포트폴리오이론에서는 수익률의 정규분포성을 가정하고 포트폴리오 수익률의 평균과 분산을 분석하게 되는데, 이를 평균-분산분석이라 하며, 이때 평균-분산 기준은 다음과 같이 정리할 수 있다.

① 두 투자안 중 위험(표준편차)이 동일한 투자대상들에서는 기대수익률이 높은 투자안을 선택한다.
② 두 투자안 중 기대수익률이 동일하다면 위험이 작은 투자안을 선택한다.

또한 평균-분산 기준을 지배원리(dominance principle)라고도 부른다.

3 최적 포트폴리오의 선택

두 위험자산을 결합하여 구성할 수 있는 포트폴리오는 무수히 많다. 이 중에서 어느 포트폴리오가 가장 좋은가? 먼저 포트폴리오의 기대수익률과 위험을 측정하여 그래프로 표시하면 투자 가능한 '투자기회집합'을 얻을 수 있다.

합리적 투자자라면 지배원리에 따라 다른 모든 포트폴리오를 지배하는 투자기회집

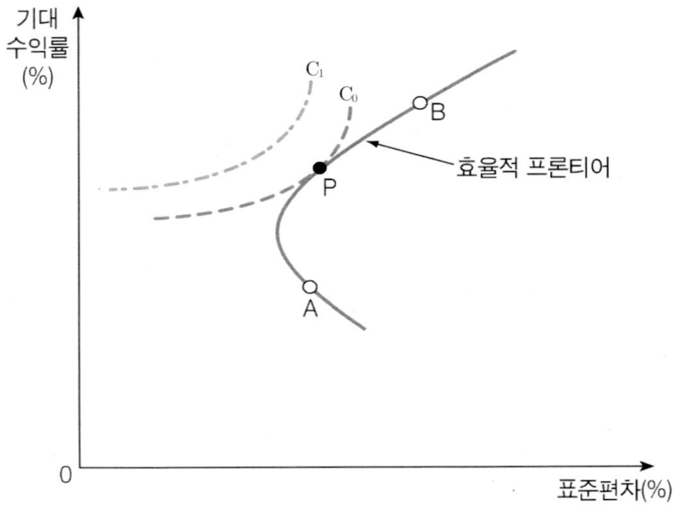

[그림 5-2] 최적 포트폴리오의 선택

합선 상에 있는 효율적 프론티어를 찾아내고, 다음으로 투자자의 효용을 나타내는 무차별곡선의 모양에 따라 최적 포트폴리오를 선택한다.

[그림 5-2]는 투자자의 효용을 극대화하는 포트폴리오를 선택하는 방법을 보여준다. 어떤 투자자의 무차별곡선을 곡선 C_1 으로 나타낼 수 있다고 하자. 무차별곡선 C_1 은 투자기회집합과 만나지 않으므로 무차별곡선 C_1 상의 포트폴리오들은 존재하지 않는다. 따라서 '투자기회집합'(효율적 프론티어)과 만날 때까지 무차별곡선을 아래쪽으로 이동시켜야만 투자 가능한 포트폴리오를 찾을 수 있을 것이다. 물론 무차별곡선을 아래쪽으로 이동시키면 효용은 낮아진다. 결국 투자자에게 최대의 효용을 가져다주며 동시에 투자 가능한 포트폴리오는 무차별곡선과 '투자기회집합'이 접하는 점 P가 된다. 이때의 무차별곡선은 그림에 C_0 로 표시하였다. 물론 무차별곡선을 C_0 보다 더 아래쪽으로 이동시켜 다른 포트폴리오를 선택할 수도 있지만 투자자의 효용이 더욱 낮아지므로 접점 P를 선택하는 것이 최선이다.

이 투자자보다 더 위험회피적인 투자자의 무차별곡선은 더 가파르므로 최적 포트폴리오는 점 P보다 더 왼쪽에 있는 '투자기회집합' 상의 포트폴리오가 될 것이다.

평균-분산모형의 원리에 입각하여 위험자산만으로 구성된 투자 가능한 효율적 프론티어(투자기회집합)와 투자자들에게 최대의 효용을 가져다주는 무차별곡선 상의 점이 접하는 곳에서 위험은 극소화하면서 기대수익률은 극대화하는 최적 포트폴리오가 선택된다.

4 포트폴리오의 위험분산효과

(1) 체계적 위험(systematic risk) 혹은 시장위험

증권시장 전체가 영향을 받아 변동하게 되는 위험으로, 시장상태가 변화하여 위험자산의 시장가격 또는 투자수익률이 변동하는 시장위험(분산투자로 사라지지 않음)을 말한다.

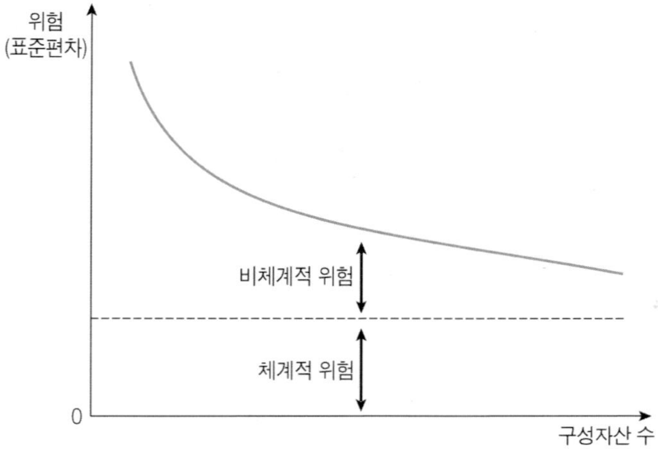

[그림 5-3] 체계적 위험과 비체계적 위험

(2) **비체계적 위험**(non-systematic risk) **혹은 고유위험**

개별기업만 직접적으로 관련되어 증권의 가격이 변동하는 위험으로, 증권시장 전체의 변동과 관계없이 기업의 고유요인에 기인하는 개별위험(분산투자로 사라지는 위험)을 말한다.

실무적으로 포트폴리오에 포함된 주식 수가 20~30종목에 달하면 비체계적 위험(고유위험)은 대부분 사라진다.

02 | 자본자산가격결정모형(CAPM)

❶ 의의

지난 1960년대 이후 샤프(Sharpe)와 린트너(Lintner) 등은 아무런 제약 없이 무위험이자율로 자금을 빌려주거나 빌릴 수 있다는 가정을 추가하여 증권시장의 균형을 분석하였다. 이 가정은 무위험자산이 존재한다는 가정과 같은 의미이다.

이들에 따르면 투자자들은 항상 무위험자산과 특정한 효율적 포트폴리오를 결합하여 구성한 포트폴리오에 투자한다는 것이다. 투자자들이 포트폴리오이론에 따라 행동할 때 개별자산의 위험 중 제거되지 않고 시장포트폴리오에 남아 있는 위험은 체계적 위험뿐이므로 개별자산의 위험은 체계적 위험으로 측정된다. 따라서 개별자산의 체계적 위험이 크면 이에 따라 투자자들이 요구하는 기대수익률이 커지게 되고, 체계적 위험이 작으면 요구하는 기대수익률도 작게 된다. 이러한 관계를 설명하는 것이 증권시장선(SML : security market line)이며, 이는 개별자산뿐만 아니라 포트폴리오에도 적용된다. 즉, 증권시장선은 시장균형 하에서 개별주식(또는 포트폴리오)의 기대수익률은 체계적 위험(βi)과 선형관계에 있음을 나타낸 것이다.

증권시장선을 그림으로 나타내면 [그림 5-4]와 같고, 이를 수식으로 표현하면 식 (5-10)과 같은데, 이것을 자본자산가격결정모형(CAPM : capital asset pricing model)이라고 한다.

$$E(r_i) = r_f + \{E(r_m) - r_f\}\beta i \quad \cdots\cdots (5\text{-}10)$$

- $E(r_i)$: 개별 자산i 의 기대수익률
- r_f : 무위험이자율

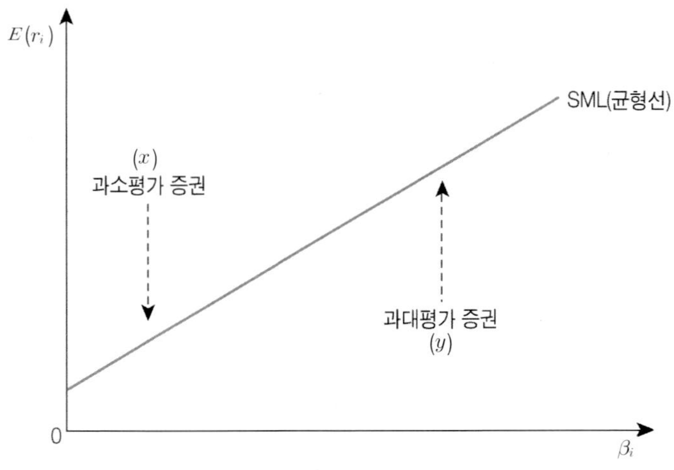

[그림 5-4] 증권시장선

- $E(r_m)$: 시장포트폴리오의 기대수익률
- βi : 개별 자산i 의 베타계수

❷ 기대수익률과 베타계수(β)

(1) 기대수익률

① 증권의 기대수익률을 결정하는 위험은 베타위험이 유일한 위험이다.

② 증권의 기대수익률과 체계적 위험의 척도인 베타는 비례한다.

③ 증권의 기대수익률과 베타는 선형관계에 있다.

④ 증권의 기대수익률은 무위험이자율과 시장포트폴리오의 기대수익률에도 영향을 받는다.

(2) 베타계수(β)

① β는 위험의 정도를 나타내는 것으로의 β 크기에 따라 개별주식의 요구수익률이나 기대수익률은 달라진다.

② 이론적으로 β는 개별주식과 시장 전체와의 공분산을 시장 전체의 분산으로 나눈 값이다.

③ β는 시장반응도 또는 시장위험의 척도로 시장 전체의 수익률이 변동할 때 개별주식의 수익률이 시장 전체의 수익률보다 β배 만큼 변동함을 의미한다.

④ 일반적으로 $\beta>1$이면 공격적 증권, $\beta<1$이면 방어적 증권이라 한다.

❸ 증권시장선

증권시장선(SML : Security Market Line)은 시장균형 하에서 개별주식(또는 포트폴리오)의 기대수익률은 체계적 위험(βi)과 선형관계에 있음을 나타낸 것이다. 증권시장선이 가지는 의미는 시장이 균형상태일 때 개별자산의 체계적 위험(βi)이 결정되면 개별자산의 기대수익률이 증권시장선 상에서 결정된다는 것이다. [그림 5-4]에서 보듯이 만약 시장이 일시적 불균형상태에 있을 때 증권 x는 가격이 과소평가되어 위험수준에 비해 기대수익률이 너무 높으므로 증권 x에 대한 수요가 증가한다. 그 결과 증권 x의 가격이 상승하여 기대수익률이 증권시장선 상에 이를 때까지 하락하게 되어 증권 x에 대한 수요와 공급은 균형을 이루게 된다.

반면에 증권 y는 가격이 과대평가되어 위험수준에 비해 기대수익률이 너무 낮으므로 증권 y에 대한 수요가 감소한다. 그 결과 증권 y의 가격이 하락하여 기대수익률이 증권시장선 상에 이를 때까지 상승하게 되어 증권 y에 대한 수요와 공급이 균형을 이루게 된다. 즉, CAPM은 개별주식이나 포트폴리오의 기대수익률과 위험이 균형상태에서 벗어났을 때 균형상태를 찾아가는 가격 메커니즘을 보여준다.

4 CAPM을 이용한 투자선택

CAPM을 이용한 투자선택의 이해를 돕기 위해 다음의 예제를 활용해 보자.

예제

샤프-린트너의 세계에서 주식 A의 기대수익률과 시장베타가 각각 11.2%와 1.2%이며, 주식 B의 기대수익률과 시장베타는 각각 8.2%와 0.7%인 경우에 무위험이자율과 시장포트폴리오의 기대수익률을 계산하시오.

풀이

두 자산에 대해 CAMP식을 적용하면 각각 다음과 같다.

$$11.2 = r_f + \{E(r_m) - r_f\} \times 1.2$$

$$0.8 = r_f + \{E(r_m) - r_f\} \times 0.7$$

이 연립방정식을 풀면, 무위험이자율과 시장포트폴리오의 기대수익률은 각각 4%와 10%임을 알 수 있다.

⑤ 자본자산가격결정모형의 한계

① 자본자산가격결정모형(CAPM)에서는 금융시장이 완전 자본시장인 것으로 가정하나, 현실의 시장은 완전 자본시장과 같은 이상적인 시장과는 거리가 있으므로 자본자산가격결정모형이 현실의 시장을 완벽하게 설명하지 못한다.

② 자본자산가격결정모형에서 모든 투자자들이 시장포트폴리오를 보유한다고 보았지만, 현실의 세계에서 모든 투자자들이 시장포트폴리오를 보유하는 것은 아니다.

③ 모형의 베타계수 값은 추정기간에 따라 달라지며, 따라서 과거자료를 이용해 추정된 베타를 그대로 미래주식의 기대수익률 평가에 이용하는 데에는 한계가 있다.

④ 기대수익률의 결정에는 베타계수 외에도 PER(price earning ratio)이나 기업규모, 주가장부가치비율(price book value ratio) 등 여러 요인이 있다.

제4절 효율적 시장가설

01 | 효율적 시장의 의의

① 효율적 시장의 개념

효율적인 자본시장(efficient capital market)은 정보를 효율적으로 반영하는 증권시장을 의미한다. 어느 시점에서의 증권가격이 시장에 주어진 모든 정보를 즉시(instantaneously) 그리고 완전히(fully) 반영하는 시장을 효율적 시장으로 정의한다.

효율적 시장가설(efficient market hypothesis)은 현대 재무학의 기본 철학이다.

효율적인 시장에서의 시장 참여자들은 주어진 정보의 가치를 편의(bias) 없이 평가하고, 이를 바탕으로 합리적인 투자의사 결정을 한다. 어느 순간에서나 주어진 정보가 주가에 공정하게 반영되므로, 증권가격은 해당 증권이 대표하고 있는 자산의 본질가치(fundamental value)에 대한 가장 적절한 척도가 된다. 그러므로 이미 시장에 알려진 정보를 이용하여 비정상적인 수익률을 얻을 수 없다. 예를 들어, 이미 시장에 알려진 정보를 분석하여 어떤 주식이 저평가되어 있다는 것을 알았다고 하자. 경쟁적인 시장에서는 동일한 정보를 갖고 있는 다른 투자자들도 즉시 그 사실을 알게 될 것이다. 따라서 많은 투자자들이 그 주식을 매수하고자 할 것이다. 이에 따라 주가는 상승하게 되며, 주가가 공정한 수준에 이를 때 가격 상승이 중단될 것이다.

효율적인 자본시장에서의 증권가격은 자원의 적절한 분배를 돕는 정확한 신호(signal)의 역할을 한다. 기업이 자본조달을 위하여 증권을 발행할 때 공정한 값을 받을 수 있으리라는 기대를 하게 하며, 투자자들이 증권을 살 때 역시 공정한 가격에 살 수 있다는 기대를 가능하게 한다. 이처럼 증권가격이 자원배분의 유용한 지표가 되기 때문에 효율적인 자본시장은 현대 자본주의 체제에 필수적인 요소이다.

그러나 위에 제시한 효율적 시장의 개념은 일반적인 정의로서, 실증분석에 필요한 구체성이 결여되어 있다. 시장에 주어진 정보의 범위를 어디까지 한정해야 하는지, 정보가 시장에 도착하여 증권가격에 반영될 때까지 얼마나 시간이 걸릴 때 즉시 반영한다고 말할 수 있는지, 정보가 주가에 완전히 반영된다는 것이 무엇을 의미하는지 분명하지 않다. 그러므로 효율적 시장가설이 실증적 의미를 갖기 위해서는 좀 더 구체적인 정의가 필요하다.

❷ 효율적 시장의 분류

파마(Fama)는 1970년도 논문에서 정보의 내용에 따라 효율적 시장을 세 유형으로 분류하였는데, 그 후의 논문이나 교과서들은 대개 이 분류를 따르고 있다.[2)]

2) Eugene F. Fama(1970), "Efficient capital markets : A review of theory and empirical work," *Journal of Finance* 25, pp.383-417.

1 약형 효율성

정보의 범위를 과거 증권거래 자료에 내포되어 있는 정보에 한정하여 시장의 효율성을 정의한 것이다. 약형(weak form) 효율적 시장에서는 과거의 증권수익률이나 거래량 등을 분석하여 초과수익을 얻는 것은 불가능하다. 그 이유는 과거의 증권거래 자료에 내포되어 있는 정보는 이미 현재의 증권가격에 반영되어 있기 때문이다.

2 준강형 효율성

정보의 범위를 이미 공개된 정보에 한정하여 시장의 효율성을 정의한다. 기업이익, 배당, 인수합병 등 중요한 정보가 공시된 후에는 이 정보를 이용하여 미래 수익률을 예측하는 것이 불가능하다. 준강형(semi-strong form) 효율적 시장에서는 모든 공시된 정보가 신속하게 주가에 반영되기 때문에, 이미 알려진 정보를 이용하여 초과수익을 얻을 수 없다.

3 강형 효율성

이것은 시장 참가자들의 일부만 갖고 있는 정보까지도 시장에 주어진 정보의 범주에 포함시켜 시장의 효율성을 정의한 것이다. 어떤 회사의 경영자가 알고 있는 사적 정보(private information)가 이러한 정보의 예이다. 강형(strong form) 효율적 시장에서는 회사의 내부 정보를 이용하여 이익을 얻고자 주문을 내면 이 주문에 대해 증권가격이 즉각 반응한다. 그러므로 비록 기업의 내부 정보를 갖고 있더라도 초과수익을 얻을 수 없다는 것이다.

02 | 약형 효율적 시장가설의 검정

약형 효율적 시장가설이 현실과 부합되는지를 검증하는 연구들은 대부분 주가가 무작위적으로 움직이는지 여부를 통계적으로 검정하는 데 중점을 두고 있다. 주가의 무작위성이란 무엇인지, 왜 무작위성이 효율적 시장과 관련되는지를 살펴보자.

❶ 효율적 시장가설 검정의 일반론

효율적인 주식시장에서의 주식가격은 주어진 모든 정보를 바탕으로 하여 계산한 본질가치의 기대값이다. 그러므로 주식가격은 오직 새로운 정보의 유입에 의해서만 변동한다. 새로운 정보란 정의상 예측 불가능하다. 따라서 정보가 시장에 유입될 때마다 주가에 즉시 반영되는 시장에서는 미래의 가격변동 또는 수익률을 사전적으로 예측하는 것은 불가능하다. 이러한 이유 때문에, 대부분의 효율적 시장에 대한 검정은 주어진 정보를 이용하여 앞날의 증권가격 변동을 예측할 수 있는가에 초점을 두고 있다.

연속복리로 표시한 주식수익률은 $r_t = ln\,(P_t/P_{t-1})$로 표시된다. 따라서 연속복리수익률은,

$$r_t = ln\,P_t - ln\,P_{t-1} + e_t \quad \cdots\cdots (5\text{-}11)$$

로 쓸 수 있으며, $P_t \equiv ln\,P_t$라고 정의하면 이 식을 다음과 같이 고쳐 쓸 수 있다.

$$P_t = P_{t-1} + e_t \quad \cdots\cdots (5\text{-}12)$$

식 (5-12)와 같은 형태의 시계열모형을 무작위행보(random walk)모형이라고 부른다. 이 식에서의 e_t는 t기에 유입된 정보에 의해 결정되므로 효율적 시장에서는 사전적으로 예측할 수 없다. 그러므로 그 기대값은 0이다. 대부분의 효율적 시장가설에 대한 검정은 이미 알려진 정보를 이용하여 e_t를 예측하는 것이 불가능한지 여부를 통계적으로 분석하는 것이다.

주가가 과연 약형 효율적 시장가설이 제시하는 바와 같이 무작위행보를 하는가? 이 문제에 대해서는 엄밀한 통계검정이 필요하지만, 일단 [그림 5-5]를 이용하여 직관적으로 살펴볼 수 있다. 두 그래프 중 첫 번째 그래프는 2001년도의 일별 종합주가지수

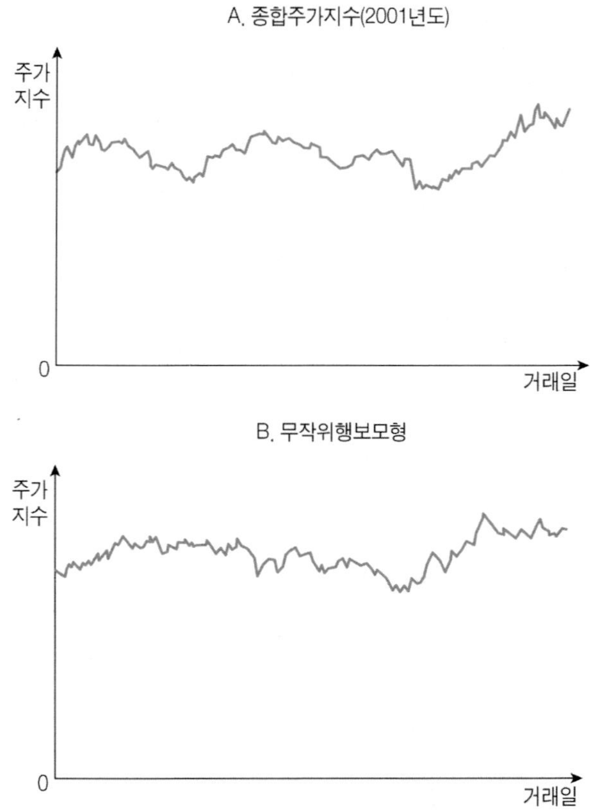

[그림 5-5] 주가지수와 무작위행보모형

의 시계열 그래프이고, 두 번째 그래프는 실제 주가와 관계없이 무작위행보모형을 가정한 모의실험(simulation)을 통해 생성한 값들을 그린 것이다. 각 그래프의 제목을 보지 않는 한, 어느 것이 실제 주가지수의 움직임이고 어느 것이 모의실험을 통해 생성된 가상의 숫자들을 그린 것인지 구분하기 어렵다. 이처럼 주가의 움직임은 무작위행보모형과 비슷하게 움직인다.

② 주가의 무작위성과 기술적 분석

주가가 무작위로 움직인다는 사실이 실무적으로는 어떤 의미를 지니는가? 앞에서 본 기술적 분석은 투자이익을 얻기 위하여 과거의 주가자료에 나타나는 반복적이고 예측 가능한 패턴을 찾아내는 것으로, 기술적 분석가들을 도표분석가(chartists)라고도 부른다. 하지만, 분석가들에 따라 다양한 방법이 사용되고 있으므로 그 구체적인 기법은 정형화하기 어렵다.

기술적 분석의 한 예로서, 주가가 최저점으로부터 $x\%$ 상승했을 때 그 주식을 사고, 주가가 최고점에 도달한 후부터 $x\%$ 하락하면 그 주식을 파는 필터법(filter rule)이 있다. 이 필터법은 주가가 한 번 상승하면 계속 상승하고 하락하면 계속 하락하는 경향이 있다는 가정을 바탕으로 하고 있다. 1960년대 중반 학계에서는 필터법을 사용하여 이익을 얻을 수 있는가에 관한 논쟁이 있었다. 실증분석의 결과, 필터법의 성과를 매수-보유전략(buy and hold strategy)의 성과와 실증적으로 비교분석해 볼 때 필터법을 사용한 투자가 단순한 매수-보유전략보다 더 큰 이익(거래비용 차감 후의 이익)을 얻지 못한다는 결론을 얻었다. 매수-보유전략이란 특별한 판단기준 없이 주식을 사서 장기간 보유하다가 파는 매우 단순한 투자전략을 말한다.

결론적으로 말하면, 약형 효율적 시장에서는 기술적 분석을 통한 투자전략이 단순한 매수-보유전략보다 우월할 수 없으며, 대부분의 경험적 증거들은 이를 뒷받침하고 있다. 그럼에도 불구하고, 아직도 많은 투자자들이 도표나 이동평균선 등 기술적 분석에 매달리고 있는 가장 큰 이유로는 다음 두 가지를 들 수 있다.

첫째, 주가나 주가지수의 시계열 그림을 그려보면 마치 일정한 패턴이 있는 것처럼 보이는 경우가 많기 때문이다. 실제로 사후적으로는 일정한 패턴이 있는 것처럼 보일지라도 예측 가능한 패턴이 존재하는 것은 아니다. 둘째, 기술적 분석을 통해 높은 수익을 얻은 투자자가 존재하기 때문이다. 그러나 많은 투자자가 기술적 분석을 사용하여 투자하는 경우 일부 투자자가 높은 수익을 얻는 것은 확률적으로 당연히 나타나는 현상에 불과할 뿐이다.

03 | 준강형 효율적 시장가설의 검정

❶ 정보의 공시효과와 사건연구

준강형 효율적 시장에 대한 검증은 대체로 사건연구(event study)를 중심으로 행해진다. 사건연구란 어떤 특정한 정보가 시장에 유입되었을 때 주가가 어떻게 반응하는가 관찰하는 절차로서 기업재무 분야를 분석할 때 자주 사용하는 방법론이다.

앞서 본 바와 같이 준강형 효율적 시장가설에서는 시장에 공개된 정보는 그 정보가 발표되는 시점의 주가에 모두 반영되므로, 미래의 주가는 오늘 공개된 정보와 무관하다는 것이므로, 오직 새로운 정보의 유입에 의해서만 주가가 변동하게 된다는 것이다. 예컨대, 기업이익의 공시라는 사건이 발생하는 경우에 그 사건이 주가에 아직 반영되어 있지 않은 정보를 제공할 때만 주가가 움직이게 된다는 것이다. 시장이 충분히 효율적이라면 주가가 즉시 움직여야 할 뿐 아니라 공시 이후의 주가 움직임을 예측할 수 없어야 할 것이다. 이를 검정하는 것이 사건연구를 이용한 효율적 시장가설 검정의 핵심사항이다.

❷ FFJR의 사건연구

사건연구를 위해서는 먼저 '사건'을 선택해야 한다. 연구의 목적에 따라 주식분할(stock split)의 공시, 현금배당금의 공시, 인수합병의 공시, 기업이익의 공시, 최고경영자의 교체 등의 사건을 선택할 수 있다.

사건연구의 방법론은 파마(E. Fama), 피셔(L. Fisher), 젠센(M. Jensen), 롤(R. Roll)이 처음으로 도입하였는데, 이들의 연구를 보통 FFJR의 사건연구[3]라고 약칭한다.

FFJR은 주가의 월별수익률을 이용하여 주식분할이 주가에 미치는 영향을 검증하였

3) E.F. Fama, et al.(1969), "The adjustment of stock prices to new information," *International Economic Review* 10, pp.1-21.

는데, 주식분할 이전에 누적평균비정상수익률[4](cumulative average abnormal return : CAAR)이 지속적으로 상승하다가, 막상 주식분할 이후에는 CAAR이 일정해진다는 검정결과를 밝혔다. 이는 주식분할 직후에 해당 주식을 구입하면 비정상적인 이익을 얻을 수 없음을 의미한다. 즉, 주식분할의 정보를 이용하여 사건월 이후의 주가를 예측할 수 없으므로, 이러한 결과는 준강형 효율적 시장가설과 합치한다고 하겠다.

FFJR의 연구는 최초의 사건연구라는 점에서 매우 중요한 논문이지만, 현재의 시각에서 볼 때는 많은 문제점이 있으나, 실제로 수많은 후속 연구들은 FFJR의 사건연구의 문제점을 발견하고 이를 해결하는 과정에서 나온 것이다. 후속 연구에서는 주식분할 직전 몇 개월 동안의 주가상승을 주식분할의 공시효과라고 해석할 수 있으므로 주식을 분할한 날짜가 아니라 주식분할의 공시일을 사건일로 선택하는 것이 일반적 경향이다.

04 | 강형 효율적 시장가설의 검정

1 강형 효율적 시장의 개념

강형 효율적 시장은 시장에 공개된 정보뿐만 아니라 시장 참여자들의 일부만이 가지고 있는 사적 정보도 증권가격에 완전히 반영되는 시장을 말한다. 정의 상 강형 효율성은 약형이나 준강형 효율성을 포함하는 개념이다. 강형 효율적 시장에서는 비록 사적 정보를 갖고 있다 할지라도 이미 그 정보가 주가에 반영되어 있으므로 이를 이용하여 이익을 취할 수 없다. 이를 검증하는 것이 강형 효율적 시장가설 검정의 요체이다.

강형 효율적 시장가설은 보통 두 가지 방법으로 검증한다.

---

4) 정상수익률은 현금배당 증가와 같은 사건과 아무런 관련 없이 발생할 수 있는 수익률을 말하는데, 비정상수익률은 실제의 수익률로부터 정상수익률을 차감하여 계산한다. 이때 사건일 각각에 대해 계산된 비정상수익률을 평균하여 평균비정상수익률을 도출하고, 검증기간의 시작일부터 날짜의 흐름에 따라 누적하여 누적평균비정상수익률(CAAR)을 구함.

첫째로 경영자와 같은 기업의 내부자가 자신이 갖고 있는 사적 정보를 이용하여 수익을 얻을 수 있는지 여부이다. 경영자는 외부 투자자에 비해 우월한 정보를 갖고 있으므로, 그 정보가 공개되기 전에 그 정보를 이용하여 이익을 얻을 가능성이 있다. 만일 내부자가 이익을 얻을 수 있다면 강형 효율적 시장에 배치되는 증거로 볼 수 있을 것이다.

둘째로 증권분석가나 펀드매니저와 같은 전문투자자가 나름대로의 분석과정을 거쳐 사적 정보를 창출한다고 볼 수 있는데, 이렇게 창출된 사적 정보를 이용하여 비정상적인 수익을 얻을 수 있는가를 검증하는 것이다.

② 내부자거래

최고경영자 등 기업의 내부자가 아직 주가에 반영되지 않은 사적 정보를 가지고 있는 것은 명백하다. 문제가 되는 것은 내부자가 이 사적 정보를 가지고 주식거래를 할 때 양의 비정상수익을 얻을 수 있는가 하는 점이다. 사건연구 방법론을 이용한 기존 연구들은 기업의 내부자들이 미래의 주가를 예측할 수 있는 정보를 가지고 있으며 이 정보를 이용하여 비정상수익을 얻을 수 있음을 밝혀냈다.

기존 연구에 의하면 내부자의 매수일 이후 주가가 상승하며, 매도일 이후에는 주가가 하락한다. 따라서 내부자들이 주가가 상승하기 전에 주식을 매수하고 주가가 하락하기 이전에 주식을 매도하는 경향이 있다. 이러한 결과는 내부자들이 미래의 주가 움직임을 예측할 수 있으며 적절한 거래시기를 알고 있는 것으로 해석할 수 있다. 따라서 내부자거래로부터 얻은 경험적 증거는 강형 효율적 시장에 배치된다고 할 수 있다.

③ 증권전문가들의 사적 정보

증권분석가 또는 펀드매니저와 같은 전문투자자들은 나름대로의 분석과정을 거쳐 사적 정보를 창출한다. 이렇게 창출된 정보가 가치가 있는가? 펀드매니저들이 사적 정보를 갖고 있는지 분석하기 위하여 뮤추얼펀드나 연금기금의 성과를 평가하는 연구가 진행되어 왔다. 그러나 대부분의 연구들은 심각한 방법론상의 문제점을 내포하고 있다. 연구에 이용되는 분석자료는 대개 연구 시점에서 존재하는 펀드만을 포함하게 되는데, 이러한 자료를 이용하면 생존편의(survivorship bias)의 문제가 발생한다. 성과가 좋았던 펀드들은 계속 존재할 가능성이 높으며, 성과가 나빴던 펀드는 시장으로부터 퇴출될 가능성이 높다. 결국 이처럼 생존편의를 내포하고 있는 자료를 분석하면 펀드들의 성과가 평균적으로 높았던 것처럼 보이게 된다.

생존편의를 포함하지 않은 자료를 구축하기 위해서는 표본기간 중 일부 기간만이라도 존재했던 모든 펀드를 표본에 포함시켜야 할 것이다. 카하트(M.M. Carhart)는 생존편의가 없는 자료를 대상으로 뮤추얼펀드의 성과를 평가하였다.[5] 그 결과, 뮤추얼펀드들이 정상수익률을 초과하는 비정상수익률을 얻지 못할 뿐만 아니라, 펀드가입자들에게 부과되는 비용까지 감안하면 오히려 비정상수익률이 음의 값이라는 결론을 얻었다. 이러한 결과는 강형 효율적 시장가설과 부합된다.

결국 앞서 설명한 내부자거래의 경우와 뮤추얼펀드의 성과 등에 대한 경험적 증거를 종합해 보면, 강형 효율적 시장가설의 현실성에 대해서는 확실한 결론을 내리기 어렵다고 말할 수 있다.

05 | 시장의 이례현상과 시장의 효율성

1980년대 이후, 기존의 이론으로는 설명되지 않는 현상들이 발견되기 시작했으며 이러한 현상들을 통틀어 시장의 이례현상(capital market anomalies)이라고 부른다. 여러 종류의 이례현상이 있으나, 대부분의 현상은 그 크기가 경제적으로 중요하지 않거나 아래에 설명하는 이례현상들의 또 다른 모습에 불과하므로, 여기서는 중요한

5) M.M. Carhart(1997), "On persistence in mutual fund performance," *Journal of Finance* 52, pp.57-82.

현상 다섯 가지만 설명하기로 한다.

1 소규모기업효과(small firm effect)

소규모의 기업들이 양의 비정상수익률을 얻는 경향이 있다. 여기서 '규모'란 주가와 발행주식 총수를 곱하여 계산한 주식의 총시장가치를 말한다. 이 현상을 규모효과(size effect)라고 부르기도 한다.

2 장부가 대 시장가 비율효과(book-to-market effect)

주식의 장부상 가치를 시장가치로 나눈 비율이 큰 기업들이 양의 비정상수익률을 얻는 경향이 있다.

3 1월효과(January effect)

소규모 기업들의 주가가 1월 초에 상승하여 양의 비정상수익률을 얻는 경향이 있다.

4 월요효과(Monday effect)

월요일의 주식수익률이 다른 요일의 수익률보다 낮게 나타나는 현상을 말한다.

5 과민반응현상

주가가 새로운 뉴스에 대하여 과민반응을 보인다면 그 주식시장은 비효율적이라고 말할 수 있다.

이러한 이례현상들을 어떻게 해석할 것인가? 시장이 비효율적이라는 증거로 볼 수 있는가? 이 문제에 대한 대답은 간단하지 않으나, 일반적으로 대부분의 학자들은 이례현상의 존재가 반드시 시장이 비효율적임을 말해주는 것은 아니라고 본다.

후속 연구에서 CAPM 대신 파마(Fama)와 프렌치(French)의 3요인모형(three-factor model)을 사용하여 정상수익률을 계산하는 경우 대부분의 이례현상이 사라지는 결과를 얻고 있다.[6] 파마-프렌치의 3요인모형이 현실과 부합된다는 전제 하에서 이례현상의 문제를 다시 보면, 이례현상은 시장이 비효율적이기 때문에 발생하는 것이 아니라 CAPM이 옳지 않기 때문에 발생한다고 말할 수 있을 것이다.

---

6) Eugene F. Fama and Kenneth R. French(1996), "Multifactor explanations of asset pricing anomalies," *Journal of Finance* 51, pp.55-84.

[연습문제]

1. 위험에 대한 태도에 따라 투자자의 유형을 3가지로 분류해 보시오.
2. 등가중 포트폴리오와 가중가치 포트폴리오의 차이는 무엇인가?
3. 포트폴리오의 공분산(covariance)은 무엇이며, 공분산이 각각 양(+), 음(−)일 때 의미하는 바는 무엇인가?
4. 전통적인 포트폴리오이론의 기본가정은 어떤 것들인가?
5. 포트폴리오의 위험분산효과를 설명하시오.
6. 체계적 위험과 비체계적 위험을 비교하여 설명하시오.
7. 모든 투자자들이 나름대로 최적의 포트폴리오를 선택한다면 자산의 가격은 어떻게 결정되는가?
8. 베타계수(β)의 특성을 설명하시오.
9. 자본자산가격결정모형(CAPM)과 증권시장선의 관계를 설명하시오.
10. 샤프-린트너의 세계에서 주식 A의 기대수익률과 시장베타가 각각 11.2%와 1.2%이며, 주식 B의 기대수익률과 시장베타는 각각 8.2%와 0.7%인 경우에 무위험이자율과 시장포트폴리오의 기대수익률을 계산하시오.
11. 효율성가설에서 Fama(1970)가 분류한 약형 효율성, 준강형 효율성, 강형 효율성 차이를 비교하시오.
12. 주가변동의 이례현상에 대해 설명하시오.

제6장 단기금융시장과 재테크

제 06장 단기금융시장과 재테크

일반적으로 증권의 만기가 1년 이내인 금융상품을 단기금융상품으로 분류하는데, 본 장에서는 단기금융시장의 특성 및 기능을 살펴보고, 우리나라의 단기금융시장의 발달과정을 알아본다. 또한 재테크 상품으로서의 단기금융상품을 구체적인 시장별로 주요 특징을 소개한다.

제1절 단기금융시장의 특성 및 기능

01 | 단기금융시장의 특성

금융시장은 증권의 만기를 기준으로 단기금융시장과 자본시장으로 구분된다. 이때 만기는 일반적으로 1년을 기준으로 하나, 최근에는 금융시장의 발전으로 유동성이 높고 가격변동의 위험이 상대적으로 낮은 증권을 단기증권으로 분류하는 경향이 있다. 단기금융시장에서 유통되는 단기금융상품의 특성은 다음과 같다.

첫째, 단기증권의 만기는 1년 미만이고, 그 종류도 다양하다.

단기금융시장에서는 만기가 1년 미만인 단기증권이 발행되고, 유통된다. 단기금융시장이 잘 발달된 美國의 경우에 단기재정증권(Treasury bills), 정부기관증권(agency securities), 연준자금(federal funds), 기업어음(CP), 양도성예금증서(CD), 은행인수어음(BA), 환매조건부채권(RP), 유로달러 등 그 종류가 다양하다. 이 중에서도 그 발행잔액이나 거래규모로 보아 단기재정증권이 가장 큰 비중을 차지하며, 그 밖의 단기증권들도 단기금융시장 참여자에게 다양한 투자수단을 제공한다. 이러한 단기증권들의 일반적인 특징은 만기가 짧고, 채무불이행위험(default risk)이 낮으며, 유동성(liquidity)이 높다는 점을 들 수 있다.

둘째, 단기금융시장은 추상적 시장이다.

단기금융시장에는 주식시장에서의 뉴욕증권거래소와 같은 구체적 조직이 존재하지는 않지만, 딜러(dealer)와 브로커(broker)가 단기증권의 매매거래에 있어서 중심적 역할을 수행한다. 주요한 딜러와 브로커는 상호간에 그리고 그들의 고객(은행 등 금융기관, 일부 대기업, 기타 시장참여자)과 전화 및 전산망 등 각종 통신수단으로 연결되어 있다.

셋째, 단기금융시장은 도매시장이며, 공개시장거래 방식을 취한다.

단기금융시장은 거래량 규모가 매우 크기 때문에 도매시장의 성격을 띤다는 점이다. 미국의 단기금융시장에서는 대체로 100만달러 이상의 거액거래가 일반적이며, 거래방식은 공개시장거래(open market transactions) 형식을 취한다. 예컨대, 미국의 은행간 단기자금거래인 연준자금의 경우, 거래은행은 다수의 브로커(broker)로부터 매입오퍼를 받아 가장 높은 가격으로 매각하고 가장 낮은 가격에 매입한다. 또한 그 가격은 공개적이고도 경쟁적으로 결정되기 때문에 매입자나 매도자가 누구인지 반드시 확인할 필요가 없다.

넷째, 단기금융시장은 거래 및 결제방식이 간편하다.

단기금융시장에서는 수십만 달러의 거래가 전화로 성립하지만 그 거래증권에 대한 지급 역시 비교적 간단히 결제된다. 즉 미국의 경우 대부분의 거래는 연준자금으로 결제되며, 이때 매입고객의 은행계좌로부터 매도고객의 은행계좌로의 자금이체는 중앙은행인 연방준비은행(FRB)을 통하여 행해진다.

02 | 단기금융시장의 경제적 기능

단기금융시장이 국민경제 내에서 수행하는 경제적 역할은 다음과 같이 세 가지로 크게 나눌 수 있다.

첫째, 경제주체(가계, 기업, 금융기관, 정부 등)들에게 효율적인 유동성 관리수단을 제공한다. 모든 경제주체는 일상의 경제활동을 수행하는 과정에서 자금의 수입과 지출 간의 시간적 간격이 완전히 일치하지 않기 때문에 유동성관리의 문제에 항상 직면한다. 그들은 일시적 유휴자금이 발생하면 단기증권에 투자함으로써 이자수익을 올리며, 또한 일시적 자금부족이 발생하면 단기금융시장으로부터 필요자금을 조달할 수 있다. 따라서 단기금융시장에서는 그때그때의 시장의 자금수급 상황을 반영하여 실세금리를 형성한다. 반면, 자본시장에서는 소비, 저축 및 투자 등의 실물적 경제요인을 반영하여 자금수급이 이루어지므로 금리의 변동은 작다.

둘째, 중앙은행의 공개시장조작정책의 효율적인 경로를 제공한다. 중앙은행의 전통적 통화정책수단으로는 공개시장조작 이외에도 재할인율정책과 지급준비율의 변경 등이 있으나, 이 중에서도 공개시장조작은 가장 신축적이며 효과적인 수단으로 인식되고 있다. 중앙은행은 통화를 창조할 수 있는 능력 때문에 유동성문제를 지니고 있지 않으며, 단기금융시장에서의 증권을 매각 또는 매입함으로써 은행의 지급준비금 잔액을 변화시키게 된다. 따라서 공개시장조작은 은행제도의 유동성을 변화시키고, 이는 다시 경제 내에 있는 모든 경제단위의 유동성에 간접적으로 영향을 미침으로써 경제 전반에 파급효과를 나타낸다. 중앙은행이 공개시장조작에 의하여 금융정책의 목표를 달성하려면 거래량이 풍부하고 정보망이 발달되어 있는 단기금융시장의 존재를 전제조건으로 한다.

셋째, 단기금융시장은 자금수급 사정을 반영하여 실세금리를 형성하고, 간접금융시장 및 자본시장의 금리와 균형관계를 유지함으로써 자금을 효율적으로 배분하는 것이다. 고객의 대출수요가 증가하면 은행은 초과지준이 없는 한 일시적으로 콜머니

(call money)를 행하든가, 보다 장기적 조정방법으로서는 단기증권의 보유량 일부를 매각하든가 혹은 CD를 발행할 수 있다. 반면에 경제의 어느 부문에서 유휴자금이 존재하면 대출상환이나 은행예금의 증가로 나타나며, 은행은 유휴자금을 콜론(call loan) 및 단기금융상품의 매입으로 운용하거나 혹은 CD상환에 사용할 것이다. 이와 같은 조정은 모두 단기금융시장을 통해 이루어지며 단기금융시장 금리에 반영될 것이다. 또한 단기금융시장과 자본시장에서도 상대적 이자율의 차이로 말미암아 재정거래를 위한 자금이전이 이루어진다. 이와 같은 단기이자율 및 장기이자율의 변화는 다시 주식가격에 영향을 미치는 한편 실물경제 면에서도 소비, 저축, 투자 등 총체적 경제활동에 영향을 미친다. 따라서 시장참여자들이 금리변화에 민감한 반응을 보이는 것이다.

제2절 국내 단기금융시장과 단기금융상품

우리나라의 단기금융시장의 발전과정을 살펴보면 1970년대 초만 하더라도 은행간 콜(call)시장이 유일한 단기금융시장이었으나, 1972년 8.3조치의 보완책으로 사금융을 제도금융권으로 흡수하고 기업에 대한 단기자금 공급을 원활히 하기 위하여 투자금융회사가 설립됨으로써 기업어음을 중심으로 한 시장기반이 마련되었다. 그 후 1974년 양도성예금증서가 처음으로 도입되고, 1975년에 콜시장이 제도화되었으며, 1977년에는 한국증권금융(주)에 조건부채권거래가 허용되었다. 이어 1981년 6월 신종기업어음(CP)제도가 도입되고, 1982년 하반기 이후 투자금융회사가 대거 신설됨으로써 기업어음시장이 급속도로 확충되었다. 조건부채권매매시장도 1980년 이후 동 업무의 취급기관이 증권회사^은행금융기관 및 체신관서에까지 단계적으로 확대되었고, 1988년 12월에는 증권회사 및 은행에게 거액 RP업무가 허용되었다.

한편 1989년에는 종래 장내 및 장외시장으로 이원화되어 있던 콜시장을 통합하고,

〈표 6-1〉 우리나라 단기금융시장의 증권별 잔액 추이(기말 기준)

(단위 : 10억원, %)

구 분	1990	1995	2000	2003.10
콜시장[1]	3,464	4,480	16,058	21,899
	(8.3)	(3.7)	(11.6)	(12.6)
기업어음시장	12,740	44,230	44,677	49,156
	(30.4)	(36.9)	(32.2)	(28.3)
양도성예금증서시장	6,804	28,330	14,218	33,164
	(16.2)	(23.7)	(10.2)	(19.1)
환매조건부채권매매시장[2]	3,358	6,173	26,115	44,452
	(8.0)	(5.1)	(18.8)	(25.6)
통화안정증권시장	15,241	25,825	26,488	20,190
	(36.4)	(21.6)	(19.1)	(11.6)
표지어음시장	277	10,697	11,201	4,558
	(7.0)	(9.0)	(8.1)	(2.6)
합 계	41,884	119,735	138,757	173,419
	(100.0)	(100.0)	(100.0)	(100.0)

주 : 1) 기간말월 일평균거래액 기준.
2) 매도잔액 기준.
3) ( ) 속은 구성비.
자료 : 한국은행, 「통화금융」.

1992년에는 콜거래 관련 정보의 공개, 완전경쟁 등을 내용으로 하는 완전경쟁거래방식(blind brokerage system)을 도입하기에 이르렀다. 또한 1991년 11월부터 시작된 단계별 금리자유화 조치가 2004년 2월 사실상 완료되는 동안에 단기금융상품의 발행금리, 한도, 만기 등에 대한 거의 모든 규제가 폐지되었다. 이와 같이 각종 규제를 폐지함으로써 단기금융시장의 기능향상을 도모하였다.

한편 1997년 하반기 외환위기를 맞이하여 IMF자금지원체제 하의 빅뱅식 금융산업구조 개편과정에서 단기금융시장도 1998년 상반기 중에 대외 개방되기에 이르렀다.[1)]

〈표 6-1〉에서 보듯이 2003년 10월 말 현재 우리나라 단기금융시장 규모는 173.4조원으로 1990년 말의 4배를 넘는 등 급속한 신장세를 보여 왔다. 이와 같은 단기금융시

1) 한국은행(2004), 우리나라의 금융시장 제2장; 김종선 외(2004), 금융시장론, 학현사, 제3장 참조.

장의 급속한 성장은 개별 경제주체들의 금리민감도 상승 등으로 금융자산 축적규모가 늘어나는 가운데 자금의 단기운용에 의한 위험회피 경향의 확대, 기업의 여유자금 운용기법 발달 등 금융구조의 변화를 반영한 것으로 보인다.

이하에서 call시장, 재정증권시장, 통안증권시장, 기업어음시장, 조건부채권매매시장, 양도성예금증서시장, 표지어음시장 등을 살펴보도록 한다.

01 | 콜시장

콜시장은 금융기관 간에 하루 내지 수일간의 초단기자금이 유통되는 시장으로, 거래가 주로 전화 등 통신망으로 이뤄지기 때문에 콜(call)시장이라 불린다. 콜시장에서 차입측 콜자금을 콜머니(call money), 대여측 콜자금을 콜론(call loan)이라고 한다. 콜시장의 주된 기능은 금융기관의 지준금 부족과 단기유동성자금의 부족을 조정하는 것이다.

일반적으로 금융기관의 활동은 금융기관의 자산 및 부채보유량의 변화를 초래한다. 따라서 어느 일정한 날에 일부의 금융기관들은 원하는 수준 이상의 지준금을 보유하고, 다른 금융기관들은 원하는 수준 이하의 지준금 보유로 지준금 부족현상을 나타낼 수 있다. 이때 초과지준금을 보유하고 있는 금융기관은 지급준비금이 부족한 다른 금융기관들에게 자금을 대여함으로써 그 자금에 대한 이자(call rate)수익을 얻을 수 있다. 이와 같이 콜시장을 통한 자금거래는 금융기관들의 유동성 수준을 조절하는 중요한 수단이 된다.

또한 콜시장의 금융제도 내에서 중요한 역할은 콜금리가 중앙은행의 금융정책과 밀접한 관련을 맺고 있기 때문이다. 중앙은행이 지준율을 올리거나, 낮춤으로써 은행제도 내의 초과준비금의 이용 가능성에 직접적으로 영향을 미치며, 이는 은행의 대출금액의 크기를 결정하는데 영향을 미친다.

종래 우리나라의 콜시장은 장내콜시장과 장외콜시장으로 이원화되어 있었다. 이러한 시장구조 하에서는 자금거래가 활발하게 이뤄지지 않았으므로 지난 1989년부터 투자금융회사를 콜거래 전문중개기관으로 지정하고, 장내콜시장과 장외콜시장을 통합하여 일원화하였다.

그러나 이러한 제도상의 통합조치에도 불구하고 은행간 직거래 및 담합거래의 가능성은 여전히 남아 있었다. 따라서 이에 대한 보완조치로 1991년과 1992년에 걸쳐 콜시장에 대한 전면적인 개편을 단행하였다.

이에 따라 서울 소재 8개 투금사로 하여금 콜중개 기능을 전담케 하였으며, 콜시장 참가자의 담합방지를 위해 완전경쟁거래방식(blind brokerage system)을 도입했고, 신용도 낮은 소형 금융기관들이 채권을 담보로 콜시장에 참여할 수 있도록 담보부콜거래제도 등을 도입한 바 있다.

특히 1994년 12월 도입된 한은금융망(BOK-Wire)은 콜시장의 실질적인 통합을 위한 결제제도 면에서 중요한 기반을 조성한 것이라고 하겠다. 한은금융망의 시행으로 한은금융망에 참가하는 은행들이 어음교환 등의 차액결제 시 소요되는 거액자금을 원활하게 조달하기 위해 오전 또는 오후 중에만 콜자금을 사용하고 그날 중으로 상환하는 반일물 콜제도가 도입되었다. 이로 인해 콜자금의 당일자금화가 가능하게 되었다. 또한 1996년 들어 RP의 경쟁입찰방식의 확립, 콜시장에 대한 한국은행의 창구지도 폐지, 콜전담 전문회사인 한국자금중개(주)의 설립(1996.7), 금융기관간 RP의 전 금융기관 확대 취급 등 콜시장에 대한 일련의 구조개선 조치들이 시행되었다.

한편, 콜시장의 참가자는 1979년 이래 비통화금융기관의 참여가 허용되어 2005년말 현재 일반은행, 특수은행, 종금사, 투자신탁회사, 증권금융회사, 증권사, 보험사, 여신전문금융회사, 예금보험공사, 새마을금고연합회, 신용협동조합연합회, 신탁계정, 벤처캐피탈사, 국채관리기금 등이 콜시장에 참가한다. 콜거래의 최장만기는 무담보^담보부에 관계없이 90일 이내에서 일별로 정할 수 있으나, 실제로는 1일물이 대종을 이룬다.[2] 거래단위는 억원이며 최저거래금액에 대한 명시적 제한은 없으며, 거래이율은 금융기관간 신용도 차이를 반영하여 자율적으로 결정되며, 이자제한법

2) 2003년의 경우 1일물이 금액기준으로 전체 콜거래의 90.1%를 차지함.

〈표 6-2〉 콜거래 구성비 추이(중개거래 기준)

(단위 : 10억원, %)

구 분	1999	2001	2003
〈콜머니〉			
국내은행	28.6	29.7	47.3
외국은행 국내지점	10.1	33.5	26.2
종합금융회사	6.7	0.0	0.1
증권회사	44.2	27.4	20.8
기 타	10.4	9.4	5.7
합 계	100.0	100.0	100.0
〈콜 론〉			
국내은행	4.2	16.4	15.6
외국은행 국내지점	1.0	0.8	1.7
종합금융회사	5.8	6.9	4.1
증권회사	1.1	1.3	3.1
투자신탁회사	80.3	68.7	60.7
기 타	7.6	5.9	14.8

자료 : 한국은행.

폐지(1998년 1월 31일)에 따라 최고한도 제한이 철폐되었다.

또한 콜거래는 한은금융망(BOK-Wire)을 통해 은행간에 거래되는 직거래방식과 자금중개회사를 통한 중개거래방식으로 구분되며, 콜거래 중개방식으로는 중개기관이 수수료를 받고 참가기관간의 콜거래를 체결시켜 주는 단순중개(broker)방식과 중개기관이 자기계산으로 콜거래를 하는 매매중개(dealer)방식이 있다.

콜중개 업무는 1996년 10월까지 서울소재 8개 종금사가 담당해 왔으나, 1996년 11월부터는 한국자금중개주식회사[3)]가 설립되어 콜거래 중개업무를 일원화하기에 이르렀고, 2001년 2월에는 그 동안 외화콜 중개업무를 수행하던 서울외국환중개주식회사에 대해서도 원화콜거래 중개업무를 허용함으로써 중개회사의 복수경쟁체제가 도입되었다.

3) 한국자금중개(주)는 은행, 종금사, 증권회사, 보험회사, 투자신탁회사 등 총 120개 금융기관이 공동으로 100억원의 자본금을 출자하여 설립하였다.

한편, 콜시장 참가자별 콜거래 구성비 추이는 〈표 6-2〉와 같다.

02 | 재정증권시장

재정증권은 국고의 일시적인 자금부족을 해소하고 재정 적자를 메우기 위하여 정부가 발행하는 만기 1년 이내의 단기증권으로서 정부부문의 통화증발을 수반하지 않는 재원조달수단이다. 우리나라의 재정증권제도는 1967년 재정증권법의 제정으로 도입되어 1967년과 1968년에 걸쳐 예금은행의 인수방식으로 재정증권이 발행된 바 있다. 그 후 재정증권은 당해년도 내에 상환되어야 하는 제도상의 제약과 예산상의 이자부담 등으로 발행이 중단되었다가, 1976년 12월 재정증권법을 개정함으로써 1977년부터 발행이 재개되었다. 이후 1994년 발행이 중단되었던 재정증권이 2003년 4월부터 재발행되었다.

현행 우리나라의 재정증권은 발행 목적과 발행 주체에 따라 통화관리 목적의 재정증권과 국고출납 목적의 재정증권으로 이원화되어 있다. 첫째, 통화관리 목적의 재정증권은 유동성 팽창압력을 흡수하기 위하여 국고여유자금조정계정의 부담으로 발행되며, 연도이월상환이 가능하다. 연간 발행잔액 한도는 국회의 동의를 얻어 확정되며, 동 증권의 발행으로 조달된 자금은 전액 한국은행에 설치되어 있는 국고여유자금조정계정에 예치되고 다른 목적으로 사용될 수 없다. 둘째, 국고출납 목적의 재정증권은 일반회계와 특별회계의 일시적 자금부족을 해소하기 위하여 각 회계의 자체부담으로 발행된다. 그 발행한도는 한국은행 일시 차입과 함께 회계별로 국회의 일괄동의를 얻어 확정되며, 통화관리 목적의 재정증권과는 달리 당해 회계년도 내에 상환하도록 되어 있다.

재정증권시장의 참여자는 예금은행, 종금사, 보험회사 등이며, 재정증권의 액면단위는 1백만원, 5백만원, 1천만원의 3종이 있고, 만기는 30, 35, 60, 90, 91, 118, 364일물 등이 가능하나 주로 91일물이 발행되고 있다. 제2단계 금리자유화가 실시된 지난 1993년 11월부터는 시장실세금리가 적용된다. 그러나 우리나라의 재정증권 거래규모는 대단히 미미한 실정인데, 그 주된 이유는 다음과 같다.

첫째, 정부가 일시적인 재정자금 부족을 재정증권 발행을 통한 민간차입으로 충당하기보다는 중앙은행 차입으로 충당하고 있기 때문이다. 이는 중앙은행 차입이 재정증권보다 간편하고 그 금리도 더 낮기 때문이다.

둘째, 재정증권의 유통시장이 발달되어 있지 못하기 때문이다. 이는 지난 1993년 11월의 제2단계 금리자유화조치 이전에는 재정증권의 금리가 실세금리를 반영하지 못해 그 발행이 강제배분 방식으로 이루어져 재정증권의 수요측면에서 한계가 있었기 때문이다.

이러한 이유로 선진국의 경우 재정증권이 중앙은행의 주된 공개시장조작 대상수단이 되는데 우리나라의 경우 동 기능을 한국은행이 발행한 통화안정증권에 주로 의존해 왔다. 이에 따라 1994년부터 발행이 중단되었던 재정증권은 2003년 4월부터 재발행되었으나 발행규모는 미미하다.[4)]

03 | 통화안정증권시장

통화안정증권은 통화량의 조절을 목적으로 한국은행이 금융기관 또는 일반을 대상으로 총통화의 50% 이내에서 발행하는 단기증권이다. 즉 한국은행은 한국은행법 및 통화안정증권법에 의거하여 통화량을 조절하기 위해 국채, 정부보증채권 및 통화안정증권을 공개시장에서 매매할 수 있도록 되어 있다. 그런데 우리나라에서는 공개시장조작정책의 대상이 될만한 국공채의 발행이 저조하였고 그 유통시장도 발달하지 못하였기 때문에, 한국은행은 스스로 통화안정증권을 발행하여 제한적으로 공개시장조작을 실시할 수밖에 없었다.

통화안정증권의 발행방법에는 일반을 대상으로 하는 공모발행과 특정 금융기관을

4) 참고로, 2003년 4월부터 2004년 2월까지 총10회에 걸쳐 총12조원이 발행되었다.

〈표 6-3〉 통화안정증권 거래규모 추이

(단위 : 10억원, %)

구 분	1997	1998	2000	2003
거래액(A)[1]	246	9,686	51,214	73,387
발행잔액(B)[2]	23,471	45,673	66,378	96,796
A/B(%)	1.0	21.2	77.2	75.8

주 : 1) 월 평균.
2) 기말잔액.
자료 : 한국은행.

상대로 발행하는 상대매출이 있다. 공모발행은 다시 모집, 매출(인수, 위탁, 직접), 경쟁입찰의 3가지 방식이 있는데, 인수매출에 의한 소화가 일반적이었으나, 1997년 8월에는 한은금융망(BOK-Wire)을 통한 전자입찰제를 도입하였다. 또한 통안증권은 할인 또는 액면방식으로 발행할 수 있다. 할인발행 시의 만기는 최단 14일에서 최장 2년까지 모두 11종이나 대부분 364일물로 발행되고 있으며, 액면발행 시의 만기는 2년으로 한정되고 최저발행단위는 100만원이다. 이자지급방식은 만기에 따라 다른데, 만기 14일물과 546일물의 경우 할인채이기 때문에 만기일에 이자를 지급하는데 비해, 만기 2년물의 경우는 이표채이기 때문에 3개월마다 이자를 지급한다.

그 간 통화안정증권을 할당방식으로 인수한 인수기관들은 이를 금전신탁이나 펀드형 상품 등에 의무적으로 편입하고, 일부는 RP대상 채권 등으로 활용하여 왔으나 1997년 통화안정증권의 강제할당제도가 폐지되었다. 통화안정증권은 국채와 동일하게 무위험자산으로 분류되며, RP거래대상 채권에 포함(1998.5)됨으로써 통화안정증권의 수요가 급증하게 되었다. 이에 따라 거래회전율(거래규모/발행잔액) 역시 급증하는 추세이다(〈표 6-3〉 참조).

발행된 통안증권을 보유기관별로 살펴보면, 2003년 말 현재 주로 은행과 투자신탁회사가 전체 발행액의 46.9% 및 24.9%를 보유하였다.

04 | 기업어음시장

기업어음은 상업어음과는 달리 상거래와 관계없이 신용상태가 양호한 기업이 단기자금을 조달할 목적으로 발행하는 만기 1년 미만의 융통어음이다. 우리나라의 기업어음시장은 사금융거래를 제도금융권으로 흡수하고 기업에 대한 단기자금을 공급을 원활히 하기 위하여 1972년 8월 단기금융업법이 제정됨으로써 그 제도적 기반을 갖추게 되었다.

우리나라의 기업어음(CP)은 소정의 신용등급(B급) 이상의 적격업체가 발행한 어음으로 담보 없이 신용으로 발행되는 것이 대부분이며 일부는 금융기관의 지급보증을 첨부한 보증어음도 있다. CP의 할인 및 중개시장에는 종합금융회사와 증권사, 기업 및 개인 등이 참여하고 있다. 은행은 CP할인업무가 허용되지 않았으나, 1997년 말 외환위기로 인해 종합금융회사의 영업정지 등으로 CP할인이 위축되자 정부는 은행신탁(1997.12), 여신전문금융기관(1998.1), 은행 및 투신사(1998.2), 보험회사(1998.6) 등에 대해서도 잇따라 CP할인업무 취급을 허용하였다.

CP할인 및 매출은 주로 증권회사와 종합금융회사가 담당하고 있다. 증권회사는 수신기능이 없기 때문에 CP를 할인하여 무담보형식으로 매출한다. 종합금융회사는 매출뿐만 아니라 자체보유 목적으로도 CP를 할인하며 매출의 경우 무담보매출 외에 담보부매출도 취급하고 있으나 최근 들어 거래실적은 미미한 실정이다.

CP발행 단위가 거액인 데다 CP가 예금자보호 대상에 포함되지 않기 때문에 개인은 CP 매수를 기피하며 주로 투자신탁회사와 은행신탁이 신탁자산 편입용으로 CP를 매수한다. IMF 프로그램 시행 직후 기업의 신용리스크가 크게 증가하면서 1998년에는 우량대기업을 중심으로 CP발행이 증가하였으나 투자신탁회사와 은행신탁에 대한 동일인 CP보유한도제가 1998년 7월 25일 도입(2000.5.27 폐지)되면서 그 증가세가 다소 둔화되었다.

2001년에는 투자신탁회사의 수신호조 등으로 CP 매입수요가 늘어난 데다 기업들이 낮은 금리의 CP발행을 통해 운전자금 조달을 확대함에 따라 순발행 추세로 전환되었으나, 2003년에는 신용카드사의 유동성 위기로 인해 CP 매수 기피 등으로 순상환 추세로 전환되었다.

05 | 조건부채권매매시장

조건부채권매매란 최초의 매도자가 일정한 기간 후에 일정한 가격으로 동일 채권을 다시 매수(매도)할 것을 조건으로 채권을 매도(매수)하는 것이다. 환매조건부채권매도(RP : repurchase agreements)는 증권의 일시적 매도자의 입장에서는 자금조달을 의미하며, 증권의 일시적 매수자에게는 이자를 얻는 투자를 의미한다.

전매조건부채권매수는 RP와 반대 방향으로 일어나는 거래로서 역 RP(reverse RP)라고 하는데, 미국의 은행들은 증권을 재 매도하는 조건으로 딜러의 증권을 매수함으로써 딜러에게 자금을 공급하고 이자수입을 얻는다. 이와 같이 조건부채권매매거래는 단기자금의 수급을 조절하는 기능을 수행하는 동시에 채권의 유동성을 높여 채권의 소화를 촉진시키는 기능을 수행한다고 볼 수 있다.

우리나라의 조건부채권매매업무는 1976년 말 개정된 증권거래법에 의거 1977년 2월 한국증권금융(주)이 증권회사를 상대로 처음 실시하였다. 한편 증권회사는 1976년 이후 회사채 발행규모가 확대되면서 회사채인수에 따른 자금부담을 완화하기 위하여 1978년 초부터 대형 증권회사를 중심으로 동 업무를 취급하기 시작하였다. 그 후 환매채의 거래규모가 점차 커지자 1980년 2월 증권관리위원회에 의해 제정된 환매조건부채권매매 업무규정에 의거 제도화되었다. 이어 1982년 11월부터는 국공채의 소화를 촉진하고 은행의 수익기반을 강화하려는 목적으로 은행금융기관에 대하여도 환매조건부채권매도 업무에 한 해 동 업무가 허용되었고, 1983년 3월부터는 체신관서에게도 환매채업무가 허용되었다. 한편, 한국은행은 은행의 지급준비금을 조절하기 위하여 환매조건부로 국공채를 매도할 수 있는데, 이때 담보물이 되는 증권은 주로 국채, 정부보증채권 및 통화안정증권이다.

RP거래는 만기가 짧기 때문에 단기금융상품에 속하지만 거래대상이 장기금융자산인 채권이라는 점에서 CP, CD 등 다른 단기금융자산과는 성격이 다르다. 또한 RP거래는 증권거래소 밖에서 매도자와 매수자가 브로커를 경유하지 않고 직접 만나 거래하는 장외거래가 보통이다.

그러나 RP거래를 이용할 경우 자금의 수요자는 채권매각에 따른 자본손실 없이 단기간 필요한 자금을 보다 쉽게 조달할 수 있으며, 반면에 일시적으로 여유자금을 보유하고 있는 투자자도 자본손실위험 없이 자금을 운용할 수 있는 이점을 누릴 수 있다. 이와 같이 자금의 수요자 및 공급자 모두에게 주는 이점으로 인하여 RP거래는 자금의 원활한 수급조절은 물론 금융자산 간의 금리재정(interest rate arbitrage)을 촉진함으로써 단기금융시장의 발전에 크게 기여하였을 뿐만 아니라 채권의 유동성을 제고시킴으로써 채권의 발행을 용이하게 하여 자본시장의 발전에도 기여하였다.

현재 우리나라의 RP시장은 금융기관간에 거래가 이루어지는 금융기관간 RP시장과 금융기관이 일반법인이나 개인투자자를 대상으로 거래하는 일반 RP시장으로 구별된다. 금융기관간 RP시장에서는 대상채권, 거래기간, 거래금액 등에 대해 제한을 두지 않고 있다. 한편 일반 RP시장의 경우도 금리, 만기, 최저발행단위 등 모든 발행조건이 자유화되었지만, 은행의 경우에는 2002년 1월부터 최단만기(15일) 제한이

〈표 6-4〉 환매조건부채권 거래 추이[1](증감액 기준)

(단위 : 10억원, %)

구 분	1997	1998	2000	2003.1.~10.
예금은행	12,711.7	-5,604.9	8,377.5	5,482.5
증권회사	2,578.4	-660.1	1,107.5	1,530.5
우체국예금	478.8	83.4	637.2	1,127.4
기 타[2]	166.7	-154.8	-1.4	-34.5
합 계	15,935.6	-6,336.4	10,120.8	8,105.9

주 : 1) 매도잔액기준.
2) 종금사 및 증권금융.
자료 : 한국은행, 「통화금융」.

폐지되어 만기에 대한 제한이 없는데 대체로 1개월물 및 3개월물 위주로 거래되고 있으며, 중도 환매도 가능하다.

〈표 6-4〉에서 보듯이 1998년 RP가 예금자보호 대상에서 제외되고 RP를 통한 금융기관의 자금조달수요가 줄어들면서 RP거래는 일시적으로 위축되었으나, 2000년 이후 증가세를 계속하고 있다.

06 | 양도성예금증서시장

양도성예금증서(negotiable certificates of deposit : CD)는 정기예금증서의 양도를 가능케 함으로써 정기예금에 유동성을 부여한 것이다. 우리나라에서는 1974년 5월 석유파동에 따른 인플레이션을 진정하고 효과적인 내자조달을 도모하기 위하여 양도성예금제도가 처음으로 도입되었다. 그러나 CD는 유통시장의 부재와 낮은 발행이율 등으로 그 발행실적이 저조하여 1977년 6월에 폐지되었다. 이어 1978년 3월에는 해외부문을 통한 급격한 유동성 팽창을 흡수할 목적으로 은행금융기관으로

〈표 6-5〉 양도성예금제도의 변천 과정

구 분	1차('74.5.1~'77.6.30)	2차('78.3.2~'81.12.29)	3차('84.6.1~)
명 칭	양도성정기예금	할인식 양도성정기예금	양도성예금증서
발행방식	무기명식	무기명 할인식	무기명 할인식
만 기	1년 6개월 ('75년 2월 1일부터 3개월, 6개월, 1년물 추가)	30일	91~180일 → 91~270일('92.1) → 30일 이상
최저발행단위	5만원	100만원	1억원 → 5천만원('87.2) → 3천만원('93.9) → 2천만원('95.7) → 1천만원('95.11) → 자유화('97.7)
이 율	일반 정기예금과 동일	3개월 정기예금보다 낮은 수준	1년 이상 정기예금보다 높은 수준 → 자유화('91.11)
지준대상	포 함	포 함	불포함 → 포함(CD에 대한 지준적립의무 2.0%('97.2))

하여금 CD를 할인식으로 발행하도록 하였으나, 역시 발행실적이 저조하여 1981년 12월 다시 이 제도를 폐지하였다.

그 후 1984년 6월 은행의 수신경쟁력을 제고하고 금리자유화의 기반을 조성하는 동시에 시중의 유휴자금을 흡수할 목적으로 시중은행, 한국외환은행 및 지방은행에 대하여 양도성예금증서의 발행을 허용하였고, 이어 1985년과 1986년에는 특수은행과 외국은행 국내지점으로 CD업무의 취급기관을 확대하였다.

현재 CD는 한국은행에 지준적립 의무가 있는 예금은행과 산업은행에 의해 무기명 할인식[5])으로 발행되며, 만기는 30일 이상이고 중도환매가 불가능하다. 발행금리, 최저발행액[6]) 등 발행조건은 자유화되어 있으나 대고객 발행 CD에 대해서는 2%의 지준적립 의무(1997년 2월)가 부과되어 있다. CD는 그 동안 은행권이 제2금융권과 경쟁할 수 있는 수신상품으로 성장해 왔으나, 1990년대 후반에 MMDA, RP, 표지어음 등 단기금융상품이 대거 등장하면서 신장세가 다소 위축되었다. 그러나 2002년 이후 장^단기금리차 축소로 인해 CD매수 유인 증가로 CD발행이 큰 폭으로 증가하였다. 〈표 6-6〉은 CD발행시장 추이를 보여주고 있다.

〈표 6-6〉 양도성예금증서 발행 추이(기말 발행잔액 기준)

(단위 : 10억원, %)

구 분	1990년	1995년	2000년	2003년 11월
시중은행	3,813	17,028	11,104	29,712
지방은행	1,291	4,551	598	658
특수은행	1,092	5,598	716	3,632
외은지점	608	1,153	2,319	1,542
합 계	6,804	28,330	14,737	35,544

자료 : 한국은행, 「통화금융」.

5) 2006년 7월부터 자금세탁 악용차단 등의 목적으로 금융회사와 공공기관에 대해 CD등록발행제를 도입하며, 동년 하반기 중에는 개인과 일반법인에 대해서도 등록발행제 실시하기로 함.

6) 은행들은 실제로는 내규 등을 통해 CD의 최저액면금액을 500만원 혹은 1,000만원으로 설정.

07 | 표지어음시장

표지어음제도는 1989년 9월 수출기업을 지원하기 위한 무역어음제도의 도입과 함께 투자금융회사에 표지어음의 발행을 허용하면서 도입되었으며 1992년 7월 투자금융회사에 표지팩토링어음 발행을 허용하였다. 1994년 7월에는 은행에 대해 상업어음 및 무역어음을 원어음으로 하는 표지어음 발행을, 1995년 5월에는 상호신용금고에 대해 상업어음을 원어음으로 하는 표지어음 발행을 허용하였다.[7)]

표지어음(cover bill)은 금융기관이 할인하여 보유하고 있는 상업어음, 무역어음 또는 팩토링어음을 분할하거나 통합하여 새롭게 발행한 약속어음이며, 일반적으로 만기 1년 이내인 원어음의 잔여만기에 기초하여 발행한다. 표지어음을 발행한 금융기관은 원어음과 관계없이 표지어음에 대한 지급의무를 부담한다. 표지어음시장은 표지어음이 발행^유통되는 금융시장으로서 금융기관은 표지어음의 발행을 통해 원어음 할인에 따른 자금부담을 경감하고 원어음 할인금리와 표지어음 발행금리 간의 금리차익을 획득하며 매수자는 단기자금 운용수단으로 표지어음을 매입하고 있다. 현행 표지어음 발행기관은 은행, 종합금융회사 및 상호저축은행으로 되어 있다.

한편 발행한도, 최저발행금액, 만기 등 발행조건에 대한 규제는 금리자유화의 진전과 더불어 단계적으로 완화되어 왔으며 1997년 7월 최저발행금액에 대한 규제가

〈표 6-7〉 표지어음 순발행 추이(증감액 기준)

(단위 : 10억원, %)

구 분	1998년 중	1999년 중	2000년 중	2003년 1월~10월 중
예금은행	−7,192	1,331	6,821	−357
종합금융회사	−564	−59	−4	0
상호신용금고	−505	−619	−362	24
합 계	−8,261	653	6,455	−334

자료 : 한국은행, 「통화금융」.

7) 한국은행(2004), 「우리나라의 금융시장」.

완전히 폐지되었다. 표지어음은 최장만기에 대한 제한 없이(다만, 은행에 대해서는 CD, RP와의 형평성 유지를 위해 30일 이상) 원어음의 잔여만기(수개의 원어음을 통합하여 발행하는 경우에는 개별어음의 최장만기) 이내로 발행된다. 최저발행금액에 대한 제한은 없으나 매수자에 따라 금융기관이나 정부투자기관은 10억원 이상, 일반법인은 5천만원 이상, 개인은 1천만원 이상인 경우가 일반적이다.

또한 표지어음 거래는 중개기관 부재 등에 기인하여 활성화되지 못하고 있다. 특히 1998년 이후 일부 은행, 종합금융회사, 상호신용금고가 퇴출된 데다, 2001년 이후에는 원어음이 감소함에 따라 표지어음 발행잔액이 감소추세이다. 이는 경기부진의 영향으로 기업들의 어음발행이 줄어든 데다 기업구매자금대출 및 전자방식 외상매출채권 담보대출 등 어음할인을 대체하는 상거래수단이 점차 확대되면서 표지어음의 기초가 되는 원어음이 감소하고 있기 때문이다.

08 | 기타 단기금융상품

앞서 소개한 콜, CD, CP 등 각종 단기금융상품을 탄력적으로 편입^운용하여 비교

〈표 6-8〉 단기금융상품 수익률 추이

(단위 : %)

구 분	1998	1999	2000	2001	2002	2003	2004	2005.6
Call[1]	15.04	5.00	5.14	4.70	4.20	3.98	3.63	3.29
표지어음	-	-	-	5.59	5.05	4.38	3.93	3.49
RP	12.95	6.06	6.45	5.29	4.49	3.90	3.46	3.22
CD	13.62	6.56	6.92	5.19	4.68	4.19	3.70	3.56
CP	15.42	8.51	7.77	5.91	4.94	6.07	4.60	4.02
MMF	-	-	6.18	4.26	4.62	3.73	3.15	3.16
CMA	11.73	7.28	7.65	5.49	5.18	4.21	3.92	3.50
MMDA[2]	6.91	5.08	4.98	3.74	3.76	3.12	2.59	2.59

주 : 1) 중개회사 거래분.
2) 기업자유예금 거래분.
자료 : 한국은행.

적 높은 이자율을 주면서도 수시입출금이 가능한 MMF와 MMDA 등에 대해 알아보자. 우리나라 주요 단기금융상품의 수익률 추이는 〈표 6-8〉과 같다.

1 MMF

단기금융상품 펀드인 MMF(money market funds)는 투자신탁회사(자산운용회사)가 고객의 자금을 모아 펀드를 구성한 다음, 콜, CD, CP 등 주로 단기금융상품에 집중투자하여 얻은 수익을 고객에게 되돌려주는 실적배당 상품으로서 수시입출금이 가능한 초단기 금융상품이다.

MMF는 가입금액에 제한이 없고 수시입출금이 가능하기 때문에 소액투자자와 여유자금을 갖고 있는 개인 및 기업들에 인기가 높아 최근 거래실적이 급증하고 있다.

2 MMDA

MMDA(money market deposit account)는 원래 미국의 은행권이 투자신탁회사(자산운용회사)의 MMF에 대응하기 위해 도입된 단기고금리 저축성예금으로 우리나라에서는 제4단계 금리자유화 실시 과정에서 1997년 7월에 도입되었다.

은행권에서 취급하는 수시입출금식 자유저축예금인 MMDA는 보통예금처럼 입출금이 자유롭고, 각종 이체 및 결제도 가능하며, 예금자보호 대상이기도 하다. 실세금리를 적용하여 상대적으로 높은 이자를 지급하며, 가입대상에 대한 제한이 없어 일시적인 목돈을 1개월 이내 운용하는데 적합하다.

3 CMA

어음관리계좌(CMA : cash management account)는 종합금융회사가 고객의 예탁금을 어음 등 단기금융상품에 직접투자하여 운용한 후 그 수익을 고객에게 돌려주는 단기저축상품으로 개인이나 기업이 1개월에서 6개월 정도의 여유자금을 운용하기에 적합하다.

[연습문제]

1. 단기금융시장의 경제적 기능을 설명하시오.
2. 콜론(call loan)과 콜머니(call money)란 무엇이며, 콜시장이 단기금융시장에서 차지하는 중요성을 설명하시오.
3. 재정증권의 발행 목적은 무엇이며, 우리나라에서 재정증권시장이 발달하지 못한 이유는 무엇인가?
4. 통안증권의 발행 목적과 특징을 설명하시오.
5. 기업어음의 발행 목적과 특징을 설명하시오.
6. RP란 무엇이며, RP거래가 단기금융시장 및 자본시장에 기여하는 요인을 설명하시오.
7. CD발행 목적은 무엇이고, CD가 그 간 자금세탁 및 비자금 조성에 악용된 이유는 무엇인가?
8. 개인투자가가 만기가 3개월짜리이고, 발행금리가 연 10%인 액면가 5천만원짜리 CD를 유통시장에서 연 12%로 할인하여 매입한 경우에 ① 취급가격은 얼마이고, ② 만기 시 세후 실수령액은 얼마인가?
9. 표지어음이 무엇인지 설명하시오.
10. 기타 단기금융상품으로서 MMF와 MMDA의 차이는 무엇인가?

제7장 주식시장과 재테크

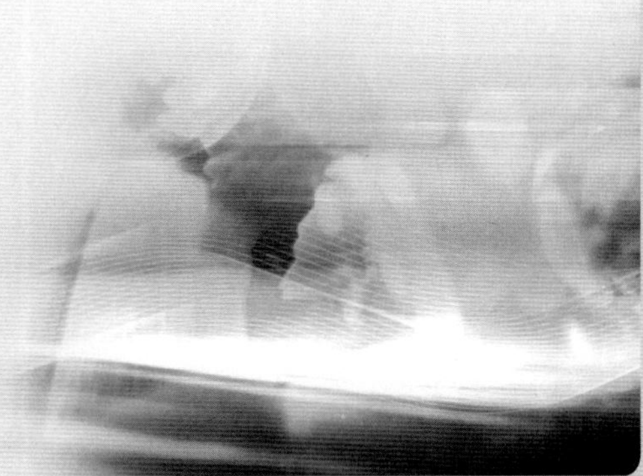

제 07장 주식시장과 재테크

주식은 미래에 얻게 될 배당금과 매각대금이 확정되어 있지 않기 때문에 대표적인 고수익-고위험의 변동소득증권이다.

증권시장은 발행시장과 유통시장으로 구성된다. 본 장에서는 증권시장의 의의를 알아보고, 제도적 측면에서 주식의 발행시장과 유통시장에 대해 분석한다. 또한 재테크 상품으로서 증권관련 상품에 대해서도 상세히 살펴본다.

제1절 증권시장의 의의

01 | 증권시장의 개념

증권시장이란 유가증권(주로 주식과 채권)이 매매거래되는 시장을 총칭하는 것으로서 일반적으로 다음의 두 가지 의미로 쓰이고 있다.[1)]

첫째, 넓은 의미로는 기업을 비롯한 자금의 수요자가 유가증권을 발행하거나 매출하여 필요한 자금을 조달하고, 투자자가 유가증권의 매입이나 매각을 통하여 자신의

1) 김종선 외(2004), 금융시장론, 학현사, 제18장 참조; 최혁 외(2002), 투자론, 방송대, 제9장 참조.

금융자산을 운용하는 시장이다. 즉 유가증권을 매개로 하여 발행주체와 증권회사 및 투자자 사이에서 유가증권과 자금의 수급관계가 이루어지는 곳을 말하여 이는 발행시장과 유통시장을 포괄한 개념의 추상적 시장이다.

둘째, 좁은 의미로는 다수의 매매 쌍방이 일정한 시간에 일정한 장소에 집결하여 일정한 조직과 거래질서 하에서 증권을 매매거래하는 조직적이고 구체적인 시장으로서, 우리나라에서는 유가증권시장과 코스닥시장 및 프리보드시장을 말한다.

02 | 증권시장의 구조

기업이 주식이나 채권 등을 통하여 조달한 자금은 기업의 설비투자 등에 투입되므로 회수하는 데 많은 기간이 걸리는 반면, 증권투자자가 기업에 제공한 자금은 그 투자자가 필요로 할 때에는 언제든지 회수될 수 있어야 한다는 서로 상반된 조건을

〈표 7-1〉 상장주식의 소유주체별 보유비율[1)]

(단위 : %)

구 분	정부 및 정부관리기업	은행 및 일반법인[2)]	개 인	외국인
1982	0.8	35.9	61.3	2.0
1984	0.2	43.9	53.7	2.2
1986	0.2	44.4	52.4	3.0
1988	1.4	32.9	63.0	2.7
1990	10.3	42.0	46.0	1.7
1992	9.2	46.8	39.9	4.1
1995	8.0	45.5	36.4	10.1
1998	17.3	33.5	38.8	10.4
2000	12.7	35.8	37.7	13.8
2002	7.4	45.7	35.4	11.5
2004	6.4	37.8	33.8	22.0
2005	4.9	37.9	34.2	23.0

주 : 1) 각 연도 말 주식 수 기준.
2) 제2금융권 포함.

자료 : KRX.

가지고 있다.

따라서 증권시장은 기업이 유가증권을 발행하여 자금을 조달하고, 투자자는 자금을 제공하여 당해 유가증권을 취득하는 발행시장과 취득된 유가증권을 현금화할 수 있는 유통시장으로 구성되어 있다. 투자자에는 개인자격으로 투자를 하는 일반투자자(개인 및 외국인)와 법인의 형태를 취한 기관투자가로 구분된다(〈표 7-1〉 참조).

한편 주식 수를 기준으로 한 〈표 7-1〉과는 달리, 시가총액을 기준으로 하면 2002년 말 외국인 보유비율은 36.01%였으며, 2004년 말에는 41.97%에 이르렀으며, 2005년 말에는 39.73%를 기록하였다.

발행시장에서 발행된 유가증권이 유통시장에서 상장을 통하여 거래를 할 수 있어야 유가증권을 취득한 최초의 투자자는 투자한 자금의 회수가 가능하고 발행주체도 계속 유가증권을 원활히 발행할 수 있다.

유통시장은 증권선물거래소시장과 장외시장으로 구분되어 있는데, 증권선물거래소시장은 거래소가 개설하는 유가증권시장과 코스닥시장을 말하며, 장외시장은 프리보드 및 그 밖의 장소에서 유가증권의 매매가 이루어지는 시장을 말한다.

03 | 증권시장의 경제적 기능

❶ 산업자본의 조달 기능

기업의 측면에서 증권시장은 증권발행이란 수단을 통하여 흑자지출단위의 유휴자금을 장기 안정적 산업자금으로 기업에 공급하게 된다. 따라서 증권시장은 기업에 대하여는 자금조달원이 됨과 동시에 유동성 자금을 산업자본화 함으로써 시설투자 확대 및 기술혁신, 그리고 대량생산을 통하여 기업의 체질 강화 및 국제경쟁력을 증진시키는 기능을 지니고 있다.

❷ 재테크 수단의 제공

증권시장은 일반 및 기관투자가에게 저축 내지 자산의 운용을 위한 투자대상을 제공한다. 저축이나 자산을 운용하는 방법에는 여러 가지가 있지만, 크게 나누어 실물자산(부동산, 귀금속 등)에 대한 투자와 금융자산(예금, 주식, 채권 등)에 대한 투자로 분류할 수 있다.

그런데 일반적으로 개인의 투자성향은 경제^사회가 안정되고 소득이 점차 증대됨에 따라 실물자산보다는 금융자산을 선호하게 되고 금융자산에 대한 투자 가운데서도 은행예금과 같은 간접투자보다는 증권과 같은 직접투자를 선호하는 경향이 강하게 된다.

❸ 소득의 재분배

사회적 측면에서 증권시장은 주식의 소유 분산에 의하여 기업성장의 과실을 투자자들에게 돌아가게 함으로써 소득의 재분배를 구현하는 정책수단이 되고 있다. 현대 자본주의 국가는 주식의 분산을 통한 대중자본주의를 지향하고 있으며, 이에 따라 증권시장은 기업공개 및 주식지분의 분산을 촉진함으로써 대중의 자본소득 증대를 통한 국민복지 향상과 사회안정, 그리고 중산층 육성이라는 사회적 기능을 가지고 있다.

❹ 자금의 효율적 배분 기능

증권시장에서 형성되는 주가는 장기적으로 기업의 수익성을 반영하므로 주가 변동에 따라 투자자금이 생산성(수익성)이 낮은 기업에서 생산성이 높은 기업으로 이동하게 되어 자금의 효율적 배분을 촉진하게 된다.

❺ 재정^금융정책의 수단 제공

정부는 증권시장을 통한 재정증권의 발행과 상환으로 적자 혹은 흑자재정을 운용하여 보완적인 재정정책의 수단으로 활용한다. 또한 중앙은행은 증권시장에서 공개시장조작을 통하여 통화량의 조절 및 경기안정화 등을 도모하는 금융정책을 수행한다.

04 | 증권발행의 형태

유가증권의 발행형태는 일반적으로 발행될 유가증권의 수요자를 구하는 방법에 따라 '공모발행'과 '사모발행'으로 나누어지고, 발행에 따른 위험부담과 사무절차를 담당하는 방법에 따라 '직접발행'과 '간접발행'으로 구분된다.

❶ 공모발행과 사모발행

공모발행은 발행주체가 널리 대중을 상대로 하여 유가증권을 발행하는 것을 말한다. 주식의 공모발행은 회사를 신설하거나, 주식회사의 성립 후에 자금조달을 목적으로 신주를 발행할 때 발행주식을 회사와는 관련이 없는 일반투자자로부터 동일한 가격과 조건으로 모집하는 것을 말한다.

한편, 사모발행은 발행주체가 특정의 수요자에 대하여서만 증권을 제공하고 일반대중은 그의 발행대상으로 하지 않는 방법을 말한다. 주식의 경우 발행주식을 발기인 또는 기존의 주주만을 대상으로 하여 주식을 발행하거나, 연고자에게 인수시키는 방법을 말한다.

❷ 직접발행과 간접발행

직접발행은 발행자가 자기의 이름으로 발행위험을 부담하고 발행사무를 모두 담당하여 모집하는 것을 말하며, 직접모집 또는 자기모집이라고도 한다.

간접발행은 발행주체가 중개인을 거쳐서 간접적으로 발행하는 방법으로서, 전문적인 지식과 조직을 가지고 있는 증권회사나 금융기관 등의 전문기관(간사기관)에 발행업무를 의뢰하여 발행하므로 모집발행이라고 한다. 이 경우 발행주체는 원칙적으로 위험을 전문기관에 부담시키고 이에 따른 수수료를 부담한다.

이러한 간접발행 형태는 발행위험 부담여부에 따라, 첫째로 발행회사 스스로가 발행위험을 부담하고 발행사무는 발행기관에 위탁하는 위탁모집방식, 둘째로 발행기관이 발행위험을 부담하고 만일 모집부족이 발생하는 경우에는 그 잔량을 인수하고 발행사무도 직접 담당하는 잔액인수방식, 셋째로 발행기관이 공모증권의 전액을 자기의 명의로 매입하고 이에 따른 발행위험 및 발행사무를 모두 담당하는 총액인수방식으로 나누어진다.

제2절 주식의 발행시장

01 | 주식의 의의

❶ 주식 및 주주의 개념

주식은 주식회사가 발행한 출자증권이며 기업이 경제주체로서 성립하기 위한 납입자본을 조달하기 위하여 발행된다. 주식은 자본구성단위(상법 329조)의 의미를 지닌다. 주식발행에 의하여 조달된 자본은 회사의 자기자본으로 전환되어 기업경영의 물적 기초가 되며, 주식의 소유자는 주주로서 회사에 대하여 법률상 규정된 지위를 갖게 된다.

즉 주주란 주식을 원시적으로 취득(회사 설립 또는 신주 발행의 경우)하거나 승계적으로 취득(상속 또는 양수 등)함으로써 권리^의무의 주체가 되는 자를 말한다. 또한 주주의 자격에는 제한이 없으므로 자연인은 물론 법인이나 외국인 또는 무능력자도 주주가 될 수 있다.

❷ 주식의 종류

1 보통주

보통주는 주주가 가지는 각종의 권리를 평등하게 가진 주식으로서 이익배당이나 잔여재산의 청구 등에 있어서 우선적 지위 또는 후배적 지위를 결정하는 기준이 되는 주식을 말한다.

2 우선주

우선주는 이익배당 또는 잔여재산의 청구 등과 같은 재산 상 이익을 받는 데 있어서 우선적 지위가 인정된 주식이다.

(1) 누적적 우선주와 비누적적 우선주

누적적 우선주란 회사의 경영사정에 의하여 어떤 연도에 우선 배당률 이하의 배당을 하거나 전혀 배당을 하지 못하는 경우 미지급된 배당분을 다음 결산기에 보상하는 누적적 조건을 붙인 우선주이다. 따라서 다음 결산기에는 전기의 미지급 배당 이월분과 당기의 우선 배당분과의 합계액이 보통주에 우선하여 배당된다. 비누적적 우선주는 이러한 부족 배당이 보전되지 않고 당해 결산기가 경과하면 소멸되는 우선주이다.

(2) 참가적 우선주와 비참가적 우선주

참가적 우선주와 비참가적 우선주의 구분은 우선주가 일정률의 우선 배당을 받은 다음에 남은 이익에 대하여도 보통주와 같이 참가하느냐 않느냐에 따른 구분이다.

3 후배주

후배주는 재산 상 청구권에 관하여 열위적 지위가 부여된 주식을 말하는 것으로 우선주와 마찬가지로 보통주와의 상대적 관계에서 파악되는 개념이다. 이 후배주는 회사의 발기인에 대하여 주로 발행되기 때문에 영국에서는 발기인주(founder's share) 또는 경영자주(management share)라고 부르기도 한다.

4 혼합주

혼합주는 배당 및 잔여재산청구권 등에 있어 각각 어떤 권리에 있어서는 우선권을 갖으나, 다른 권리에 있어서는 불리한 주식을 말한다. 후배주와 같이 우리나라에서는 거의 사용되고 있지 않다.

02 | 기업공개제도

1 기업공개의 의의

넓은 의미에서의 기업공개(IPO : Initial Public Offering, going public)는 증권거래법 등 증권관계법규에 의거하여 주식회사가 신규로 발행하는 주식을 다수의 투자자에게 모집하거나, 이미 발행되어 대주주 등이 소유하고 있는 주식을 매출하여 주식을 분산시키는 것을 말한다. 즉, 폐쇄적인 성격의 개인회사에서 공개적인 회사로 전환시키기 위해 회사가 구주주의 신주인수권을 배제하고 신주를 발행하여 주식을 분산하거나, 대주주 등의 기존 소유주식을 분산시키는 것이다. 증권관련 법규에서는 기업공개를 유가증권시장 또는 코스닥시장에 상장하기 위하여 주식을 투자자에게 분산(매도)하는 것을 가리키기도 한다.

결국 기업은 주식공개를 통해 소유와 경영을 분리함으로써 자기자본을 확충하고 경영합리화를 통해 국제경쟁력을 갖추어야 한다는 점에서 기업공개는 매우 중요한 의미를 가진다.

❷ 기업공개의 추진과정 및 현황

1968년 자본시장의 건전한 육성을 도모하기 위하여 '자본시장육성법'을 제정한

〈표 7-2〉 우리나라 상장기업의 주식 발행실적[1)]

(단위 : 10억원)

연 도	주식발행 형태별 구분						합 계
	기업공개시의 주식발행 또는 매출				유상증자시의 주식발행		
	신주모집		구주매출				
	건 수	금 액	건 수	금 액	건 수	금 액	
1980	1	0.3	-	-	52	170	170.3
1985	10	33	1	1.2	60	259	293.2
1986	12	33	4	9.7	110	797	839.7
1987	40	197	4	46	178	1,654	1,897
1988	98	554	14	495	298	6,720	7,769
1989	119	1,962	16	1,582	274	11,124	14,669
1990	33	315	3	20	169	2,581	2,916
1991	22	506	-	-	136	2,180	2,687
1992	19	318	7	321	133	1,711	2,350
1993	35	356	4	114	171	2,788	3,259
1994	36	855	1	14	161	5,378	6,248
1995	53	654	3	29	163	5,583	6,266
1996	64	1,634	-	-	146	3,651	5,286
1997	66	627	33	103	110	2,678	3,409
1998	18	799	1	2	122	13,452	14,253
1999	143	5,198	3	69	340	35,846	41,114
2000	262	3,982	1	2,890	252	10,364	14,349
2001	208	5,811	-	-	215	6,357	12,168
2002	152	2,533	4	635	227	6,731	9,899
2003	103	2,835	1	36	311	8,281	11,152
2004	67	2,072	2	86	202	5,577	8,364
2005	76	1,267	1	20	279	5,425	6,712

주 : 1) 1997년부터 코스닥등록법인 포함.
자료 : 금융감독원, 『증권조사월보』.

이래 지속적인 기업공개촉진정책을 추진하여 왔다. 1972년에는 적극적인 기업공개 추진을 위하여 '기업공개촉진법'을 제정하였고 이에 따라 1973년부터 1978년에 이르는 기간 중에는 총 295개 사가 공개됨으로써 기업공개가 크게 활기를 띠었고, 그 결과 우리나라 자본시장이 크게 발전하는 계기가 되었다.

이후 1979년부터 1983년까지는 정부의 금융긴축과 경기후퇴로 주식시장이 침체하면서 기업공개가 크게 부진하였다. 그러나 1984년부터 경기회복과 자본자유화 분위기로 주식시장이 다시 활기를 찾으면서 기업공개 또한 활기를 찾게 되었으며, 1989년에는 정부의 기업공개추진정책으로 인한 지속적인 공개 급증으로 공개기업 수가 크게 늘어났다. 또한 국민주인 포항제철과 한국전력공사의 주식을 매각함으로써 주주 수 및 시가총액이 급증하면서 증시규모의 외형적 확대에 기여하였다.

1990년대 후반에 금융위기로 인한 주식시장의 침체로 기업공개가 다소 부진하였으나, 1998년을 고비로 동년 하반기부터 경기회복과 함께 주식시장이 회복되면서 2000년 이후 많은 기업공개가 추진되었으며, 앞으로도 공개기업의 수는 계속 늘어날 전망이다(〈표 7-2〉 참조).

③ 기업공개와 상장의 비교

IMF 자금지원 이후 증권시장의 산업자금 조달원으로서의 중요성이 부각되면서 증권시장을 통한 기업의 직접자금조달을 원활하게 할 수 있는 제도 개선의 필요성이 제기되었다. 이에 따라 정부는 과거 개발경제시대에 도입되었던 증권시장에 대한 각종 규제를 과감히 철폐^완화함으로써 증권시장을 활성화하고, 기업의 장기자금조달을 원활하게 할 수 있는 방안을 모색하게 되었다. 이러한 정책기조에 따라 증권관계 법규를 개정하여 지금까지 발행시장의 진입장벽으로 지적 받아 오던 기업공개심사제도(인수심사제도)를 폐지하고 기업공개와 상장을 분리함으로써 증권 발행시장 제도를 국제표준에 맞도록 정비하게 되었다.

기업공개(Going Public)는 개인이나 가족 등 소수의 주주에 의해 폐쇄적으로 경영

〈표 7-3〉 기업공개와 상장의 비교

구 분	기업공개	상 장
시 장	발행시장	유통시장
목 적	기업의 자금조달	유가증권의 원활한 유통, 공정한 가격 형성
성 격	주식분산의 한 형태	거래적격 유가증권의 선별
규제취지	공시주의(발행 당사자)	규제주의(상장 적격성여부 심사)
특 성	발행기업과 청약자의 이해조화 발행물량의 소화를 중시	공익과 투자자보호 기업의 계속성, 시장성 중시

되던 기업의 주식을 다수의 대중에게 분산하는 것이라고 할 수 있다. 반면에 상장은 증권선물거래소가 상장기준을 충족하는 유가증권에 대하여 유가증권시장에서 집단적^대량적으로 매매거래 될 수 있도록 승인하는 행위이다. 실제로 기업공개와 상장은 본래의 의미에서는 확실한 차이가 있다. 〈표 7-3〉에서 보듯이 기업공개와 상장은 그 개념이 다름에도 불구하고 우리나라에서는 오랫동안 동일한 개념으로 사용되어 왔다. 이처럼 기업공개와 상장이 동일시 된 것은 1972년 기업공개촉진법이 제정되어 기업공개명령제도가 도입되면서부터라고 할 수 있다.

1999년 들어 정부는 발행시장제도를 정비하여 증권시장을 활성화하고 기업이 필요한 자금을 원활하게 조달할 수 있도록 기업공개와 상장을 분리하였다. 즉, 종전에는 일정 요건(기업공개 요건) 이하의 기업에 대하여는 증권회사의 인수를 제한함으로써 간접적으로 기업공개를 억제하여 왔으나 기업공개와 상장이 분리됨에 따라 앞으로는 상장요건을 갖추지 못한 기업이라 하더라도 주간사회사와의 계약에 의하여 기업공개를 추진하고 주식발행을 통해 자금을 조달하는 것이 가능하게 되었다. 이러한 제도변화는 우리나라 발행시장을 한 단계 성숙시키는 계기가 될 수 있는 발행시장정책의 중요한 변화라고 할 수 있다.

4 공개기업의 혜택

공개기업의 혜택은 다음과 같이 요약할 수 있다.

첫째, 상장법인은 필요한 자금을 증권시장을 통하여 유상증자와 사채발행 등의 방법으로 일반 대중으로부터 적시에 대량의 자금을 조달할 수 있다. 둘째, 신문, TV 등 대중매체를 통하여 국내외에 전달됨으로써 기업의 PR효과와 공신력을 얻을 수 있다. 셋째, 종업원에게 자사주식을 분산시킴으로서 생산성 향상, 경영권의 안정, 종업원 이직방지와 저축촉진을 통한 재산증식의 효과를 얻을 수 있으며 나아가 경영합리화를 도모할 수 있다. 넷째, 대주주는 기업이 거래소시장에 상장이 되면 증권시장의 공정가격 형성기능을 통해 보유주식에 대한 환금성이 높아져 보유주식을 담보로 금융기관의 대출을 받을 수 있으며, 보증금이나 공탁금으로 사용할 수 있으므로 재산운용의 수단이 될 수 있다. 다섯째, 상장기업에 대해서는 세제상의 혜택이나 각종 법률상의 혜택을 주고 있다.

03 | 증자제도

❶ 유상증자

신주를 발행함으로써 주식의 증가와 동시에 기업의 자기자본이 증가하는 유상증자는 신주를 발행할 때 그 인수가액을 현금이나 현물로 납입시켜 신규로 자금 또는 재산이 기업으로 들어오는 경우를 말한다. 이러한 유상증자는 발행가액과 배정방식에 따라 다음과 같은 형태로 분류할 수 있다.

1 발행가액에 따른 분류

(1) 액면가액에 의한 유상증자

유상증자 시 액면가로 신주를 발행하고 해당주금을 납입하는 방법으로서 우리나라에서는 1983년까지 관행적으로 행해지던 증자방식이지만 현재 상장법인의 경우 거의 사용하지 않는다.

(2) **시가발행에 의한 유상증자**

상장법인의 경우 재무구조의 건실화를 도모하기 위해 상장법인 재무관리규정에 의거 시가발행에 의한 유상증자를 할 수 있도록 되어 대부분 이 형태로 증자가 이루어지고 있다. 특히 우리나라와 같이 그 할인율이 상당히 큰 경우(평균 20~30%)[2]에는 특히 시가할인발행이라고 부를 수 있다.

② 배정^인수방법에 따른 분류

(1) **구주주 배정**(direct rights offer)

현재 우리나라에서 시행하고 있는 가장 일반적인 형태로서 기존 주주에게 신주인수권을 부여하는 방법이다. 정관에 다른 규정이 없으면 주주에게 그가 가진 주식의 수에 비례하여 신주의 배정을 받을 권리를 인정하는 것이다. 정관으로 주주의 신주인수권을 배제^제한하지 않는 한 모든 주주에게 신주인수권이 부여되나, 전환사채의 전환 또는 흡수^합병으로 인한 신주발행의 경우는 구주주의 신주인수권이 미치지 아니한다.

(2) **제3자 배정(연고자 배정)**

연고자 배정은 회사의 특정 연고자(회사의 임원, 거래처, 거래은행 등)에게 신주인수권을 부여하는 것으로서, 이는 회사의 경영권 및 기존 주주의 이해관계에 중대한 영향을 주기 때문에 특별히 정하거나 주주총회의 특별결의 절차를 거쳐야 하는 등 엄격한 통제를 가하고 있다. 예컨대, 종업원에 대한 우선 배정과 주주가 신주의 인수를 포기할 경우에 발생하는 실권주의 처리 등도 넓게는 제3자 배정에 해당된다고 할 수 있다.

2) 다만 일반공모방식 및 제3자 배정방식의 경우에는 10% 이내로 제한함.

(3) **일반공모증자(general cash offer)**

유상증자 주식의 일부 또는 전부를 액면가액 또는 시가로 불특정 다수의 투자자로부터 모집하는 경우이다. 이는 구주주의 신주인수권을 인정하지 않는 형태로서 미국에서는 일반화되어 있으며, 우리나라에서는 모집을 위한 주주의 신주인수권을 배제함이 정관에 규정되어 있어야 한다.

(4) **주주우선공모(standby rights offer)**

유상증자 시 주주에게 자기소유지분 비율 범위 내에서 공모주식을 우선 청약할 기회를 부여하고 주주가 청약하지 않은 부분에 대하여 일반투자자로부터 모집하되 모집미달분은 간사회사가 인수하여 전액 납입하는 형태의 유상증자 방법이다. 상장법인의 유상증자 시 적용하는 시가발행할인율이 점차 축소됨에 따라 주주배정 방법에 의한 유상증자의 실권주 발생률이 높아져 이를 개선하고자 1989년 6월 이후 점차 활성화되어 가고 있는 방법이다.

❷ 무상증자

기업이 자본준비금을 자본금으로 전입할 때 주주들에게 무상으로 신주를 발행하는 것을 말한다. 무상증자는 자금조달을 목적으로 하지 않고 자본구성을 시정하거나 사내유보의 적정화 또는 기타의 목적을 위해 실시되며, 회사의 총자산에는 변화를 가져오지 않고 재무제표 상 항목간의 변동을 통하여 신 주식을 발행하는 형식적 증자라고 할 수 있다. 무상증자에 의한 신주발행의 형태는 다음과 같이 분류할 수 있다.

1 준비금의 자본전입

주식회사는 기업의 영업활동에서 생기는 이익 중에서 일정한 금액을 이익준비금으로 적립하도록 되어 있으며, 이와 함께 자본거래에서 생기는 잉여금은 자본준비금으로 적립하도록 의무화되어 있다. 이와 같이 법률의 규정에 의하여 적립된 법정준비금이나 별도로 회사가 적립한 임의준비금은 이사회 결의에 의하여 그 전부 또는 일부를 자본에 전입하여 각 주주에게 그가 가진 주식 수에 비례하여 신주를 배정할 수 있다.

② 재평가적립금의 자본전입

인플레 상황에서의 화폐가치 하락에 따른 자산가치의 향상 및 기타의 이유로 인하여 회사에 현존하는 재산의 실질가치가 장부가치를 상회하는 경우가 있다. 이런 경우에 자산재평가를 실시하게 되며 재평가에서 얻어진 실질가치와 장부가치의 차액을 자본으로 전입함으로써 그 전입액 만큼을 각 주주에게 그가 가진 주식 수에 비례하여 신주를 발행하는 형태이다.

현행 우리나라의 자산재평가법은 기업의 자산을 현실에 맞도록 재평가하여 적정한 감가상각을 가능하게 하고 기업자본의 정확을 기함으로써 경영의 합리화를 도모하기 위하여 자산의 재평가를 인정하고 있으며, 기업의 자산재평가는 직전평가일로부터 도매물가지수가 100분의 25 이상 상승한 경우에 한하여 실시할 수 있도록 제한하고 있다.

❸ 기타의 증자

① 전환사채의 전환에 의한 방법

전환사채(CB)의 소유자가 전환권을 행사하여 사채를 주식으로 전환시켜 신주를 발행하는 경우이다. 이 경우에는 전환액에 상당하는 부채가 감소하고 자본이 증가하여, 타인자본의 자기자본화가 이루어지게 된다. 따라서 부채는 감소되나 자산의 변화는 없이 증자가 이루어지게 된다.

② 주식배당에 의한 방법

회사의 이익을 주주에게 배당함에 있어서 현금배당 대신 신주를 발행하여 교부하는 것을 주식배당이라 한다. 주식배당의 경우에는 사외 유출될 자금을 자본화시켜 주식으로써 지급하는 것이기 때문에 자산이 그만큼 유보되는 셈이 되며, 회계 상 이것을 「이익의 자본화」라고 한다. 주식배당은 1984년 개정 상법에서 처음으로 주식배당제도를 도입하여 주주총회의 결의에 의하여 이익배당 총액의 2분의 1의 범위 내에서 새로이 발행하는 주식으로 배당할 수 있도록 규정하고 있고, 상장법인의 경우에는 이익배당 총액에 해당하는 금액까지 주식배당이 가능하다.

상장법인이 주식배당을 하고자 하는 경우에는 그 예정 내용을 이사회 결의를 거쳐 당해 사업년도 말 15일 전까지 금융감독위원회 및 증권선물거래소에 신고하여야 한다.

③ 신주인수권부사채에 의한 방법

신주인수권부사채(bond with warrant : BW)는 일정한 가격(행사가격)으로 일정 수의 주식을 배당 받을 수 있는 권리가 부여된 조건부사채로서 사채권자가 신주인수권을 행사할 경우 유상증자가 자동적으로 이루어지는 사채를 말한다.

제3절 주식의 유통시장

01 | 유통시장의 의의

❶ 유통시장의 개념

증권의 유통시장은 이미 발행된 유가증권이 투자자들 상호간에 매매거래 되는 시장을 말한다. 즉 유통시장은 투자자가 소유하고 있는 주식이나 채권을 매각하여 투자자금을 회수하거나 이미 발행된 유가증권을 취득하여 금융자산을 운영하는 시장이다. 유통시장은 기본적으로 장내(정규)시장과 장외시장으로 구성된다.3)

유통시장은 발행된 주식이나 채권의 시장성과 유동성을 높여 일반투자자의 투자를 촉진시킴으로써 발행시장에서의 장기자본조달을 원활하게 해줄 뿐만 아니라 유통시장에 의한 유가증권의 시장성과 유동성은 유가증권의 담보력을 높여준다. 또한 유통시장은 다수의 투자자가 참여하는 자유경쟁시장이므로 주식이나 채권의 공정한 가격을 형성할 뿐만 아니라 유통시장에서 형성되는 가격은 앞으로 발행할 새로운 증권의 가격을 결정하는 역할을 한다.

❷ 유통시장의 특성

유통시장의 특징을 발행시장과 비교하여 요약하면 다음과 같다.

첫째, 유통시장은 제2차적 시장을 말한다.

발행시장은 주식이나 채권이 창출된 시장이며, 자금의 수요자인 기업이 주식이나 채권을 발행하고 투자자가 이에 응모하여 자금을 공급하는 제1차적 시장(primary market)인데 비하여, 유통시장은 이미 발행된 주식이나 채권이 투자자 상호간에 끊임없이 매매가 이루어지는 제2차적 시장(secondary market)을 말한다.

둘째, 유통시장은 경쟁매매시장이다.

발행시장에서는 매도측이 1인 또는 소수의 집단이며, 매수측은 보통 다수의 투자자인데 비하여 유통시장은 매도측이나 매수측이 모두 다수로 구성되어 거래가 경쟁적인 시장을 말한다.

셋째, 유통시장은 구체적이고, 조직적이며, 계속적 시장이다.

발행시장은 일반적으로 구체적인 시장시설에 의하여 이루어지지 아니하기 때문에 추상적 시장이라고 할 수 있으며, 유통시장은 장외시장과 같은 추상적인 시장도 있으나, 일반적으로 증권선물거래소시장을 의미하므로 구체적, 조직적 시장이고 거래가

3) J.C. Francis(1972), *Investment Analysis and Management*, pp.34-6 참조.

반복적으로 이루어지는 계속적 시장을 말한다.

❸ 유통시장의 형성 요건

첫째, 자유로운 자본전환.

유통시장에서 유가증권의 거래는 투자자 상호간에 화폐자본과 증권자본과의 교환이므로 유통시장의 형성에는 이 두 자본의 이전이 자유로워야 한다. 따라서 유가증권 소유에 대한 제한이나 유통에 관한 금지법령 등 증권유통의 자유를 제약하는 요인이 없어야 한다.

둘째, 충분한 발행 및 유통물량.

유가증권 발행량의 다수가 시장의 거래형성에 큰 영향을 준다. 따라서 거래대상이 되는 유가증권의 발행물량이 많아야 하고 증권가격에 유동성이 있어야 한다.

셋째, 유가증권 소유의 분산성.

유가증권의 발행량이 많아도 소수에 편중되어 소유되고 있으면 거래의 필요성과 기회는 거의 없어진다. 발행증권이 수량적으로 많고 또한 그 소유가 다수인에게 분산되어 있을 때 거래의 필요성과 기회가 늘어나는 것이다.

❹ 유통시장의 구조

증권 유통시장의 기본적 구조는 정규시장(장내시장)과 장외시장의 두 시장조직으로 형성된다. 정규시장(유가증권시장 및 코스닥시장)과 대비되는 개념의 장외시장(프리보드 및 그 밖의 시장)은 상장증권은 물론 비상장 유가증권에 대해서도 고객과 증권회사 간 혹은 고객과 고객 간의 개별적인 접촉에 의해 매매거래가 이루어지는 비조직적 시장을 말한다.

증권의 유통은 투자자 상호간의 매매거래에 의해 이루어지지만 현실적으로는 증권회사의 중개에 의하여 성립된다. 즉 증권회사는 투자자로부터 매매주문을 받아 증권선물거래소를 통하여 매매를 체결한다([그림 7-1] 참조).

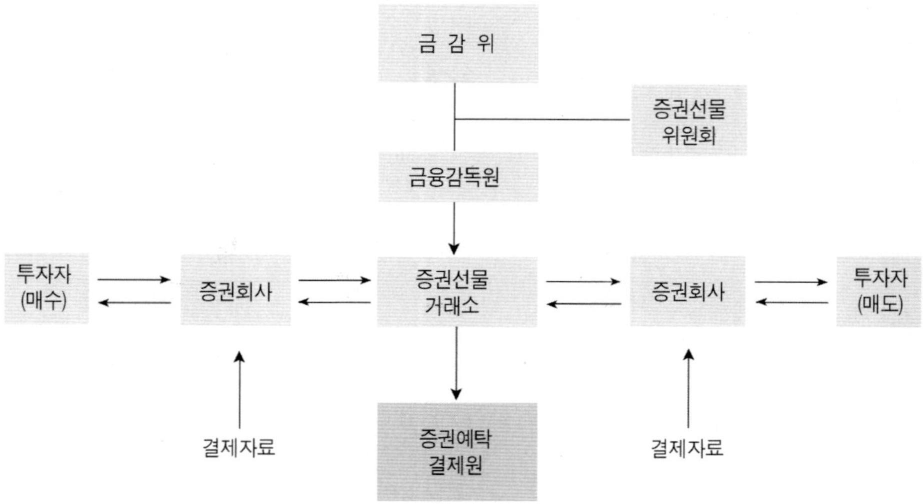

[그림 7-1] 유통시장의 구조

02 | 유가증권의 상장

1 상장의 의의

유가증권을 증권선물거래소에서 매매할 수 있도록 등록하는 것을 상장(listing)이라 하고, 매매대상으로 인정된 증권을 상장증권이라 하며, 상장증권을 발행한 회사를 상장회사라고 한다. 증권선물거래소에서 매매거래 대상으로 선정되는 상장증권은 일정한 기준에 따라 상장심사를 거쳐야 하는데, 그것은 유가증권의 원활한 유동성을 유지하고 공정한 가격을 형성하도록 함으로써 투자자를 보호하기 위해서다.

우리나라에서는 공개요건과 상장요건을 동일하게 운용한 바가 있어서 공개와 상장을 동일한 개념으로 이해하는 경우도 있으나, 앞의 〈표 7-3〉에서 보았듯이 기업공개는 상장과는 별개의 개념이다.[4]

4) 금융감독원의 공개심사제도의 폐지로 1999년부터 실제적으로 공개와 상장이 분리되게 되었다.

❷ 상장절차

유가증권 상장의 최초단계에서 원칙적으로 당해 유가증권의 발행인으로부터 상장 신청이 있어야 한다. 증권선물거래소는 신청된 유가증권이 공정한 가격과 원활한

〈표 7-4〉 유가증권시장의 주요 상장심사 요건(2005년 말 현재)

구 분	유가증권시장 상장요건
경과년수	3년
자 본 금	〈삭제〉
자기자본	100억원
상장주식수	100만주 이상
매 출 액	최근 300억원, 3년 평균 200억원
유 보 율	유보율 50%(대형법인 25%)
경영성과	다음 중 택일 ① ROE(최근 5%, 3년 합계 10%) ② 이익액(최근 25억원, 3년 합계 50억원) ③ 자기자본 1천억원 이상 법인 특례
주식분산	•소액주주지분비율 : 30% 이상(대형 10%) •상장예비심사청구 후 공모 : 10% 이상 •소액주주 수 : 1천명 이상 〈최대주주 등 지분율 요건 삭제〉
부채비율	〈삭제〉 *질적 요건으로 수용
증자제한	상장 전 유^무상증자한도 제한
지분변동 제한	최대 주주 등 및 5% 이상 주주의 지분변동 제한
감사의견	최근 적정, 직전 2년 적정 또는 한정
부도발생	심사청구 1년 전 부도발생사유 해소
소 송 등	중요한 소송이 없을 것
합 병 등	합병 등의 경우 기말결산 확정
주식양도제한	없을 것
명의개서대행계약	명의개서 대행계약 체결
통일규격주권	통일규격주권 사용
질적 요건	기업경영의 계속성, 투명성 등
상장 후 매각제한	최대주주 등 지분 6월간 Lock-up

자료 : KRX.

〈표 7-5〉 코스닥시장의 주요 상장심사 요건(2005년 말 현재)

구 분	코스닥시장 상장요건
기업규모	자본금 10억(벤처 5억) 이상 자기자본 30억(벤처 15억) 이상
자본상태	자본잠식 없을 것
경영성과	경상이익이 있을 것 ROE 10% 또는 5%(벤처) → ROE와 이익규모 선택 적용 －일반 : 10% or 20억원 －벤처 : 5% or 10억원
부채비율	업종(or 전체) 평균 1.5배 * 기업의 계속성 인정 시 적용 배제
주식분산	－소액주주 500인 & 30% －예비심사청구 시 소액주주지분이 ❑ 30% 이상인 경우 10% 모집 ❑ 30% 미만인 경우 20% 모집
경과년수	3년
지분변동제한	최대주주 등 및 5% 주주의 지분변동 제한
감사의견	최근년도 적정
합병 등	합병 등 후 결산확정
소송	중대한 소송 없을 것
부도	6월 전 해소
명의개서대행기관	계약 체결
통일규격유가증권	통일규격일 것
양도제한	없을 것
액면가액	세칙에서 정하는 금액

자료 : KRX.

유통, 그리고 공익과 투자자보호 등에 기여할 수 있는가를 고려하여, 증권선물거래소 시장에서 매매될 수 있는 요건구비 여부를 심사한다.

증권선물거래소는 주권 신규상장신청서를 접수한 후 1주일 내에 신규상장 승인여부를 신규상장 신청인에게 통보한다. 주권의 신규상장일은 신청인의 의사를 최대한 반영하여 증권선물거래소가 결정한다.

❸ 상장심사 요건

유가증권의 상장심사는 당해 증권의 상장이 공정한 가격형성, 원활한 유통 및 공익과 투자자보호에 공헌할 수 있는가에 중점을 두고 발행회사 및 당해 증권의 안정성, 수익성, 유동성, 성장성, 분산성, 공익성 등을 분석 검토하여 그 적부를 판단하여야 한다.

유가증권시장 및 코스닥시장의 국내법인의 신규 상장요건(2005년 12월 25일 개정)은 〈표 7-4〉 및 〈표 7-5〉와 같이 기본적인 요건을 구비하여야 한다.

❹ 상장 유가증권 관리

상장 후 영업활동을 하는 가운데 상장 시 충족되었던 요건에 미달하여 계속상장이 부적합한 경우의 발생 또는 기업 내용의 변동으로 유가증권의 가치나 권리 내용이 변화할 수가 있다. 이때 증권시장 관리기관이 상장 유가증권의 상장요건 충족여부와 기업 내용의 적시공시 실시여부를 계속 파악, 부실 유가증권의 유통방지와 정확한 투자정보 제공을 통하여 증권시장의 건전한 발전을 도모하는 것을 말한다.

1 상장증권의 소속부 지정 및 관리

2000년 5월 이전에는 증권거래소가 시장관리의 편의 상 상장증권 종목을 시장 제1부 종목 및 시장 제2부 종목으로 지정하여 관리하였다. 거래소에 신규로 상장된 유가증권은 우선 시장 제2부 종목에 속하게 되며, 주식의 분산요건, 납입자본이익률, 배당실적, 감사의견, 상장기간, 월평균거래량 등 일정한 요건을 갖추면 시장 제1부 종목으로 승격하였다. 그러나 규제완화 차원에서 2000년 5월부터 소속부 지정제도는 폐지되었다.

2 매매거래 정지 및 해제

현행 증권선물거래소는 선의의 투자자를 보호하기 위해 다음과 같이 매매거래 정지 및 해제사유를 규정하고 있다.

(1) 주식시장의 매매거래중단제도

1998년 12월에 도입된 주식시장의 매매거래중단제도(circuit-breakers)는 증권시장의 내^외적인 요인에 의해 주가가 급락하는 경우, 투자자들에게 냉정한 투자판단의 시간을 제공하기 위해 모든 매매거래를 일시적으로 중단하는 제도로서 KOSPI가 직전 거래일의 종가보다 10% 이상 하락하여 1분간 지속되는 경우 주식시장의 모든 종목의 매매거래를 중단한다.[5)]

매매거래중단이 발동되면 20분간 시장 내 호가 접수와 현물시장과 연계된 선물^옵션시장도 호가 접수 및 매매거래도 중단한다. 거래소는 매매거래 중단 후 20분이 경과하면 매매거래를 재개한다.

(2) 개별종목의 매매거래 중단 및 재개

거래소는 투자자보호와 시장관리 상 필요하다고 인정하는 경우에는 특정종목의 매매거래를 일시적으로 중단할 수 있다. 즉, 어음 또는 수표의 부도 발생, 은행과의 거래정지 또는 금지, 영업활동의 전부 또는 일부 정지 등 상장법인의 존폐와 관련된 풍문 등의 사유로 주가 및 거래량이 급변하거나 급변이 예상되는 종목에 대해 매매거래를 중단할 수 있다.

매매거래 재개는 중단사유에 대한 조회결과를 공시한 시점부터 1시간이 경과한 때부터 재개한다. 다만, 13시 30분 이후에 공시하는 경우에는 다음날부터 매매거래가 재개된다. 그러나 당해 풍문 등이 공시 후에도 해소되지 않거나 공시내용이 상장폐지

---

5) 이 밖에 선물가격이 전일종가 대비 5%(코스피), 6%(코스닥) 이상 등락해 1분 이상 계속되면 프로그램매매를 일시 정지시키는 싸이드카(side car) 제도가 있다. 싸이드카가 발동되면 프로그램매매가 5분간 정지되며, 그 후 매매^체결이 정상화된다.

기준에 해당하는 경우 및 관리종목 지정사유에 해당하는 경유에는 매매거래의 재개를 연기할 수 있다.

3 상장폐지

상장회사가 상장폐지 신청을 하거나 상장폐지 기준에 해당하는 경우, 공익 또는 투자자 보호를 위하여 재경부장관의 상장폐지 명령이 있거나 증권선물거래소에서 「금감위」의 승인을 얻은 경우에는 상장을 폐지할 수 있다.

상장폐지는 발행회사의 기업 내용에 중대한 사태가 발생하여 당해 유가증권을

〈표 7-6〉 유가증권시장의 상장폐지 요건(2005년 말 현재)

구 분	유가증권시장 상장폐지 요건
사업보고서 등 미제출	•사업보고서 법정제출기한부터 10일 내 미제출 •반기/분기보고서 2회 연속 미제출
감사의견	•감사의견 부적정/의견 거절 •감사범위제한 한정 2년 연속
영업활동정지	•6개월 내 미재개
자본잠식	•50% 이상 잠식 2년 연속 •자본전액잠식
주식분포	•소액주주수 200명 미만 2년 연속 •소액주주 지분율 10% 미만 2년 연속 〈최대주주 지분율 요건 삭제〉
거래량 미달	•유동주식수 1% 미달(거래주식수 2만주 이상 예외) 2반기 연속 〈개정〉
지배구조 미달	•2년 연속
공시의무위반	•고의, 중과실 위반 〈개정〉
매출액	•50억 미만 2년 연속
주가	•관리지정 후 90매매일 동안 액면가 20% 이상(10일 연속 및 누적일수 30일 이상) 미충족
시가총액	•관리지정 후 90매매일 동안 25억 이상(10일 연속 및 누적일수 30일 이상) 미충족
최종부도 등	•부도 또는 은행거래정지
회사정리 절차	•회사정리절차(화의)개시 신청

자료 : KRX.

계속해서 상장시켜 두면 투자자에게 뜻하지 않는 손실을 입힐 우려가 있거나(예컨대, 사업 및 반기보고서 미제출, 회사의 정리절차 개시, 회사의 영업활동 정지, 최종부도 등), 증권시장에 대한 신뢰를 그르칠 수 있다고 인정될 때(예컨대, 감사보고서 상 부적정 의견이 발생한 주식, 시장성을 크게 상실한 증권 등) 거래소는 상장폐지 조치를 취할 수 있다. 유가증권시장의 국내법인의 상장폐지 요건(2005년 12월 25일 개정)은 〈표 7-6〉과 같다.

03 | 유가증권시장, 코스닥시장 및 프리보드

❶ 유가증권시장

유가증권의 매매거래가 이루어지는 시장을 일반적으로 유가증권시장이라고 할 수 있다. 그러나 한국증권선물거래소법 등 법률상 유가증권시장은 종전의 거래소시장을 말한다. 구체적으로 보면, 한국증권선물거래소("거래소") 설립에 따라 동 거래소가 개설하는 시장이 유가증권시장, 코스닥시장 및 선물시장으로 나누어졌는데, 이 중 유가증권시장은 종전 증권거래소가 개설^운영하던 시장이라고 할 수 있다. 코스닥시장에서도 유가증권이 거래되므로 유가증권시장이라는 명칭이 시장의 실체를 정확히 반영하지 못하는 점도 있으나 코스닥시장과의 차별성을 유지하고, 증권거래법이 "유가증권시장"과 "코스닥시장"을 기초 개념으로 하여 전개되고 있는 점을 감안한 결과로 이해하면 될 것이다.

한국증권선물거래소법 제2조 제1항은 "유가증권시장"에 대하여 "유가증권의 매매거래를 위하여 한국증권선물거래소가 개설하는 코스닥시장 외의 시장"으로 정의하고 있다. 그리고 "코스닥시장"의 경우에는 "대통령령이 정하는 유가증권의 매매거래를 위하여 거래소가 개설하는 시장"으로 정의한다(동법 제2조 제2항). 이와 같은 분리된 개념정의는 양 시장의 독자성을 보장하여 거래소 통합 후에도 양 시장이 독자의 브랜드를 가지고 운영될 수 있도록 한 것이다.

〈표 7-7〉 주식시장별 제도 비교

구 분	거래소시장	코스닥시장	프리보드시장
거래시간	동시호가 (오전 8시~오전 9시, 오후 2시 50분~3시) 정규시장 (오전 9시~오후 3시) 시간외시장 (오전 7시 30분~8시 30분, 오후 3시 10분~6시)	좌 동	정규시장 (오전 9시~오후 3시)
가격제한폭	±15%	±15%	±30%
매매방식	경쟁매매 동시호가매매	좌 동	상대매매 (수량 분할매매 가능)
위탁증거금	증권사 자율	좌 동	매수 : 현금 100% 매도 : 당해주식 100%
위탁수수료	증권사 자율	좌 동	좌 동
결제전매매	가 능	좌 동	좌 동
양도소득세	없 음	좌 동	중소기업주식 10%, 대기업주식 20%, 벤처기업의 소액주주 주식은 면제
증권거래세	농특세 포함 0.3%	좌 동	0.5%
주 문	시장가, 지정가	좌 동	지정가 주문만 가능
수도결제	3일 결제	좌 동	좌 동
기준가	전일 종가	좌 동	전일 거래량가중 평균주가
매매단위	10주	1주	좌 동

자료 : KRX.

전통적인 의미에서 이러한 유가증권시장 및 코스닥시장은 구체적이고, 조직적이며, 상설적이고, 경쟁적인 시장이라 할 수 있다. 여기에서 구체적이라 함은 일정한 장소에 구체적인 시장시설을 가지고 있다는 것이며, 상설적이라 함은 증권의 매매를 매일 계속적으로 성립시킨다는 뜻이고, 경쟁적이라 함은 불특정 다수인이 경쟁적으로 자유로이 거래에 참여하는 것을 의미한다.

한편, 한국증권선물거래소법은 유가증권의 매매거래 및 선물거래의 안정성과 효율성을 도모하기 위하여 한국증권선물거래소를 설립^운영함으로써 국민경제의 건전한 발전에 이바지함을 목적으로 한다는 점을 명시하고 있다(동법 제1조). 그리고 거래소가 개설하는 시장의 공공성 유지, 시장질서의 구축 및 투자자 보호 등을 위하여 유사시설의 개설을 금지하고 있는데 거래소가 아닌 자는 유가증권시장, 코스닥시장 또는 선물시장 혹은 이와 유사한 시설을 개설하거나 유사한 시설을 이용하여 유가증권의 매매거래 또는 선물거래를 하지 못한다.

거래소는 자본금 1천억원 이상의 주식회사이며, 본점을 부산광역시에 두고 있다. 거래소는 한국증권업협회의 협회중개시장운영 부분을 분할하여 한국증권거래소^한국선물거래소 및 (주)코스닥증권시장과 합병하는 방법으로 2005년 1월에 설립되었다(한국증권선물거래소법 부칙 제1조).

❷ 코스닥시장

원래는 코스닥시장이란 증권업협회에 장외거래대상 종목으로 등록된 주식을 코스닥(KOSDAK : Korea securities dealers automated quotation)을 통하여 매매하는 시장을 의미한다. 1996년 7월 1일부터 장외주식 중개전담회사인 코스닥증권이 중개업무를 개시함에 따라 본격적인 장외시장이 형성되었다. 그러나 전술한 바와 같이 한국증권시장 운영의 효율성 및 거래비용 절감, 현^선물 거래에 대한 일원화된 서비스 제공, 현^선물 연계 감시로 인한 공정성 증대, 거래소 위상 및 국제경쟁력 제고 등을 위한 자본시장 선진화를 위하여 한국증권선물거래소가 출범하게 되었다. 이에 따라 종전 증권거래소, 코스닥시장(코스닥위원회^(주)코스닥증권), 선물거래소가 통합증권거래소 체제로 단일화되어 하나의 거래소 내에 사업본부제 형식으로 유가증권시장, 코스닥시장, 선물시장으로 각각 독립적인 시장으로 구성되었다.

한국증권선물거래소의 출범은 통합의 시너지효과 극대화와 경쟁을 통한 효율성 제고가 이루어질 수 있도록 각 시장간 균형발전을 추구하고 있다. 통합 이후 각 시장은 고유의 특성과 역할 유지를 통해 차별화된 금융서비스를 제공하고 있다. 유가증권시장은 대형^우량기업 중심시장으로 상대적으로 안정적 투자기회를 제공하는 시장으로, 코스닥시장은 중소^벤처기업 중심의 고위험-고수익을 추가하는 역동적인 증권시장으로 성장이 기대된다.

통합거래소의 출범은 코스닥시장에게는 재도약의 기회이며, 통합의 시너지를 발판으로 거래비용 절감 등 시장운영의 효율성을 제고하고 규모의 확대를 통해 시장 유동성 및 투자자 신뢰를 높이는 한편, 다양한 신상품의 개발과 서비스 제공이 기대된다. 또한, 코스닥시장은 이미 '세계적 경쟁력을 갖춘 아시아 중심 신시장'으로서의 비전을 완성해 나가고, 동북아 금융허브로의 발전을 더욱 공고히 할 기반이 마련된 것으로 평가된다.

신생 벤처기업에 투자를 전문으로 하는 벤처금융(venture capital) 회사들이 코스닥시장을 통하여 투자한 자금을 회수하는 한편, 새로운 유망 벤처기업을 발굴하여 지원한다. 벤처기업의 발굴과 지원이 코스닥시장이라는 시장기구를 통하여 선순환될 때 자금의 효율적인 배분이 가능하며 이러한 기능은 새로운 산업의 성장을 촉진하는 기회를 제공한다.

❸ 프리보드시장

장외시장 활성화 차원에서 한국증권업협회는 유가증권시장 및 코스닥시장에 상장되지 못한 기업에 자금조달 기회 및 유동성을 부여해 주고, 또한 기존 시장에서 퇴출된 기업 주주에게 환금성을 부여할 목적으로 2000년 3월 27일 장외주식호가중개시스템(제3시장)을 개설하였다.

제3시장 개설 초기 코스닥시장의 활황과 함께 Pre-KOSDAQ시장이란 기대감으로 잠시 주목을 받았으나, 이후 기업과 투자자로부터 소외되는 가운데 시장이 침체되었다. 이런 상황에서 자본시장의 혜택을 일부 상장기업만 누리고 있고 벤처기업의

96% 이상의 기업이 자본시장에 진입하지 못하는 현실에서 성장단계에 있는 벤처기업을 위한 시장의 필요성이 대두되었다. 협회는 이러한 역할을 제3시장의 개편을 통하여 달성하고자 2005년 7월 시장명칭을 프리보드로 변경하면서 새로운 증권시장으로의 발전을 모색하고 있다.

프리보드란 유가증권시장 및 코스닥시장에 상장되지 아니한 기업주권의 매매를 위하여 한국증권업협회가 개설^운영하는 새로운 증권시장으로서 법적 근거를 가지고 조직화된 장외주식시장이라는 면에서 순수한 장외시장과 구별된다. 아울러 규제를 최소화한 저비용 시장 및 벤처자금의 선순환을 도모하는 벤처중심의 시장을 지향하고 있다.

개설 초기에는 Pre-KOSDAQ에 대한 기대감으로 2002년 말 183사로 정점을 이루었으나, 벤처기업에 대한 기대 하락, 지정취소 요건의 강화 등으로 지정기업 수도 감소하여 2005년 12월 현재 62사(벤처기업 18사, 일반기업 44사)의 기업이 지정되어 있다.

제4절 증권관련 상품과 재테크

01 | 직접투자상품

직접투자는 투자자 자신이 유가증권에 자기책임 하에 직접 투자^운용하는 것을 말한다. 직접투자상품으로는 주식을 필두로, 국공채, 특수채, 회사채, 금융채, 유동화증권(ABS), 외환 등 거래될 수 있는 거의 대부분의 유가증권이 해당된다.

증권투자의 경우에 증권회사에 일반계좌나 증권저축계좌를 개설하여 투자할 수 있다. 증권저축은 저축기간 동안 정기 또는 수시로 일정액 이상의 저축금을 납입한 후 저축자 자신이 유가증권에 직접 투자하는 저축이다. 또한 채권은 발행주체에 따라 국공채, 특수채, 회사채, 금융채로 구분되는데, 이 중 금융채는 한국산업은행, 중소기업은행, 일반은행 등 금융기관이 안정적으로 재원조달을 하기 위해 각각의 근거법을 기초로 발행하는 장기채권이다.

특히, 재테크 상품으로 인기가 있는 금융기관이 발행하는 후순위채는 발행자가 파산하는 경우 다른 채권자보다 상환순위가 늦어 원금손실을 볼 수도 있으나, 상대적으로 금리가 높아 고수익을 올릴 수 있는 장점이 있는 채권이다.[6]

02 | 간접투자상품

간접투자란 자산운용회사가 운용하는 펀드(Fund)에 투자자가 가입하는 것을 말하며, 펀드는 자산운용회사가 투자자로부터 모은 자금을 주식, 채권, 부동산 등에 투자^운용한 후 그 실적을 고객에게 배분해주는 실적배당형상품이다. 펀드투자의 장점은 적은 돈으로 쉽게 투자할 수 있고, 분산투자로 위험을 줄일 수 있으며, 자산운용 전문가가 투자를 대신해주는 것이다. 반면, 단점은 자산가격의 변동에 따라 펀드의 가치가 변하는 실적배당형상품이므로 때로는 원금까지도 손해 볼 수도 있는 위험상품이다. 펀드는 조직형태(법적 성격), 환매제한 여부, 추가설정, 투자대상 등에 따라 〈표 7-8〉에서 보듯이 여러 가지로 분류할 수 있다.

먼저 펀드를 조직형태(법적 성격)에 따라 분류하면 투자신탁과 투자회사로 구분된다. 이 둘은 펀드의 판매^운용 등의 면에서는 기본적인 차이가 없으나 투자자의 지위와 수익금 지급방법 등에서 〈표 7-9〉와 같은 차이가 있다. 또한, 펀드를 투자대상에 따라 분류해 보면 〈표 7-10〉과 같다.

---

6) www.moneytoday.co.kr; www.mk.co.kr; www.kbstar.com; www.krx.co.kr; www.wooriwm.com 등 참조.

〈표 7-8〉 펀드 유형별 특성

구 분	형 태	주요 내용
조직형태 (법적 성격)	계약형(수익증권)	투자신탁 약관에 의해 위탁자와 수탁자가 신탁계약을 체결하고, 위탁자는 '수익증권'을 발행하여 수탁자가 취득
	회사형(뮤추얼펀드)	증권투자를 목적으로 하는 명목회사를 설립하여 투자자가 그 주식에 투자하고 지분만큼 이익 배분
환매제한여부	개 방 형	중도 환매가 가능
	폐 쇄 형	일정기간 또는 전 기간에 걸쳐 환매가 제한됨
추가설정여부	추 가 형	펀드의 추가적인 매각이 자유롭고 투자자의 증가에 따라 펀드의 규모가 증가
	단 위 형	일정기간 모집에 의해 펀드를 설정하고 추가적으로는 펀드의 규모를 증가시키지 않음
투자대상	채 권 형	신탁자산 총액의 60% 이상을 채권에 투자하는 경우
	주 식 형	신탁자산 총액의 60% 이상을 주식에 투자하는 경우
	혼 합 형	주식형 및 채권형 이외의 경우로서 주식 및 채권 등 유가증권에 혼합^배분하여 투자
증권선물거래소 상장여부	상 장 형	환금성을 보장하기 위하여 수익증권 또는 주권을 증권선물거래소에 상장하는 것(주로 폐쇄형)
	비상장형	수익증권 또는 주권을 증권선물거래소에 상장하지 않는 것(주로 개방형)
투자지역	국내투자형	국내에서 발행된 채권 및 주식에 투자한 경우
	해외투자형	해외에서 발행된 채권 및 주식에 투자한 경우
	국내외투자형	국내 및 해외에서 발행된 채권 및 주식에 투자한 경우

자료 : www.wooriwm.com

〈표 7-9〉 증권투자신탁과 증권투자회사의 비교

구 분	증권투자신탁(수익증권)	증권투자회사(뮤추얼펀드)
조직형태	신탁계약	펀드 자체가 주식회사
발행증권 (투자자의 지분표시)	수익증권	주 식
투자자의 지위	수 익 자	주 주
운용 대상	주식, 채권, 파생상품, 실물자산 등	주식, 채권, 파생상품, 실물자산 등
수익금 지급	분 배 금	배 당 금
원천징수	채권 50% 이상 운용 : 이자소득 주식 50% 이상 운용 : 배당소득 (주식매매익 등 비과세)	운용대상에 관계없이 배당소득 (주식매매익 등 비과세)
취급기관	운용 : 자산운용회사 판매 : 은행, 증권회사, 보험사	
관 련 법	신탁법, 간접투자자산운용업법	상법, 간접투자자산운용업법

〈표 7-10〉 펀드의 투자대상별 분류

구 분		주요 투자대상	펀드 특징
증권펀드	주식형 펀드	주식의 60% 이상 투자	고위험^고수익 추구
	혼합형 펀드	주식의 60% 이하 투자	채권투자의 안정성과 주식투자의 수익성을 동시 추구
	채권형 펀드	채권의 60% 이상 투자	안정적인 수익 추구
MMF		단기금융상품에 투자	수시입출금이 가능한 펀드
파생상품펀드		선물, 옵션 등 파생상품에 투자	파생상품을 통한 구조화된 수익 추구
부동산펀드		부동산에 투자	환금성에 제약이 따르지만 장기투자를 통한 안정적 수익 추구
실물펀드		선박, 석유, 금 등 실물자산에 투자	
특별자산펀드		수익권 및 출자지분 등에 투자	
재간접투자펀드		다른 펀드에 투자	다양한 성격과 특징을 가진 펀드에 분산투자

자료 : www.wooriwm.com

〈표 7-11〉 적립식 펀드투자의 장^단점

장 점	단 점
소액의 자금을 꾸준히 적립식으로 투자하여 목돈 마련이 가능하다.	펀드가 투자한 자산(주식, 채권 등)의 가격이 하락하면 원금손실의 가능성이 있다.
일시에 목돈을 투자하는 것보다 상대적으로 위험이 감소한다.	주식시장의 대세 상승기에는 일시에 목돈을 투자하는 것보다 수익률이 낮을 수 있다.

1 적립식 펀드

적립식 펀드는 매달 일정금약(또는 수시로 임의금액)을 펀드에 투자하는 방식을 말하며, 장기적인 재테크 수단이 되고 있다. 은행의 정기적금과 같이 일정기간 동안 적립하고 만기에 목돈을 찾는 형태의 투자신탁의 수익증권상품이다. 적립식 펀드투자의 장^단점을 비교하면 〈표 7-11〉과 같다.

2 주가지수연동 펀드

주가지수연동 펀드(ELF : equity linked fund)는 투자원금과 수익이 주가지수 또는 개별주가에 연동되는 투자신탁펀드로, 주가지수연동증권(ELS)과 마찬가지로 운용자산의 대부분을 국공채에 투자하여 원금을 보전하고 나머지 부분을 주가와 연동되는 파생상품에 투자함으로써 초과수익을 확보하는 경우가 일반적이나, 높은 수익을 위해 파생상품에 대한 투자비중을 늘릴 수도 있다. 어떤 경우든 실적배당상품으로 실제 펀드의 운용실적에 따라 그 수익을 배당한다.

3 주가지수연동 증권

주가지수연동 증권(ELS : equity linked securities)은 투자원금과 수익이 주가지수 또는 개별주가에 연동되는 투자상품이나, 일반적으로 운용자산의 대부분은 국공채에 투자함으로써 초과수익을 확보하는 구조의 유가증권이다. ELS는 주식시장에 직접투자하는 것과 동일한 효과를 누리면서도 위험회피와 비용 측면에서 주식시장에 직접

〈표 7-12〉 주가지수연동형 상품 비교

구 분	주가지수연동정기예금(ELD)	주가지수연동증권(ELS)	주가지수연동펀드(ELF)
판매(발행)기관	은 행	증권사	자산운용회사 (투자신탁운용회사)
상품성격	예 금	유가증권	투자신탁펀드
만기수익	지수에 따라 사전에 제시한 수익 확정지급	지수에 다라 사전에 제시한 수익 확정지급	운용성과에 따라 실적 배당
중도해지	가 능 (원금손실 가능)	불가능 (유가증권시장에서 매도, 원금손실 발생 가능)	가 능 (원금손실 가능)
예금보호	보 호	비보호	비보호
장 점	은행이 제시수익 보장	증권사가 조건충족 시 제시수익 제공	추가수익 발생 가능
단 점	추가수익 없음	추가수익 없음	제시수익 보장 없음

자료 : www.mk.co.kr

투자하는 것보다 유리한 면이 있다.

④ 주가지수연동 정기예금

주가지수연동 정기예금(ELD : equity linked deposit)은 원금을 안전한 자산에 운용하여 원금은 만기시 보장되고, 장래에 지급할 이자의 전부 또는 일부를 주가지수의 변동에 연동한 파생상품에 투자하여 고수익을 추구하는 상품이다.

⑤ 주식워런트증권

주식워런트증권(ELW : equity linked warrant)은 특정 종목의 개별주식이나 주가지수(코스피 200지수 등)의 변동과 연계해서 일정기간(만기는 최소 3개월 이상 3년 이내)이 지나면 미리 약정된 방법에 따라 해당 주식을 사거나 팔 수 있는 권리가 주어진 파생상품이다. 즉, ELW는 특정 종목의 주가가 오를 것(내릴 것)으로 예상할 경우 해당 종목의 주식을 모두 사지 않더라도 일부 자금만으로 주식으로 살 수 있는

(팔 수 있는) 권리만 산 뒤 차익을 올릴 수 있는 증권이다.

2005년 12월 1일 개설당시 코스피 200지수를 포함해 12개 기초자산을 바탕으로 34개 종목을 상장한 ELW시장은 2006년 2월 말 현재 203개 종목(권리유형을 콜 184종목, 풋 19종목)으로 6배가 늘어났으며, 이후에도 많은 종목의 신규상장이 예정되어 있다. 거래규모도 급성장하였는데 개장 때보다 2006년 2월 중 거래량은 13배 이상 늘고, 1일 거래대금은 약 795억원(총 거래대금은 1.6조원)을 넘어서고 있으며 유가증권시장 일평균 거래대금의 1.8% 수준에 달하고 있다.

최근 ELW시장에 관심을 갖는 이유는 적은 자금으로 높은 수익을 올릴 수 있는 장점이 있어 단기 시세차익을 노린 개인투자자들을 중심으로 매수세가 몰리기 때문이다. 예를 들어, 개별주식의 주가가 10만원이지만 이를 1년 뒤에 11만원에 살 수 있는 권리(ELW)를 3,000원에 매입하였다고 가정할 때, 만기보유 후 11만 8천원으로 주가가 상승할 경우 당초 11만원에 살 수 있는 권리(콜옵션)를 행사하여 ELW가격(3,000원)을 제외한 5,000원의 이득을 볼 수 있다. 물론, 만기 전에라도 주가가 오르면 중간매도를 통해 시세차익을 얻을 수 있으며, 그 반대로 주가가 하락하는 경우에는 행사할 수 있는 권리를 포기하여 자신이 매입한 ELW금액(3,000원)만큼만 손해를 보면 된다.

ELW는 옵션의 성격을 가지고 있는 상품으로, 기초자산의 가격변동보다 더 큰 폭의 가격변동(레버리지) 효과를 보이는 ELW의 특성 상 만기일이 가까워질수록 시간가치가 감소하면서 기초자산의 현 주가가 행사가격에 비해 낮아질 가능성이 있어 손실을 볼 수 있기 때문에 주식과는 달리 장기보유 상품으로는 적절하지 않으며 세심한 주의를 필요로 한다.

6 전환형간접투자펀드

전환형간접투자펀드(umbrella fund)는 복수의 간접투자펀드 간에 공통으로 적용되는 신탁약관 또는 정관에 의거하여, 각 간접투자펀드의 투자자가 보유하고 있는 투자증권을 다른 간접투자펀드의 투자증권으로 전환할 수 있는 권리를 투자자에게 부여하는 구조의 간접투자펀드를 말한다.

⑦ 모자형간접투자펀드

모자형간접투자펀드(MFF : master-feeder fund)는 다른 간접투자펀드(모펀드)가 발행한 간접투자증권을 취득하는 간접투자펀드(자펀드)의 구조를 말한다. 이때 모자펀드의 자산운용회사는 동일하여야 한다.

⑧ 상장지수간접투자펀드

상장지수간접투자펀드(ETF : exchange-traded fund)는 유가증권을 대상으로 하여 그 종류에 따라 다수 종목의 가격수준을 종합적으로 표시하는 지수 중 일정 요건을 갖춘 지수의 변화에 연동하여 운용하는 것을 목표로 하는 간접투자펀드를 말한다.

⑨ 부동산펀드

부동산펀드는 투자자로부터 자금을 모아 부동산개발사업, 수익성부동산, 프로젝트 파이낸싱 및 ABS 등에 투자하여 그로부터 발생하는 운용수익 등을 분배하는 목적을 가진 펀드다.[7)]

⑩ 선박펀드

선박펀드란 투자자로부터 모은 자금을 선박에 투자하여 그 수익을 투자자에게 배분하는 것을 목적으로 하는 투자펀드를 말한다. 펀드에서 직접 선박을 취득^대선하는 펀드는 물론이고, 선박사업자의 선박매입^대선사업에 투자하는 형태의 펀드도 넓은 의미에서 선박펀드의 개념에 포함된다.

선박펀드는 해운사에게는 선박금융을 제공하고, 투자자에게는 장기 안정적인 투자수단을 제공하며, 국내 선박량 증대에도 기여한다.

---

7) 부동산펀드는 본 서의 제13장에서 상세히 다룸.

선박펀드의 종류는 근거법에 따라 ① 「선박투자회사법」에 의한 선박펀드(선박투자회사)와 ② 「간접투자자산운용업법」에 의한 선박펀드(선박투자신탁)로 구분한다.

⑪ 특별자산펀드

특별자산펀드란 투자자로부터 모은 자금을 "특정사업으로부터 발생하는 수익을 배분받을 수 있는 계약 상의 출자지분 또는 권리"에 주로 투자하여 발생한 수익을 투자자에게 배분하는 펀드를 말한다.

「간접투자자산운용업법」상 특별자산펀드의 투자대상은 신탁의 수익권, 계약 상의 출자지분 권리, 대출채권 등이며, 예를 들면, 엔터테인먼트펀드(음반, 영화, 뮤지컬, 드라마 등) 등을 들 수 있다.

⑫ 사모투자전문회사

사모투자전문회사(PEF : private equity fund)란 투자전문회사에 재산을 주식 또는 지분 등에 투자하여, 경영권 참여, 사업구조 또는 지배구조의 개선 등의 방법으로 투자한 기업의 가치를 높이고 그 수익을 사원에게 배분하는 것을 목적으로 설립된 합자회사(무한책임사원+유한책임사원)이며, 명목회사(paper company)이다.

현행 「간접투자자산운용업법」은 사모투자전문회사만 허용하고 있다. 반드시 페이퍼컴퍼니 형태로 설립되어야 하며, 업무집행은 무한책임사원(통상 자산운용사)이 담당하고 사원 수는 30인 이내로 제한하고 있다.

투자대상회사의 발행주식 총수 또는 출자총액의 10% 이상이 되는 투자임원의 임면 등 투자하는 회사의 주요 경영사항에 대해 사실 상의 지배력 행사가 가능하도록 하는 투자 등을 통해, 기업의 경영에 직접 참여한 후 해당 기업의 가치를 높여 그 수익을 사원에게 배분하는 형태로 운영된다.

⑬ 재간접투자펀드

재간접투자펀드(FOF : fund of funds)란 펀드에 모인 자산으로 수익률이 좋은 여러 펀드에 나눠 투자함으로써 리스크를 줄이고 고수익을 추구하는 펀드로, 전체 자산의 50% 이상을 다른 펀드에 투자하는 펀드를 말한다. 그러나 동일 회사에 대한 투자한도는 50%, 동일 펀드에 대한 투자한도는 20%, 동일 펀드에 발행증권 수의 20% 이내, 사모펀드 및 다른 FOF에 대한 투자는 금지하는 등의 제약이 있다.

한편 FOF에 편입된 주식형 하위펀드는 비과세 혜택[8]이 불가능했으나, 2006년 5월 19일 국세청이 FOF가 투자한 다른 펀드에 편입된 상장주식에서 발생한 양도차익 및 평가손익을 과세대상에서 제외한다고 해석하여 FOF가 활성화될 전망이다.

03 | 펀드형 상품투자 시 유의할 사항

펀드 투자시 유의해야 할 원칙을 10가지로 정리해 보면 다음과 같다.

첫째, 거치식 펀드투자는 2~3년 이상 여유가 있는 자금으로 하라.

현재의 주가지수가 상승추세에 있다고 하더라도 단기적인 급락의 가능성은 항상 열려 있다. 예상치 못한 외부적 요인으로 인해 펀드의 수익률이 급락할 경우에도 여유자금으로 투자하였다면 시장상황이 호전될 때까지 환매시기를 늦출 수 있으므로 거치식 투자는 반드시 2~3년 여유자금으로 해야 한다.

둘째, 안정성이 높은 펀드에 여유자금 중 일정비율을 먼저 투자하라.

주식 성장형펀드보다는 혼합형펀드에, 주식형 중에서는 가치주나 배당주에 투자하는 펀드에 먼저 일정비율의 자금을 투입하도록 한다.

셋째, 펀드의 과거 수익률과 펀드자산 규모의 변동을 확인하라.

펀드는 최소 2년 이상 투자하여야 하는 중장기 투자상품이다. 따라서 수익률이나 설정액이 해마다 크게 변하는 상품보다는 꾸준하게 일정수준을 유지하는 것이 위험

8) 현행 소득세법 시행령 23조에 특례규정으로 주식투자부분 비과세를 규정함.

도가 낮다고 할 수 있다.

넷째, 한 운용사의 펀드에 올인(all-in)하지 마라.

펀드 가입 시 중요한 것은 판매사가 아니라 운용사를 보는 것이다. 그러나 한 운용사가 모든 유형의 펀드운용에 강점을 보인다는 것은 어려운 일이다. 펀드의 유형별로 운용에 강점이 있는 운용사를 선별하고 한 운용사가 운용하는 펀드에 모든 자금을 투자하지 마라.

다섯째, 펀드도 분산투자하라.

펀드 수만 많다고 분산투자가 되는 것이 아니다. 확정금리형과 실적배당형 간의 분산투자가 필요하듯이 펀드투자 내에서도 적절한 분산이 필요하다. 주식성장형과 혼합형, 국내펀드와 해외펀드 등 유형이 다른 펀드에 자금을 분산하여 투자함으로써 수익률의 변동폭, 즉 위험을 줄일 수 있다.

여섯째, 투자시점의 분산도 중요하다.

펀드투자는 가능하면 매월 일정액씩 나누어 불입하는 적립식 펀드로 한다. 거액의 자금을 펀드에 거치할 때에는 한 시점에 한꺼번에 가입하는 것보다는 1~2개월 정도 기간 여유를 두고 최소 3회 이상으로 자금을 분할하여 시차를 두고 가입하라. 특히, 지수의 향방이 불투명할 때에는 더욱 필요한 원칙이다.

일곱째, 해외펀드에 가입할 때에는 환율변동의 위험에도 대비하라.

적립식의 경우 투자시기가 분산되어 환율변동에 따른 위험이 크지 않지만, 거치식 펀드는 환율변동에 대한 위험에 노출되어 있으므로 반드시 환헤지 계약을 체결하고 가입하도록 한다. 그렇지 않을 경우 환차손으로 인해 펀드수익률은 플러스인데 실질 수익률은 마이너스가 되는 경우도 발생할 수 있다.

여덟째, 환매시점은 반드시 전문가와 협의한 후에 결정한다.

펀드와 같은 실적배당형상품은 가입시점보다 환매시점이 더 중요하다. 환매라는 투자자의 행동은 실적배당형상품의 수익률을 확정시키는 행위이므로 신중하게 결정하고 반드시 전문가의 조언을 구한 후 하는 것이 바람직하다.

아홉째, 변액연금보험과 변액유니버셜보험 등 펀드형 보험상품에 관심을 가져라.

노후대비를 장기적립식으로 하기 위해 적합한 상품을 찾고 있다면 기존의 연금상품보다는 투자실적에 따라 보험금이 변하는 변액연금이나 변액유니버셜보험[9] 등 초장기 상품에도 관심을 가져야 한다.

열 번째, 펀드평가 사이트를 주기적으로 방문하라.

펀드가 어렵다고 생각하지 말고 꾸준하게 조금씩이라도 펀드와 가까워지려는 노력을 해야 한다. 전문가와의 상담에서 A부터 Z까지 모든 것을 얻으려 하지 말고 최소한 펀드의 A, B, C는 이해한 상태에서 전문가와 상담을 하여야 보다 정확하고 필요한 정보를 얻을 수 있다. 제로인, 한국펀드평가, 모닝스타코리아 등 펀드평가사의 웹사이트는 다양하면서도 실전에 필요한 펀드관련 정보를 투자자들에게 제공하고 있다. 주기적으로 방문하여 펀드학습도 하고 최근 트렌드 및 수익률도 알아보도록 한다.

9) 변액보험과 유니버셜보험의 장점을 살려 만든 상품으로 저축+보험+투자의 복합적 기능이 있다. 또한 추가납입과 중도인출기능을 활용해도 10년 이상 투자하면 비과세혜택이 있으며, 수익 극대화를 위해 펀드 변경도 가능하다.

[연습문제]

① 증권시장의 경제적 기능을 설명하시오.

② 증권발행 형태에 있어 위탁모집방식, 잔액인수방식, 총액인수방식의 차이를 비교하시오.

③ 보통주, 우선주, 후배주의 차이는 무엇인가?

④ 기업공개의 의의를 설명하시오.

⑤ 공개기업의 혜택은 무엇인가?

⑥ 무상증자는 어떤 경우에 발생하는 증자의 형태인가?

⑦ 우리나라 증권선물거래소의 조직과 주요 업무를 소개하시오.

⑧ 주식의 발행시장과 유통시장의 차이를 설명하시오.

⑨ 주식 유통시장의 특성 및 형성요건을 설명하시오.

⑩ 증권선물거래소 유가증권시장에서 국내법인의 신규 상장심사 요건을 간단히 설명하시오.

⑪ 주식시장의 매매거래중단제도(circuit-breakers)에 대해 설명하시오.

⑫ 거래소시장, 코스닥시장, 프리보드의 매매제도를 각각 비교하시오.

⑬ 적립식 펀드투자의 장^단점을 비교하시오.

⑭ 재간접투자펀드(FOF)란 무엇인가?

⑮ 펀드형 상품 투자시 유의사항은 무엇인가?

제8장 채권시장과 재테크

제1절 채권의 의의

제2절 채권수익률과 채권투자

제3절 채권의 발행시장

제4절 채권의 유통시장

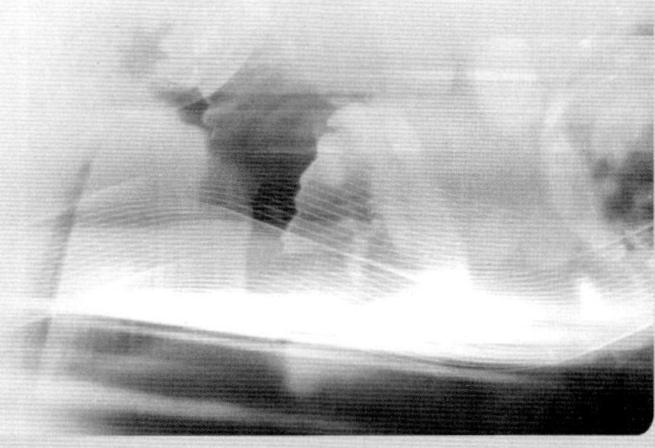

제08장 채권시장과 재테크

채권은 원금과 이자의 지급시기와 금액이 약정되어 있는 고정소득증권인데, 만기 전에도 유통시장에서 현금화할 수 있기 때문에 유동성도 높은 금융재테크 수단이다.

본 장에서는 채권수익률과 채권가격의 관계를 분석하고, 실전투자에 대비해 각종 채권수익률을 계산해 본다. 또한 채권의 발행시장과 유통시장의 특성 및 내역을 소개한다.

제1절 채권의 의의

01 | 채권의 개념

채권은 정부, 공공기관, 특수법인과 주식회사 형태를 갖춘 민간기업이 흑자지출단위(*SSU*)로부터 비교적 장기의 자금을 조달하기 위하여 발행하는 채무를 표시하는 유가증권으로서 일종의 차용증서이다.

채권은 발행주체에 따라 수행하는 역할을 달리하고 있으나, 채권의 본질로서 다음과 같은 공통점을 가지고 있다.

① 확정이자부 증권

채권은 발행 시에 지급해야 할 이자와 상환금액이 확정되거나 또는 그 기준이 확정되기 때문에, 투자원금에 대한 수익은 금리수준의 변동에 의한 것 이외에는 발행 시에 이미 결정된 것이므로 발행자의 원리금 지급능력이 가장 중시된다.

② 이자지급 증권

채권은 주식과 달리 발행자는 수익의 발생여부와 관계없이 이자를 지급하여야 한다. 채권의 이자지급은 채권 발행자가 부담하는 금융비용 중에서 가장 큰 비중을 차지하므로 기업의 손익과 성장에 많은 영향을 주게 된다.

③ 기한부 증권

채권은 원리금의 상환기간이 사전에 정해져 있는 기한부 증권이다. 기한부 증권이라는 채권의 특성으로 인하여 잔존기간이 투자결정 요소로서 그 중요성을 가지며 실세금리는 경제상황에 따라 변동하는 것이 상례이므로 잔존기간의 길고 짧음이 채권투자 수익에 큰 영향을 준다.

02 | 채권과 주식의 비교

채권과 주식은 여러 가지 면에서 차이가 있다. 주식은 그 소유자가 주주총회 등에서 주주로서 의사결정에 참여할 수 있으나, 채권소유자는 회사경영의 의사결정에 참여할 수 없다. 주식의 발행은 자본금의 증가를 수반하지만 채권은 부채의 증가를 수반한다. 또한 채권은 회사의 해산 시 주식에 우선하여 원리금을 지급 받을 권리가 있다. 이를 구체적으로 정리하여 보면 〈표 8-1〉과 같다.

〈표 8-1〉 채권과 주식의 차이점

구 분	채 권	주 식
•자본조달형태	대부증권	출자증권
•조달자금의 성격	타인자본(부채)	자기자본
•증권의 존속기간	한시적	영구적
•보수의 형태 및 성격	이자^확정적	배당^가변적
•조달원금	만기 시 원금상환	상환의무 없음
•증권 소유자의 지위	채권자	주주

03 | 채권의 특성

채권은 자본증권 가운데서 원금은 물론 일정한 이자를 지급 받을 권리가 주어져 있는 유가증권이다. 따라서 일정한 기간 후에 얼마의 이익을 얻을 수 있는가 하는 수익성과 원금과 이자를 확실하게 받을 수 있는가 하는 안전성, 그리고 중도에 돈이 필요할 때 현금화 가능여부인 유동성이 골고루 갖추어져 있는 점이 특성이다.

1 수익성

이는 채권을 보유함으로써 얻을 수 있는 금전적인 수익의 발생 가능성을 의미하는 것으로 채권보유로부터 얻을 수 있는 수익은 이자소득과 자본이득이 있다. 이자소득은 채권을 보유함으로써 발생하는 이자와 같이 투자한 자금에 대한 보상을 말하며, 자본이득은 채권가격 변동으로 인해 채권 매수가격보다 시장가격이 높을 때 발생하는 수익을 말한다. 채권투자는 일정한 이자가 보장되어 있을 뿐만 아니라 투자운용에 따른 자본이득도 얻을 수 있어 수익성(profitability)이 높다.

2 안전성

채권의 위험은 채무불이행위험과 시장위험의 두 가지로 살펴볼 수 있다. 채무불이행위험(default risk)은 비체계적 위험(unsystematic risk)으로서 원리금의 상환이 이루어지지 못하는 위험을 말하나, 채권은 발행주체가 정부, 지방자치단체, 특수법인 및 상법 상의 주식회사이기 때문에 그 안전성이 매우 높다. 또한 회사채의 경우도 금융기관이 원리금을 지급보증하는 보증사채가 대부분이므로 기업의 신용과 관계없이 안전성이 높다.

시장위험(market risk)은 체계적 위험(systematic risk)으로서 채권의 시장가격이 매입가격보다 낮아질 위험을 말하는데, 이때는 채권을 만기까지 보유함으로써 위험을 회피할 수 있다.

③ 유동성

채권은 상환일까지 보유하여 확정된 이자와 원금을 받을 수도 있을 뿐만 아니라 상환일 전에 증권회사 등을 통해 언제든지 팔아 현금화할 수 있다.

유동성(liquidity)이란 화폐가치의 손실 없이 현금으로 전환될 수 있는 정도를 말하는 것이다. 일반적으로 채권은 발행자의 신뢰도가 높아 신속하고 원활한 채무이행이 보장될수록, 또는 만기가 비교적 단기여서 시장이자율이 변화하더라도 채권의 가치에 미치는 영향이 크지 않을수록 유동성은 비교적 높아진다.[1)]

04 | 채권의 종류

❶ 발행주체에 따른 분류

채권을 발행주체에 따라 분류하면 국채, 지방채, 특수채, 금융채 및 회사채 등으로 나누어 살펴볼 수 있다.

첫째로 국채란 국가가 발행하는 채권으로 양곡기금증권, 국민주택채권, 국민주택기금채권, 외국환평형기금채권 등이 있다. 둘째로 지방채는 지방자치단체에서 발행하는 채권으로 도시철도채권(서울시, 부산시), 상수도공채, 도로공채 등이 있다. 셋째

1) 박정식 외(2003), 투자론, 다산출판사, 제2장 참조 ; 최혁^김종오(2002), 투자론, 방송대, 제8장 참조.

로 특수채는 특별법에 의하여 설립된 특별법인이 발행한 채권으로 전신전화채, 토지개발채, 전력공사채 등이 있다. 넷째로 금융채는 특수채 중 발행주체가 은행인 채권으로 통화안정증권, 산업금융채, 중소기업금융채 등이 있다. 다섯째로 회사채는 주식회사가 발행하는 채권으로 보증사채, 무보증사채, 담보부사채, 전환사채, 신주인수권부사채, 교환사채, 옵션부사채 등이 있다.

❷ 이자지급 방법에 따른 분류

채권은 이자지급 방법에 따라 이표채, 할인채 및 복리채로 구분할 수 있다.

첫째로 이표채란 채권의 권면에 이표가 붙어 있어 이자지급일에 이것으로 일정이자를 지급 받는 채권으로 회사채와 금융채 중 일부가 이에 해당한다. 둘째로 할인채는 액면금액에서 상환기일까지의 이자를 공제한 금액으로 매출하는 채권으로 통화안정증권, 외국환평형기금, 재정증권, 금융채 중 일부가 이에 해당한다. 셋째로 복리채는 이자가 단위기간 수만큼 복리로 재투자되어 만기 시에 원금과 이자가 지급되는 채권으로서 양곡기금증권, 국민주택채권, 상수도공채, 전신전화채, 금융채 중 일부가 이에 해당한다.

❸ 보증의 유무에 따른 분류

채권을 보증의 유무에 따라 분류하면 보증채, 담보부채, 무보증채로 나누어 살펴볼 수 있다.

첫째로 보증채란 정부 또는 금융기관이 원리금 지급이행을 보증하는 채권으로 정부보증채, 일반보증채(시중은행, 증권사, 신용보증기금 등) 등이 있다. 둘째로 담보부채란 채권에 담보권이 붙어 있는 채권으로 통화안정증권, 외국환평형기금, 재정증권, 금융채 중 일부가 이에 해당한다. 셋째로 무보증채는 발행자의 신용도에 의해 발행되어 유통되는 채권으로 양곡기금증권, 국민주택채권, 상수도공채, 금융채 중 일부가 이에 해당한다.

④ 만기에 따른 분류

채권은 상환기간에 따라 단기채, 중기채, 장기채로 나눌 수 있다.

첫째, 단기채는 상환기간이 1년 이하인 채권으로 통화안정증권, 양곡기금증권, 재정증권이 있다. 둘째, 중기채란 상환기간이 1년에서 5년 이하인 채권으로 외국환평형기금채, 회사채가 있다. 셋째, 장기채는 상환기간이 5년 이상인 채권으로 국민주택채권(5년, 20년), 도시철도채권(9년)이 있다. 참고로, 미국의 경우 장기채라 하면 10년 또는 20년 이상의 것을 말한다.

⑤ 이자율 변동여부에 따른 분류

채권은 지급이자율의 변동여부에 따라 확정금리부채권(straight bond)과 금리연동부채권(floating rate bond)으로 나눌 수 있다.

첫째, 확정금리부채권이란 확정이자율에 의한 일정금액을 약정기일에 지급하는 채권으로 국공채와 회사채의 대부분이 이에 해당한다. 둘째, 금리연동부채권은 정기예금금리 등 기준금리에 연동되어 지급이자율이 변동되는 조건의 채권으로 산금채 등 일부 금융채와 일부 회사채 등이다.

제2절 채권수익률과 채권투자

01 | 채권수익률의 의의

채권수익률이란 예금의 이자율과 같은 개념으로 채권의 투자성과를 평가함에 있어 보편적으로 사용하는 척도이다. 이것을 채권투자에서 얻어지는 현금흐름의 현재가치(PV : present value)와 채권의 시장가격을 일치시켜 주는 할인율로서 채권에 투자했을 때 일정기간에 발생된 투자수익을 투자원본으로 나누어 투자기간으로 환산하는 것을 말한다. 따라서 채권의 가격과 채권수익률의 변화는 역(−)의 관계를 가진다. 채권이 제공하는 현금흐름은 확정되어 있기 때문에 할인율이 증가하면 그만큼 채권의 가치는 하락하게 된다([그림 8-1] 참조).[2)]

즉, 현재가치(PV)법에 의한 채권의 만기수익률은 다음 식의 할인율인 r로 구해진다.

$$P_0 = \sum_{i=1}^{n} \frac{C}{(1+r)^t} + \frac{F}{(1+r)^T} \quad \cdots\cdots (8\text{-}1)$$

단, P_0 : 채권의 현재가격

C : 매기 이자지급액

F : 액면가액

r : 만기수익률(할인율)

채권수익률은 대체로 다음과 같이 두 가지 의미를 내포하고 있다.

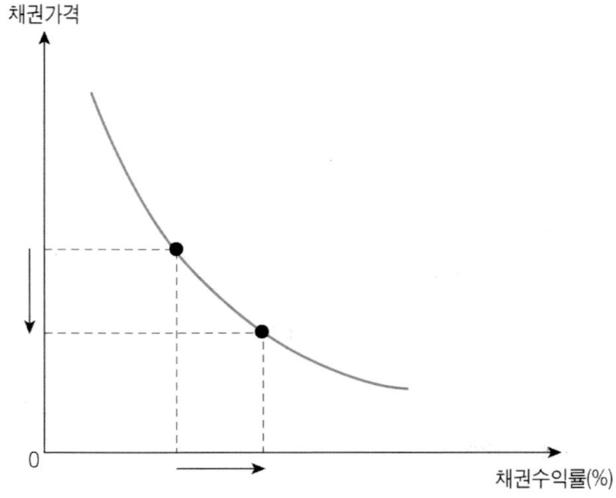

[그림 8-1] 채권가격과 수익률의 관계

2) R.D. Auerbach(1989), *Money, Banking, and Financial Markets,* 3rd ed., Macmillan, pp.318-9 참조.

첫째, 채권수익률은 오직 채권의 가격을 나타내는 하나의 수단으로 볼 수 있다. 따라서 채권의 시장가격을 알면 수익률을 계산할 수 있고, 수익률이 주어지면 채권가격을 알 수 있다. 둘째, 채권수익률은 예금이자율과 같은 개념으로 생각할 수 있다. 따라서 채권수익률은 표면이자율, 잔존기간, 시장가격이 서로 다른 채권을 비교하는 기준으로 이용되고 있다.

02 | 채권수익률의 종류와 계산법

❶ 표면이자율(표면금리, 발행이율)

채권의 권면에 기재된 이율로 1년간 발행자가 지급하는 이자를 액면으로 나눈 단리(單利)의 개념이다.

❷ 발행수익률

발행수익률이란 발행시장에서 채권이 발행되어 처음 매출될 때 매출가액으로 사는 경우 매출가액과 이로부터 얻어지는 모든 수익과의 비율을 연단위로 환산한 것을 말한다.

예제 산업금융채권 3년 할인채의 발행수익률은?

발행조건
- 표면이율 : 9.61%
- 매출가액 : 7,117원 {10,000−(961×3)}
- 만기상환액 : 10,000원

풀이

발행수익률$(r) = \left(\sqrt[3]{\frac{10,000}{7,117}} - 1\right) \times 100 = 12.0\%$

③ 직접수익률(단순수익률, 경상수익률)

채권투자 원금에 대한 연간 표면이자 수입의 비율을 말한다.

예제 회사채 3년짜리를 8,860원에 매입했다면 직접수익률은?

발행조건
- 표면이율 : 13.0%
- 매입가액 : 8,860원
- 만기상환액 : 10,000원

풀이

$$\text{직접수익률}(r) = \frac{10,000 \times 0.13}{8,860} \times 100 = 14.67\%$$

④ 유통수익률(만기수익률, 내부수익률, 시장수익률)

통상 채권시장에서 대표되는 수익률로서 일단 발행된 채권이 유통시장에서 계속 매매되면서 시장의 여건에 따라 형성되는 수익률이다. 이는 어떠한 자본이득이나 자본손실은 물론 이자의 재투자 수익까지도 감안하여 산출되는 채권의 예상수익률인 만기수익률이다.

예제 국민채 05-12를 2006.9.30에 6,760원(세금 포함)에 매입하였을 때 유통수익률은?

발행조건
- 발행일 : 2005.12.31
- 만기일 : 2010.12.31
- 만기상환액 : 12,762원

풀이

$$\text{유통수익률}(r) = \left[\sqrt[(4+\frac{92}{365})]{\frac{12,762}{6,760}} - 1 \right] \times 100 = 16.11\%$$

❺ 연평균수익률

만기가 1년 이상인 채권에서 만기까지의 총수익을 원금으로 나눈 후 단순히 해당 연수로 나눈 단리수익률을 말한다. 이는 은행 등 금융기관에서 장기저축의 수익률이 높은 것처럼 홍보 시에 하는 방식이며, 실효수익률과 다른 연단위 산출 평균수익률이다.

예제 산업금융채권 복리 5년채

발행조건
- 표면이율 : 연 11.7%
- 발행조건매출가액 : 10,000원
- 만기상환액 : 17,800원

풀이

$$\text{연평균수익률}(r) = \frac{\frac{17{,}800 - 10{,}000}{10{,}000}}{5} \times 100 = 15.6\%$$

❻ 실효수익률

채권의 수익을 측정하는 데 있어서 재투자율을 적용하여 채권의 원금, 표면이자, 재투자 수익 등 세 가지 수익을 모두 계산한 투자수익의 증가율을 나타내 주는 지표가 실효수익률이다. 이것은 일정한 투자기간 중에 실제로 실현된 이자수입, 이자의 재투자 수입, 자본수익의 합계인 실현 총 이익에 대한 매입가격의 비율이다.

보유기간이 1년 이하일 때 실효수익률은 다음과 같이 계산한다.

$$\text{실효수익률}(r) = \frac{\text{채권매도가격} - \text{채권매입가격}}{\text{채권매입가격}} \times \frac{365}{\text{보유일수}} \times 100 \quad \cdots\cdots (8\text{-}2)$$

7 세전수익률과 세후수익률

세전수익률이란 일정기간 동안의 채권투자로 얻은 수익에서 보유기간 동안의 경과이자에 대한 세금을 공제하기 전의 수익률을 말하며, 세후수익률이란 이자에 대한 세금을 공제한 후의 수익률을 말한다.

$$\text{세후수익률} = \frac{\text{세후수익}}{\text{원금}} \times 100(\%) \quad \cdots\cdots (8\text{-}3)$$

03 | 채권수익률의 결정요인 분석

채권은 유통시장에서 매일매일 가격이 변하고 있다. 가격은 여러 가지 요인에 의하여 변동되는데 시중금리, 경제상황과 같은 외적 요인과 채권의 만기, 발행주체의 채무불이행위험과 같은 내적 요인의 두 가지 유인에 의해서 결정된다고 볼 수 있다. 따라서 채권투자를 위해서는 채권의 내적 요인인 만기, 표면이자율, 상환조건, 과세문제를 비롯하여 채권가격에 영향을 주는 경기동향, 자금사정, 채권의 수요와 공급, 물가상승 등 채권의 외적 요인 등 전반적인 경제여건에 대한 기본적인 이해가 필요하다.

일반적으로 채권은 가격의 변동에 의하여 수익률이 변동되는 것으로 이해되지만 실제로는 채권수익률의 변동에 의하여 채권의 가격이 변동하는 것이다.

1 채권외적 요인

1 채권의 수요와 공급

채권수익률의 가장 큰 변동은 채권의 수요와 공급이다. 즉 「채권의 수요와 공급의 변동 → 채권수익률의 변화 → 채권가격의 변화」라는 과정으로 설명된다. 결국 채권수익률의 가장 큰 변동요인은 채권의 수요와 공급에 의하여 영향을 받는데, 수익률은 공급보다는 수요에 더 큰 영향을 받는다. 다시 말해서 채권의 공급은 채권의 수요가 급증한다고 하여 공급이 급증하지 아니한다. 채권의 공급은 일정한 계획에 의하여 이루어지기 때문에 수요에 의하여 큰 영향을 받지 않는다. 반면에 채권의 수요는 채권의 가격이 탄력적이기 때문에 채권의 수요가 증가하면 채권가격은 상승하고 채권의 수요가 감소하면 채권가격은 하락한다.

채권수익률 변화의 가장 큰 요인은 금융시장의 자금사정 변동에 의하여 채권의 수요가 증가하는가에 있다. 따라서 채권의 시세가 강하다는 말은 채권의 수요가 증가하는 현상이며, 채권의 시세가 약세라는 말은 채권의 수요가 감소하는 경우가 일반적이다.

② 자금사정

시중의 자금사정과 채권수익률은 밀접한 상관관계가 있다. 시중의 자금수급사정은 단기금융시장에 민감하게 반영되어 콜시장, 어음할인시장 등에 영향을 주어 단기 채권수익률을 좌우하게 된다.

시중의 자금이 풍부한 경우 시중의 실세금리가 하락하고, 기존의 채권수익률로 채권을 매입하는 것이 유리하게 됨에 따라 채권의 수요가 증가하게 되어 채권가격의 상승으로 채권수익률의 하락을 가져온다. 반대로 일시적으로 시중의 자금이 경색되면 시중의 금리가 상승하여 기존의 채권수익률로 채권을 매입하는 것보다 높은 금리의 금융상품에 투자하게 되므로 채권가격은 하락하여 채권의 수익률은 상승하게 된다.

또한 경제의 안정적인 성장을 위하여 저금리, 저물가정책을 실시한다고 하면 장기채권의 수익률은 일시적인 자금사정의 불균형에 영향 받지 않고 결정된다. 이와 같이 채권수익률은 단기채권의 경우 당시의 시중자금사정, 장기채권의 경우는 정부의 재정^금융정책에 의하여 영향을 받는데 금융정책 중에서도 가장 중요시되는 것은 금리정책이라고 하겠다.

③ 경기동향

경기가 상승국면에 진입하면 각 기업들은 설비투자를 중심으로 자금수요가 급증한다. 이때 기업은 필요한 자금을 금융기관에서 차입하던가 주식 및 회사채를 발행하게 되며, 금융기관은 필요한 자금을 확보하기 위하여 보유하고 있는 유가증권을 매각하며 금융시장에서는 자금사정이 악화된다. 이 경우 채권의 공급은 증대되고 채권의 수요가 감소함으로써 채권가격이 하락하므로 채권수익률은 상승하게 된다.

반대로 경기가 하강국면에 진입하면 각 기업은 투자의욕이 감소하고 시설투자의 증가보다는 축소를 도모하며 금융기관에서는 대출자금의 압박에서 벗어나 자금의 여유가 발생, 자금사정은 풍부해 채권수요가 증가하게 되므로 채권가격이 상승해서 채권수익률은 하락하게 된다.

④ 물가상승

물가상승과 채권수익률은 정(+)의 상관관계가 있다. 물가상승 시 명목금리는 상승하나 실질금리는 하락한다. 시장의 명목금리의 상승은 기존의 채권투자보다는 다른 실물투기를 발생시키면서 채권의 수요는 감소하게 된다.

반대로 물가하락 시 시장의 실질금리는 상승하고, 기존의 채권수익률로 채권을 투자하는 것이 유리하여 채권의 수요가 증대하게 되므로 채권수익률은 하락하게 된다.

❷ 채권내적 요인

채권수익률은 위에서 설명한 채권외적 요인에 의해서도 결정되지만, 채권의 만기와 같은 발행조건이나 발행주체가 지니는 채무불이행위험 등과 같은 채권의 내적 요인에 의해서도 영향을 받는다.

1 채권의 잔존기간

채권은 만기까지의 잔존기간에 따라 채권수익률이 달라진다. 다른 조건이 일정할 때 만기까지의 잔존기간이 길수록 채권가격의 변동위험은 크고 유동성이 줄어들어서 장기채일수록 수익률이 높아진다. 즉 채권의 잔존기간이 길수록 시장이자율에 따라 이자가 복리로 계산되는 기간이 더 많아지거나 채권수익률로 할인하는 기간이 길기 때문에 장기채일수록 채권수익률 변화에 따른 채권가격의 변동성은 크다.

결국 채권만기의 장^단기에 따라 채권수익률 변화에 따른 채권가격의 변동폭이 달라지므로 만기까지의 잔존기간에 따라 채권수익률에 차이가 생기게 된다. 이러한 채권수익률과 만기까지의 잔존기간과의 관계를 채권수익률의 기간구조(term structure of bond yield)라고 한다.

2 채권의 표면이자율

채권은 다른 조건이 일정할 때 채권의 표면이자율(표면금리)에 따라 수익률은 달라진다. 표면이자율이 상승하면, 첫째로 자본의 한계생산성의 증가에 따른 높은 이자부담으로 이자율 상승을 나타내고, 둘째로 그 이자율 상승분만큼 세금부담이 커진다. 그러므로 세후수익률은 떨어져서 표면이자율 상승 이전의 세후수익률을 보상받기 위해서는 그만큼 시장수익률이 올라가야 한다. 이와 같이 표면이자율 상승은 채권수익률 상승의 요인이 된다.

3 채무불이행위험

채권은 원금과 표면이자수입이 약속된 확정이자부 증권이지만 위험이 전혀 없는 것은 아니다. 발행자의 재정난, 실적부진 등으로 인하여 이자뿐만 아니라 원금상환도 제대로 이행하지 못하는 경우도 있는데 이러한 위험을 채무불이행위험이라고 하며, 이 위험은 채권수익률 결정에 중요한 요인이 된다.

따라서 여타 조건이 동일하다면 채무불이행위험이 높은 채권일수록 투자자는 높은 위험프리미엄을 요구하게 되고 이로 인하여 채권수익률은 올라간다. 회사채수익률이 국공채수익률보다 높은 이유가 여기에 있다.

4 유동성

채권의 유동성이란 채권을 적절한 가격으로 원하는 시점에서 매각할 수 있는 정도를 말하는데, 일반적으로 유동성이 높은 채권은 거래가 활발하기 때문에 당해 채권 보유자는 언제든지 원할 때 쉽게 현금화할 수 있는 장점을 가지고 있다. 따라서 합리적인 투자자라면 다른 조건이 같다고 할 때 유동성이 낮은 채권보다는 유동성이 높은 채권을 선호할 것이므로, 유동성이 낮은 채권은 그만큼 발행하기가 어려워진다.

결국 유동성이 낮은 채권이 발행되거나 또는 유통시장에서 거래가 되기 위해서는 그 대가로 유동성프리미엄을 제공해야 되기 때문에 낮은 유동성은 채권의 수익률을 올리는 요인이 된다.

제3절 채권의 발행시장

채권 발행시장이란 발행주체가 금융중개기관을 통하여 채권을 발행하여 투자자에게 채권증서를 제공하고 자금을 조달하는 간헐적이고 추상적인 제1차적 시장(primary market)을 말한다.

채권의 매각은 발행자로부터 투자자에게 직접 이루어지는 경우도 있지만, 주로 증권회사를 통하여 이루어진다. 이 의미로 발행시장은 발행자, 투자자, 중개기관의 3자에 의하여 구성되는 시장이라고 할 수 있다.

01 | 채권 발행시장의 성립과 발전

지난 1950년대와 1960년대에도 채권이 발행되었으나 주로 재정적자의 보전이나 경제개발계획과 사회간접자본 확충을 위한 정책적 투자재원 조달을 위한 것이었다. 그러나 국내경기의 회복과 기업의 설비투자를 위한 자금수요가 증대되면서 회사채 발행에 대한 관심이 고조되고 종전의 국공채 발행 위주의 채권시장이 기업자금 조달 시장으로서의 기능을 발휘하게 된 것은 1970년대 이후부터라 할 수 있겠다.

1970년대는 금리인하, 세제개편, 보증사채 발행제도의 도입으로 인하여 채권발행

〈표 8-2〉 채권 발행잔액 추이 (기말 기준)

(단위 : 조원, %)

구 분	1997	2000	2003	2005.6
국 채[1]	28.6 (12.8)[5]	68.4 (14.7)	141.6 (21.6)	218.5 (27.9)
지방세[2]	3.1 (1.4)	9.5 (2.0)	9.9 (1.5)	10.8 (1.4)
금융채[3]	39.0 (17.5)	71.5 (15.4)	123.8 (18.9)	135.5 (17.3)
특수채[4]	38.4 (17.3)	102.3 (22.0)	118.3 (18.0)	121.5 (15.5)
회사채	90.1 (40.5)	146.3 (31.5)	156.0 (23.8)	138.3 (17.6)
통화안정증권	23.5 (10.5)	66.8 (14.4)	105.5 (16.2)	159.0 (20.3)
총 계	222.7	464.6	656.2	783.6

주 : 1) 국고채권, 국민주택채권 1^2종, 양곡증권, 외국환평형기금채권 등.
2) 지하철공사채.
3) 산업금융채, 국민은행채, 중소기업금융채.
4) 예금보험기금채, 부실채권정리기금채, 토지개발채, 한국전력채, 기술개발채, 카드채, 리스채, 할부금융채.
5) ( ) 내는 전체 발행잔액에서 차지하는 비율.

자료 : 재정경제부.

에 대한 여건이 개선되면서 회사채시장이 본격적으로 발전하게 되었다.

1980년대 이후 채권시장은 직접금융시장에서의 비중이 점차 증대해 가면서 채권의 발행한도 확대, 조건부채권매매의 제도화, 신종사채의 개발, 자율적인 채권발행 실시 등으로 채권시장은 명실공히 중장기 투자자금 조달시장으로 정착되었다. 또한 1990년대 이후 금리자유화 추세 및 자본시장 개방에 따라 일련의 제도정비정책과 관련하여 채권발행의 종류 및 발행조건이 다양화되어 왔으며, 그 결과 회사채를 필두로 한 자본시장에서의 직접금융이 크게 증가하게 되었다.

2000년 5월에는 국채통합발행제도를 도입하여 만기 3년 이상 국고채 및 외국환평형기금채권에 대해 단일종목으로 통합하여 3개월 단위, 이후 6개월 단위(2003.3)로 확대하여 국채 지표채권(만기별로 가장 최근에 발행된 국고채권)의 물량공급을 확대하였으며, 2003년 11월에는 외국환평형기금채권을 국고채권에 통합시킴으로써 국채 종류를 단순화시켜 국채의 유동성을 강화하였다.

02 | 채권 발행시장의 구조

채권시장도 주식시장과 마찬가지로 발행시장과 유통시장으로 나누어진다. 발행시장은 채권이 발행자로부터 투자자에게 공급되는 시장을 말하며, 유통시장은 이미 발행된 채권이 투자자간에 매매되는 시장을 말한다.

구체적으로 채권의 발행시장은 발행주체가 중개기관을 통하여 채권을 발행하여 투자자에게 채권증서를 제공하고 자금을 조달하는 간헐적이고, 추상적인 시장이다.

1 채권 발행시장의 구조

채권 발행시장의 구조는 [그림 8-2]와 같다.

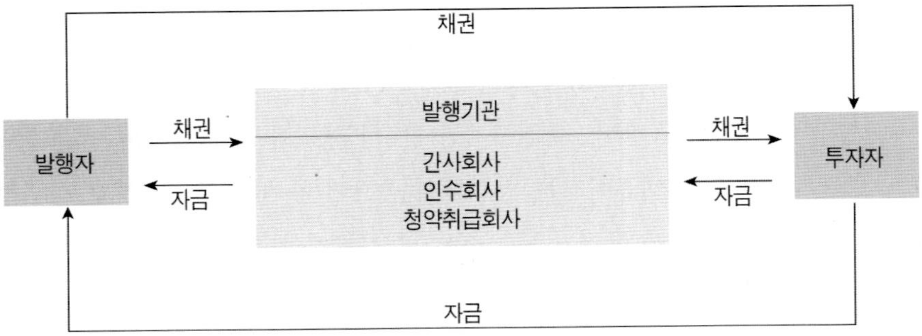

[그림 8-2] 채권 발행시장 구조

❷ 발행시장 참여자

1 발행자

채권발행에 의해 자금을 조달하는 주체로서 정부, 지방자치단체, 특별법에 의해 설립된 법인, 주식회사 형태의 민간기업 등이 있다.

2 발행기관

채권발행에 있어 발행자와 투자자 사이에서 채권발행에 따른 제반 업무 수행과 함께 발행에 따른 위험부담 및 판매기능을 담당하는 전문기관을 말한다.

(1) 간사회사

간사회사(managing company)는 인수단의 구성원으로서 채권발행 업무를 총괄하여 당해 채권발행의 타당성, 소화가능 여부, 발행시기, 발행조건 등을 발행자와 협의해 결정한다. 채권 발행규모가 클 경우에는 간사단을 구성하여 공동으로 간사업무를 구성하는데 이 중 핵심적 역할을 담당하는 회사를 주간사회사라고 하며, 기타 간사회사를 공동간사회사라고 한다.

(2) **인수기관**

간사회사와 협의하여 발행채권을 인수하는 기관으로 인수채권을 일반투자자 및 청약기관에 매도하는 도매상 역할을 수행한다.

(3) **청약기관**

발행된 채권을 채권 수요자인 일반투자자에게 직접 매매하는 판매회사를 말한다.

3 투자자

채권 발행시장에서 모집^매출되는 채권의 청약에 응하여 발행자가 발행한 채권을 취득하는 자로서 자금의 공급자이다. 투자자는 전문적 지식과 대규모 자금으로 법인 형태를 취하고 있는 기관투자가와 개인자격으로 자산운용을 목적으로 채권에 투자하는 일반투자자가 있으나 우리나라에서는 채권의 경우 기관투자가가 대부분이다.

03 | 회사채의 발행

1 회사채 발행의 의의

기업의 자금조달 방법에는 기업 자체가 이익의 일부를 유보하는 사내유보, 금융기관 등으로부터의 차입, 유상증자 등이 있고, 그 밖에 주식회사 특유의 자금조달 방법으로 회사채 발행이 있다.

회사채란 주식회사가 직접 또는 간접으로 투자자로부터 비교적 장기자금을 조달하기 위하여 채권 발행의 형식에 의해서 부담하는 채무로서, 기업의 설비투자 및 거액의 운영자금 조달 또는 기발행사채의 상환 시 가장 효과적인 자금조달 수단으로 이용하고 있다.

❷ 회사채 발행의 장^단점

회사채 발행의 장점으로는 ① 배당압력과 경영지배권의 위험 없이 비교적 장기자금을 일시에 조달할 수 있고, ② 상환기일과 이율의 확정으로 일정기간 동안 안정된 자금의 사용과 자금계획 수립이 용이하며, ③ 배당금은 세후순이익의 처분으로 지급되는데 반해, 사채의 이자는 법인세 과세소득 계산상 손비로 인정되어 법인세 절감효과가 있다. 또한 ④ 상환기일에 차환발행이 가능하므로 일시적 자금부담을 줄일 수 있고, ⑤ 금리연동부사채의 경우 금리연동기간 동안 이자율 변동에 따른 위험분산이 가능하며, ⑥ 회사채이자율보다 총자본이익률이 높은 경우 부채에 의한 이익확대효과(레버리지 효과)가 크다는 점이다.

한편 회사채 발행의 단점으로는 ① 만기 시 원금을 상환하여야 하고 ② 회사수익감소 시에도 이자를 지급하여야 하며, ③ 불경기, 투자의 실패 등에 의한 경우 손실확대효과가 나타난다는 점, ④ 금리확정부 장기채의 경우 이자율 변동에 따른 위험분산이 힘들다는 점을 들 수 있다.

❸ 회사채의 발행형태

1 사모와 공모

사모(private placement)는 불특정 다수인을 대상으로 하지 않고 소수의 특정인, 즉 보험회사, 은행, 투자신탁회사 등의 기관투자가나 특정 개인에 대하여 개별적 접촉을 통해 채권을 매각하는 방법이다.

반면, 공모(public offering)는 발행주체가 불특정 다수인에게 채권을 매각하는 방법으로 채권발행에 따른 제반업무 처리와 발행에 따른 위험을 누가 부담하느냐에 따라서 직접발행과 간접발행으로 구분한다.

2 직접발행과 간접발행

직접발행은 발행회사가 직접 사채를 모집 또는 매출하는 방법으로 회사채 발행에 따른 제반 업무처리와 위험을 발행회사가 부담하는 발행방법이며, 간접발행은 다음 세 가지 방식이 있다.

첫째로 위탁모집방식은 발행회사가 인수인에게 회사채 발행에 관한 제반사항을 위탁하여 발행하는 방법인데, 사채모집 또는 매출액이 발행총액에 미달함으로써 생기는 위험을 발행회사가 부담하여야 하기 때문에 일반적인 회사채 발행에는 이용되지 않는다.

둘째로 잔액인수방식은 회사채 발행업무 일체를 인수기관에 위탁함과 동시에 발행회사의 명의로 사채를 모집 또는 매출하는 것으로 모집 또는 매출이 총액에 미달할 때에는 인수기관이 그 잔액을 책임지고 인수한다는 계약에 의한 회사채 발행방법이다.

셋째로 총액인수방식은 회사채 발행업무 일체를 인수기관이 맡아서 처리함과 동시에 회사채 발행 총액을 인수기관이 일괄 인수한 후 인수기관 책임 하에 모집 또는 매출하는 방법이다.

3 액면발행과 할인 및 할증발행

액면발행은 회사채의 발행이율이 투자자의 기대수익률과 일치하는 경우 발행가액을 액면가액으로 함으로써 액면가액 전액을 납입시키는 방법이다.

한편 할인발행은 회사채의 발행이율이 투자자의 기대수익률보다 낮은 경우 발행가액을 액면가액 이하로 하여 회사채의 실질수익률과 기대수익률을 일치시키는 방법이며, 또한 할증발행은 회사채의 발행이율이 투자자의 기대수익률보다 높은 경우 발행가액을 액면가액 이상으로 하여 회사채의 실질수익률과 기대수익률을 일치시키는 방법이다.

4 회사채의 종류[3)]

1 보증사채

회사채의 원금상환 및 이자지급을 금융기관이 보증하는 사채로 현재 우리나라 사채발행의 대종을 이루고 있다.

투자자 입장에서는 투자의 안정성이 보장되기 때문에 선호되고 있으나, 발행자 입장에서는 보증료 지급으로 발행비용 상승요인이 되기 때문에 무보증사채의 이자율보다 낮은 것이 일반적이다.

2 담보부사채

회사채의 원금상환 및 이자지급을 물적으로 보증하기 위하여 물적 담보가 붙여진 사채로 "담보부사채 신탁법"에 의하여 발행된다.

3 무보증사채

회사채의 원리금 상환에 대하여 금융기관 보증이나 담보 없이 발행회사의 신용에 의하여 발행되는 사채를 말한다.

무보증사채는 투자자 입장에서 볼 때 보증사채나 담보부사채보다 투자의 안정성이 적기 때문에 신용도가 우수한 회사에게만 발행이 허용되고 있으며, 투자자 보호를 위하여 발행회사의 대주주 또는 운영권자가 원리금 상환에 대하여 연대책임을 지도록 하고 있다.

4 전환사채

전환사채(CB : convertible bond)란 채권을 발행한 회사의 주식으로 일정한 조건에 따라 주식으로 전환할 수 있는 권리가 부여된 채권으로서, 전환 전에는 사채로서의

---

3) 김종선 외(2004), 금융시장론, 학현사, 제19장 참조.

확정이자를 받을 수 있고 전환 후에는 주식으로서의 이익을 얻을 수 있는 사채와 주식의 중간형태를 취한 채권이다.

한편 발행회사 측면에서는 첫째, 일반사채보다 낮은 금리로 발행되므로 자금조달 비용이 경감되며 둘째, 사채와 주식의 양면성을 지니므로 상품성이 크며 셋째, 주식으로의 전환 시 고정부채가 자기자본이 되므로 재무구조 개선효과를 지닌다는 점을 들 수 있다. 투자자 측면에서는 사채로서 투자가치의 안정성과 잠재적 주식으로서 시세차익에 의한 고수익을 기대할 수 있음을 장점으로 들 수 있다.

반면, 발행회사 측면에서는 주식전환에 의해 경영권 지배에 영향을 받을 수 있고, 잦은 자본금 변동 등으로 사무처리가 번잡함을 들 수 있다. 또한 투자자 측면에서는 보통사채보다 낮은 이자율, 주가의 하락 등으로 전환권을 행사하지 못할 위험이 있다.

⑤ 신주인수권부사채

신주인수권부사채(BW : bond with warrants)란 사채권자에게 소정의 기간이 경과한 후 일정한 가격으로 발행회사의 일정 수의 신주를 인수할 수 있는 신주인수권이 부여된 채권을 말한다.

한편 발행회사 측면에서는 첫째로 사채발행에 의한 자금조달의 촉진, 둘째로 낮은 표면이자율을 가지므로 자금조달 비용의 절감, 셋째로 인수권 행사시 추가자금의 조달 기능, 넷째로 재무구조의 개선 효과, 다섯째로 자금조달의 기동성 부여 등을 들 수 있다. 투자자 측면에서는 첫째로 투자의 안정성과 수익성을 동시에 만족, 둘째로 주가상승에 따른 이익 획득, 셋째로 투자의 융통성 보장 등을 들 수 있다.

반면, 발행회사 측면에서는 신주인수권이 행사된 후에도 사채권이 존속하고, 대주주의 지분율 하락 우려가 있으며, 주가변동에 따른 행사시기의 불확실성에 따른 자본구조의 불확실성을 단점으로 들 수 있다. 투자자 측면에서는 주가가 약세 시에는 불이익을 받을 수 있으며, 인수권 행사 후에는 낮은 이율의 사채만 존속하게 됨을 단점으로 들 수 있다.

6 교환사채

교환사채(EB : exchangeable bond)란 교환사채 소지인에게 소정의 기간 내에 사전에 합의된 조건(교환조건)으로 당해 발행회사가 보유하고 있는 상장 유가증권으로 교환청구를 할 수 있는 권리(교환권)가 부여된 채권을 말한다. 교환사채는 사채 자체가 상장회사의 소유주식으로 교환되는 것으로 교환 시 발행회사의 자산(보유 유가증권)과 부채(교환사채)가 동시에 감소하게 되는 특징이 있으며, 수시로 주식과 교환할 수 있고 추가적인 자금유입이 없다는 점에서 신주인수권부사채와 다르고, 자본금 증가가 수반되지 않는다는 점에서 전환사채와 다르다.

7 이익참가부사채

이익참가부사채(PB : Participating bond)란 기업수익의 급증으로 주주가 일정률 이상의 배당을 받을 때 사채권자도 참가할 수 있는 권리가 부여된 사채로서 이익분배부사채 또는 참가사채라고도 하며, 배당을 받지 못했을 경우에 다음 연도로 권리가 넘어가는지의 여부에 따라 누적적 이익참가부사채와 비누적적 이익참가부사채로 구분된다.

누적적 이익참가부사채는 회사의 이익분배에 대한 참가권이 부여됨으로써 투자상의 매력이 높아 회사채 발행에 의한 자금조달을 촉진시킬 수 있는 장점이 있으나, 이러한 이익분배에 대한 참가권은 그만큼 주식에 대한 배당을 감소시키는 결과를 초래하여 주식발행에 의한 자본조달을 어렵게 할 수 있는 요인이 되기도 한다. 따라서 주식의 수익성을 해치지 않도록 참가권의 크기를 결정하는 것이 매우 중요한 문제가 된다.

8 옵션부사채

옵션부사채(BO : bond with imbedded option)란 채권발행 시 제시되는 일정 조건이 성립되면 만기 전이라도 발행회사는 매수청구권(call option)을 행사하여 조기

상환할 수 있고, 투자자도 조기에 투자원금을 회수할 수 있는 상환청구권(put option)을 행사할 수 있는 권리가 부여된 새로운 채권이다. 우리나라에서는 1989년 7월에 당시 (주)럭키에 의해 처음으로 발행된 바 있다.

04 | 국공채 및 특수채의 발행

1 국채의 발행

동일한 위험을 가진 국채가 국민투자채권, 국민주택채권, 농어촌발전채권, 농지채권, 국채관리기금채권, 양곡증권, 외국환평형기금채권 등으로 발행되고 있어 발행종목이 많다.[4] 따라서 종목당 발행량이 감소하여 채권의 유동성을 저하시키고, 그로 인해 경쟁매매시장의 조성이 어렵다.

국채의 만기구조도 최근 7, 10년 만기의 국채관리기금채권이 발행됨으로써 만기가 연장되고 있으나, 전반적으로 단기채 중심이어서 다양한 만기의 수요를 충족시키지 못하고 장^단기 수익률 구조가 합리적으로 형성되지 못하고 있다. 이러한 단기채 중심의 시장구조는 지속적인 차환발행의 압력을 유발하므로 유동성 관리에 장애요인이 될 뿐 아니라, 투자자들에게 다양한 상품으로의 투자기회를 제공하지 못한다. 또한 중장기자금의 채권시장 유입에 장애요인으로 작용함으로써 채권시장 활성화에 걸림돌이 되고 있다. 만기에 따른 수익률곡선(yield curve)의 부재를 초래하여 효율적인 채권 투자전략 수립에 제약요인이 되고 있다.

국채의 발행종목이 단순화되면 종목당 발행규모가 증가함으로써 국채의 유동성이 제고되며, 거래의 활성화로 기준금리의 형성이 용이해지고, 국채 지표종목 중심의 대량 매매수익률을 채권시장의 기준지표로 활용할 수 있다.

현재 중장기 국채의 경우 7년 및 10년채만 이표채로 발행되고, 기타 채권은 원리금

---

4) 이 중 1997년부터 양곡증권과 외국환평형기금채권은 국채관리기금채권으로 통합되어 1년 미만의 단기국채로 발행되고 있다.

을 만기일에 상환하는 복리채로 발행되고 있어 만기구조별로 이자지급방식이 통일되어 있지 않다. 특히 복리채는 정기적 이자지급을 선호하는 투자자의 입장에서 보면 상품성이 떨어지기 때문에 발행금리를 상승시키는 요인으로 작용하고 있다.

② 지방채 발행

1988년 마련된 지방자치법과 지방재정법에 근거하여, 현재 우리나라의 지방채 발행과 관련된 지방자치단체의 의사결정은 중앙정부에 의해서 엄격히 규제되고 있다.

지방채 발행계획을 포함하는 지방자치단체의 예산안이 상위 지방자치단체와의 협의를 거쳐 행정자치부로 올라오고, 행정자치부는 다시 관련 중앙부처의 협의를 거치고 동의를 얻어 결정사항을 당해 지방자치단체에 통지하여 예산수립에 필요한 절차를 밟게 된다. 재정경제부는 지방채 발행의 전체 규모나 해외자금차입 등 전반적인 계획에 대해 검토하고 지방채를 통한 조달자금의 용도에 따라 건설교통부, 산업자원부, 환경부, 농림부 등과 협의하게 된다. 지방자치단체는 실질적으로 중앙정부에 의해 보증을 받고 있다고 인식되고 있기 때문에 지방자치단체의 독자적인 신용에 의한 지방채의 발행은 아직 우리나라에는 존재하지 않는다.

중앙정부가 지방채 발행을 통제함으로써 지방자치단체의 재정의 건전성을 유지하거나 지역간의 균형발전을 기한다는 목적은 쉽게 달성할 수 있을 것이다. 그러나 이로 인하여 지방자치단체 독자적인 공공사업 수행의 효율성이 낮아지고, 조세저항이 적으며 수익자부담원칙에 의한 지방채 발행을 포기해야 하는 경제적 비용이 발생한다. 이러한 비용은 지방자치제도 자체의 효율성 저하로 나타날 것이므로, 지방자치단체의 재정의 건전성이나 지역간 균형발전을 위한 자금조달을 원활히 할 수 있는 별도의 방법이 모색되어야 할 것이다.

③ 특수채 발행

특수채는 한국전력, 토지개발공사 등과 같이 특별한 법률에 의해 설립된 기관이 특별법에 의하여 발행한다. 토지개발채권은 "한국토지공사법", 한국전력공사채권은 "한국전력공사법", 한국통신공사채권은 "한국통신공사법", 기술개발금융채권은 "한국기술개발주식회사법"에 의거하여 발행된다.

발행조건은 토지개발채권의 경우 기업의 업무용 및 개인의 토지를 한국토지공사가 매입하고 그 매입대금 대신 채권으로 지급하는 교부발행 방법을 취하며, 여타의 다른 특수채의 경우는 회사채 발행방법과 동일하거나 또는 비슷하다. 이는 국공채와 회사채의 성격을 모두 갖추고 있으며, 안정성과 수익성이 비교적 높다.

④ 금융채 발행

기존의 우리나라의 금융채는 한국은행에서 유동성 조절 및 통화관리 목적으로 발행하는 통화안정증권 외에는 은행이 발행하고 있다. 주로 발행되는 채권의 만기기간은 1~5년까지이며, 이자지급방법은 할인^복리^이표채로 구분되어 있다. 단, 외국환금융채, 중소기업금융채 및 주택금융채의 이표채의 경우 10년 만기채권도 존재한다.

한편 1998년부터 은행권의 금융채 발행은 자유화되어 일반은행도 금융채를 발행할 수 있게 되었다.[5]

제4절 채권의 유통시장

01 | 채권 유통시장의 의의

채권 유통시장이란 이미 발행된 채권이 투자자들 사이에서 매매되는 제2차적 시장(secondary market)을 말한다. 채권시장에서 발행시장은 흑자지출단위

5) 김석진 외(2002), 한국증권시장론, 삼영사, pp.353-5 참조.

(*SSU*)의 유휴자금을 재정자금이나 산업자금으로 전환시키는 기능을 가지는 반면, 유통시장은 투자자 상호간의 매매거래를 통하여 채권의 공정한 시장가격을 형성함으로써 채권에 유동성과 환금성을 원활하게 부여하는 기능을 한다. 또한 채권발행의 촉진을 통한 자본조달의 간접적 지원역할을 하고 채권의 적정가격 형성을 통한 채권발행 금리를 조정하는 역할을 수행한다.

채권의 유통시장은 채권에 시장성과 유동성을 부여하여 투자자의 사정에 따라 매매를 할 수 있게 함으로써 발행시장에서의 채권발행을 촉진시키게 된다. 또한 유통시장은 자유로운 거래를 통하여 채권의 적정가격을 형성함으로써 발행시장의 금리결정에도 영향을 미치는 등 발행시장과 유기적 관계를 유지하면서 발행시장을 보완하는 기능을 갖고 있다.

02 | 채권 유통시장의 성립과 발전

1960년대 말까지만 해도 증권거래소에 상장되어 유통된 채권은 건국국채, 도로국채, 산업금융채권 등의 일부 국채와 금융채뿐이었다. 따라서 채권거래는 많지 않았으며, 매매당사자들도 정부공사를 계약할 때 보증금으로 국채를 이용한 일부 건설회사나, 이들 채권을 강제로 인수 또는 교부 받은 금융기관에 한정되었다.

1972년에는 회사채시장이 제도화되고 회사채가 증권거래소에 상장된 이후 채권거래규모는 계속 증가하였으며, 채권의 종류도 다양화되었다. 또한 제도정비도 지속적으로 이루어져 1982년에는 당일결제제도를 도입함으로써 채권의 환금성을 높였으며, 1984년에는 장외시장의 제도화를 추진하여 장외거래의 방법, 장소, 결제방법, 수수료 등을 어느 정도 제도화하였다.

이와 같은 제도정비와 함께 투자자의 채권에 대한 인식이 제고되어 채권거래가 점차 활발해졌는데, 특히 1980년대에 채권거래가 현저히 증가하였는데, 이는 채권발행규모의 증가 및 채권투자층의 확대와 더불어 채권투자자의 이익실현이나 자금

유통의 필요성에 따라 유통시장의 거래가 꾸준히 늘어나고, 그 기능 또한 크게 제고되었기 때문이다.

우리나라의 채권거래는 1970년대 중반까지만 해도 거래소시장을 중심으로 이루어졌으나 1970년대 후반부터는 증권회사와 고객 또는 증권회사 상호간에 형성되는 장외시장이 발달하여, 1980년 이후에는 장외거래가 장내거래를 크게 상회하고 있다. 장외거래가 시작된 1977년 장내거래와 장외거래의 구성비는 62.4 : 37.6이었던 것이 1997년에는 1.5 : 98.5를 기록하는 등 장내거래는 극히 저조하게 나타났으나, 1999년 이후 국채전문딜러 선정과 관련하여 신청기관들이 자전거래 및 상대거래 등을 통해 거래실적 제고에 치중하면서 장내거래 규모가 다소 증가하여 2003년에는 장내거래 비중이 7.9%로 증가하였다.

한편, 1990년대 후반 이후 채권 유통시장이 상당히 발전하였다고는 하나 아직은 부진한 상태이다. 이는 채권의 주요 수요처인 기관투자가들이 채권을 만기까지 보유하는 경향이 강하기 때문이기도 하다.[6)]

03 | 채권 유통시장의 구조

채권 유통시장은 크게 다수의 매도, 매수주문이 한 곳에 집중되어 상장종목 채권이 경쟁매매를 통해 이루어지는 조직적인 거래소시장(exchange market : 장내시장)과 주로 증권회사 창구에서 증권회사 상호간, 증권회사와 고객 간 또는 고객 상호간에 비상장채권을 포함한 전 종목이 개별적인 상대매매를 통해 이루어지는 비조직적인 장외시장(over-the-counter market)으로 구분되는데, 주식의 유통시장과는 달리 우

6) 채권의 장내거래 활성화를 위해서는 상장종목 수를 대폭 줄이고 거래조건을 표준화해야 할 것이며 채권시가평가제도가 정착되어야 한다. 이를 위해서는 채권시가평가를 위한 채권종류별 수익률표(yield matrix)의 작성, 신용평가기관에 의한 정기적 채권의 등급평가 및 공시, 채권딜러간의 채권매매 관련 정보의 집중 등의 제도정비가 이루어져야 한다. 참고로, 채권시가평가제도의 정착을 위해 1단계로 1998년 11월부터 은행과 투자신탁회사의 신탁재산에 신규로 편입되는 채권부터 시가평가제도를 도입했고, 2000년 7월부터는 모든 펀드로 확대하였다.

〈표 8-3〉 채권 종류별 유통수익률 추이

(단위 : %)

구 분		1999	2000	2001	2002	2003	2004	2005.6
국고채(3년)		9.03	6.70	5.91	5.11	4.81	3.28	4.02
특수채	예보채(3년)	10.06	6.95	6.22	5.37	5.07	3.40	4.14
	한전채(3년)	9.95	7.34	6.56	5.58	5.15	3.47	4.17
통안증권(2년)		9.43	6.87	5.90	5.12	4.85	3.32	4.01
금융채	산금채(3년)	9.96	7.30	6.36	5.40	5.11	3.46	4.16
	중금채(3년)	10.10	7.43	6.44	5.46	5.18	3.49	4.17
회사채	AA-(3년)	9.84	8.13	7.04	5.68	5.57	3.72	4.41
	BBB-(3년)	11.71	11.82	11.20	9.08	9.88	8.13	8.38

자료 : KOSCOM.

리나라의 경우 장외시장의 비중이 높은 것이 특징이다.

한편 2000년 이후 국제 저금리현상으로 인해 채권의 유통수익률은 하락세(채권가격은 강세)를 보여주고 있다(〈표 8-3〉 참조).

〈표 8-4〉 채권상장 심사기준(2005년 말 현재)

구 분	심 사 기 준
발행회사	자본금이 5억원 이상인 법인 단, 보증사채권, 담보부사채권, 자산유동화채권은 제외
모집 또는 매출	당해 채권이 모집 또는 매출에 의하여 발행되었을 것
발행총액	발행액면총액이 3억원 이상 단, 보증사채권 및 담보부사채권은 5천만원 이상
미상환액면 총액	당해 채권의 미상환 액면총액이 3억원 이상 단, 보증사채권 및 담보부사채권은 5천만원 이상
통일규격채권	유가증권취급규정에 의한 통일규격채권
발행권종	전환사채의 경우 거래소가 정하는 단일권종(10만원 권종)일 것

주 : 1) 국채증권, 지방채권, 특수채권은 심사하지 아니하고 상장신청서만 제출. 단, 유가증권신고서를 제출하는 특수채에 대해서는 상장심사 요건 적용.

자료 : KRX.

❶ 거래소시장

거래소시장(장내시장)에서의 채권거래는 증권선물거래소라는 구체적으로 지정된 장소에서 집단적으로 행하여지며, 매매거래의 대상이 되는 채권은 거래소에 반드시 상장되어 있는 종목에 한정되어 있다. 채권상장의 심사기준은 〈표 8-4〉와 같다. 또한 거래조건이 규격화되어 있고 거래시간도 한정되어 있다.

1996년 6월부터 회사채 발행 당일 상장이 가능해짐으로써 특수채를 제외한 모든 채권이 발행 당일 상장이 가능해졌다. 한편 1999년 3월에는 증권거래소에 국채딜러간매매시장(Inter-Dealer Market : IDM)인 국채전문유통시장이 개설되어 국고채 최근 월물이 거래되고 있다. IDM의 개설에 따라 장내시장도 국고채를 거래종목으로 하는 국채전문유통시장과 소액 국공채 및 주식관련 사채를 거래종목으로 하는 일반채권매매시장으로 대별되고 있다.

한편 2002년 10월부터 국고채 지표채권 거래에 대해서는 장내시장에서만 의무적으로 거래하도록 하는 등의 조치로 2003년 이후 장내시장의 성장세가 가시화되고 있다.

❷ 장외시장

주식의 유통시장은 투자자들의 주문에 의해 매매를 중개하는 위탁매매가 주류인 거래소시장이 중심인데 반하여, 채권의 유통시장은 우리나라의 경우 92.1%(2003년) 이상이 장외거래를 통하여 이루어진다. 채권은 주식과는 달리 개인투자자에 의해 소화되기는 어렵기 때문에 대부분 금융기관이나 법인 등 기관투자가간의 대량매매 형태로 거래되고, 개별 경쟁매매보다는 상대매매에 의해 거래가 이루어지므로 장내거래보다는 장외거래가 매매의 대부분을 차지하고 있다.[7)]

채권 장외시장은 대고객 상대매매시장과 딜러 간 브로커시장(Inter-Dealer Broker :

---

7) 미국, 일본 등 선진국에서도 채권거래는 대부분 장외거래로 이루어지고 있는데, 이는 채권의 발행종목이 매우 다양하여 이를 전부 거래소에 상장시켜 매매하는 것이 기술적으로 어려운 데 기인한다.

IDB)으로 구분된다. 대고객 상대매매시장은 거래장소, 거래유가증권, 거래조건의 비표준성 등 증권선물거래소시장에서 거래가 곤란한 채권을 증권회사가 중개를 통해 유동성을 제공해 준다. IDB시장은 회사채, 금융채, 특수채 중심으로 상대거래에 응함으로써 중개거래를 수행하는 시장으로 증권회사가 주로 IDB 역할을 수행했으나, 2003년 2월부터 IDB의 중개대상기관이 기관투자가(투신, 뮤추얼펀드, 기금 등 포함)로 확대되었다.

04 | 채권의 매매·결제제도

채권의 매매시장은 일반채권매매시장, 국채딜러간매매시장, 소액 국공채매매시장(1계좌당 액면 5천만원 이하 거래) 등으로 구분되는데, 여기서는 일반채권매매시장과 국채딜러간매매시장의 차이를 중심으로 비교해 본다(〈표 8-5〉 참조).

1 일반채권매매시장의 매매^결제

일반채권매매시장은 2000년 4월 3일부터 전산매매에 의한 자동매매체결방식을

〈표 8-5〉 채권매매^결제제도의 비교(2005년 말 현재)

구 분	일반채권매매시장	국채딜러간매매시장
대상채권	소액 국공채, 회사채 등 모든 채권	국고채, 통안채, 예보채
호가단위	액면 1만원	액면 1만원
매매단위	액면 10만원	액면 100억원
매매거래시간	9:00~15:00	9:00~15:00
결제방법	당일결제(T+0)	당일결제(T+1, 단 지준일전일의 매매는 T+2)
매매체결	자동매매체결방식 (동시호가 매매방식+접속매매방식)	자동매매체결방식 (접속매매방식)

자료 : KRX.

택하고 있으며, 단일가격에 의한 개별경쟁매매방식(동시호가 매매방식)과 복수가격에 의한 개별경쟁매매방식(접속매매방식)이 있다.

1 단일가격에 의한 개별경쟁매매방식(동시호가 매매방식)

단일가격에 의한 개별경쟁매매방식(동시호가 매매방식)은 일정시간에 접수된 모든 호가를 동시에 접수된 것으로 간주하여 하나의 가격으로 매매체결시키는 방식으로서 최초의 가격결정시 또는 시장재개나 매매거래 재개 후 최초의 가격결정 시(재개 시점부터 10분간 접수된 가격)에 적용된다. 이 경우 매매체결가격은

① 합치가격에 미달하는 매도호가와 합치가격을 초과하는 매수호가의 전수량.
② 합치가격에 해당하는 경우 매도호가 또는 매수호가의 어느 일방의 전수량 혹은 타방의 호가수량 중 당해종목의 매매수량단위 이상의 수량이 합치하는 가격으로 하고, 호가의 우선순위에 따라 합치되는 호가간에 매매거래를 성립시키게 된다. 이때, 동시호가의 우선순위는 아래와 같다.

㉠ 가격우선
㉡ 동일가격대의 경우 위탁매매가 자기매매에 우선
㉢ 호가별로 수량이 많은 호가가 우선
㉣ 수량배분순서(매매수량단위의 10배 → 100배 → 1,000배 → 잔량의 1/2 → 잔량)

2 복수가격에 의한 개별경쟁매매방식(접속매매방식)

매도호가와 매수호가의 경합에 의하여 가장 낮은 매도호가와 가장 높은 매수호가가 합치되는 경우 선행호가의 가격으로 매매체결하며, 합치하는 호가간에는 경쟁매매원칙(가격우선 및 시간우선)에 따라 매매가 체결되는 방식이다.

❷ 국채딜러간매매시장의 매매^결제

국채전문유통시장인 국채딜러간매매시장은 복수가격에 의한 개별경쟁매매원칙에 근거하여(동시호가제도 없음) 인터넷 주문환경의 KTS(KSE Trading System for government securities)에 의한 완전자동매매체결방식을 택하고 있다.

결제방식은 다자간 차감결제 및 집중결제방식을 택함으로써 시장참가자가 아무리 많은 거래를 하더라도, 거래소가 이를 결제영역별로 통합하고 다시 시장참가자별로 집중차감을 하기 때문에 시장참가자가 부담하는 결제증권 수량과 결제대금을 최소화하고 있다.

현재 대금결제는 한은금융망(BOK-Wire)을 통한 자금이체방식을, 국채결제는 증권예탁원 예탁자계좌간 대체방식으로 이루어지고 있다. 결제주기는 당일결제(T+1, 단 지준일 전일의 매매는 T+2)이며, 결제시한은 결제일의 16시이다.

[연습문제]

1. 채권과 주식의 차이를 비교하시오.
2. 채권가격과 채권수익률의 관계를 설명하시오.
3. 매출가액은 10,000원, 만기상환액은 15,000원, 표면금리는 연 12%인 복리 3년 금융채의 연평균수익률(r)은 얼마인가?
4. 만기일이 2010년 12월 31일이고, 발행일이 2005년 12월 31일인 「국민채」가 만기상환액이 13,000원이라고 할 때, 이 「국민채」를 2006년 6월 30일에 6,800원(세금포함)에 매입하였을 때 유통수익률은 얼마인가?
5. 채권수익률의 결정요인을 채권내적 요인과 채권외적 요인으로 나누어 설명하시오.
6. 국내의 채권 유통시장에서 최근 유통수익률의 추이를 설명하시오.
7. 시중금리 상승기에 채권보유자는 시장위험(market risk)에 직면하게 되는데, 이때 채권보유자가 시장위험을 회피하기 위한 투자전략은?
8. 전환사채(CB), 신주인수권부사채(BW), 교환사채(EB) 간의 유사점과 상이점을 비교하시오.
9. 국공채, 지방채, 특수채 및 금융채의 발행 목적과 특성을 비교하시오.
10. 채권의 장외거래와 장내거래의 차이점을 설명하시오.
11. 채권의 매매^결제에 있어서 일반채권매매시장과 국채딜러간매매시장의 차이를 비교하시오.

제9장 외환시장과 환테크

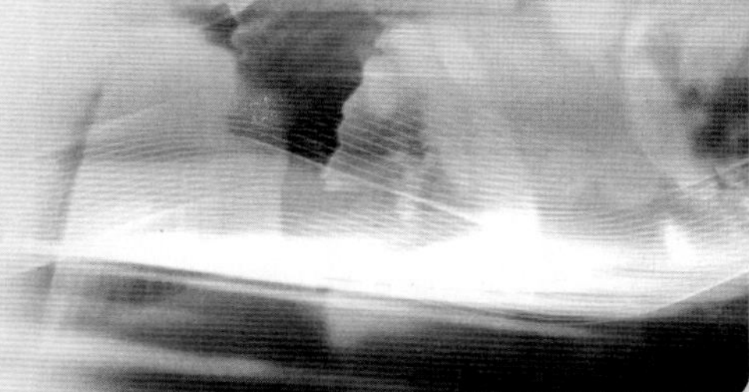

제09장 외환시장과 환테크

한 국가 내에서의 경제거래는 자국통화를 매개수단으로 하여 이루어진다. 그러나 국가간 경제거래를 위해서는 국제적으로 통용되는 매개수단인 국제통화 또는 외환이 필요하다. 외환은 자국통화와는 구별된 독립된 경제객체로서 그 스스로의 가격을 가지고 있다. 그리고 외환은 외환시장에서 수급의 원리에 따라 거래된다. 외환시장은 국제수지의 균형 또는 불균형이 인식되는 곳이다.

본 장에서는 외환시장이 어떻게 이루어지고, 외환의 가격인 환율이 어떻게 결정되는지를 분석하며, 환율변동기의 환테크 방법을 살펴본다.

제1절 외환시장과 환율의 결정

01 | 국제통화와 외환

현재의 국제경제 질서에서는 국제결제의 매개수단으로 쓰일 수 있는 초국가적 통화 또는 세계통화라는 것은 존재하지 않으며, 그 대신 몇 개 국가의 통화가 국제거래의 주된 매개수단으로 사용되고 있다. 이러한 몇 나라의 통화는 당해 국가에서는 자국통화로서의 역할을 하면서, 국제거래에 있어서도 결제수단으로 사용된다. 모든 나라의 통화 중 오직 몇 나라의 통화만이 국제결제에서 사실상의 매개수단의 역할을 하고 있다는 사실에 주목하여, 이러한 통화들을 기축통화(vehicle currency) 혹은 국제기축통화(international key currency), 또는 국제통화(international currency)라고 부른다.

어떤 나라의 통화가 국제통화로 되기 위해서는 각국으로부터 신뢰를 획득할 수 있어야 한다. 과거의 금본위제시대에는 금과의 태환이 보장된 모든 통화가 신뢰받을 수 있었다. 이런 의미에서 금본위제를 택하고 있던 나라들의 통화는 모두 국제통화이었다. 그러나 금태환이 정지되면서 어떤 통화는 계속 신뢰성을 유지하여 국제통화로서의 위치를 지킬 수 있었으나 다른 대부분의 통화는 신뢰성을 잃게 되었다. 이때 계속 신뢰성을 유지할 수 있었던 통화들의 속성을 살펴보면 다음과 같은 몇 가지 공통점을 발견할 수 있다.

첫째, 이런 통화를 발행한 나라의 경제가 강력하고, 세계시장에 있어서 차지하는 비중도 커서 통화가 거래되는 범위가 넓었다. 따라서 세계 각국으로부터 그러한 통화에 대한 수요가 있었다. 또 이런 통화를 발행한 나라에서는 금융시장이 크게 발달되어 있었고, 외환거래에 필요한 여러 가지 제도가 정비되어 있었으며, 활발한 거래를 가능하게 하는 충분한 경험이 쌓여 있어서, 이것이 광범위한 수요를 충족시킬 수 있는 선결요건이 되었다.

둘째, 물가안정으로 인한 통화의 가치가 안정되어 있었다. 특히 통화의 대외가치를 표시하는 환율이 다른 통화에 비해 상대적으로 안정되어 있었다.

셋째, 자유로운 보유와 교환이 보장되어 있었다. 즉 외환관리 또는 외환통제를 하고 있는 나라의 통화가 아니었다.

한편 국제통화는 국가간의 결제를 위한 수단으로 쓰이고 있을 뿐만 아니라 각국의 정부 또는 중앙은행이 지니는 대외준비자산의 요소로도 된다. 국제금융시장에서 국제통화로서 쓰이는 것들 중 가장 중요한 두 가지로는 미국의 달러와 영국의 파운드를 들 수 있다. 그러나 유로화 도입 이전의 프랑스의 프랑 및 독일의 마르크, 그리고 스위스의 프랑과 일본의 엔 등도 부수적인 국제통화로서의 역할을 수행해 왔다.

특히 1999년 1월 유럽 11개국을 묶는 유로지역(Euro zone)의 단일통화로 유로화(2002년 1월부터 은행권과 주화 발행)가 도입되어 국제통화로서의 유로화의 위상이 높아지고 있다.

몇 나라의 통화만이 국제통화가 되고 다른 나라의 통화는 국제통화가 되지 못한다는 사정에 따라, 자국의 통화를 국제통화로 지니고 있는 나라와 그렇지 않은 나라 사이에는 이해관계에 있어 차이가 나타나게 된다. 자국의 통화가 국제통화로 되어 있는 나라는 자국의 통화가 국제거래를 매개하는 과정에서 보다 넓게 쓰이게 됨에 따라, 통화의 공급을 늘일 수 있다. 그리고 이에 상응하여 통화발행에 연유하는 이익(즉, seigniorage effect)을 그 만큼 더 누릴 수 있게 된다. 그러나 동시에 이들은 그들의 통화가 다른 나라에서도 쓰이게 됨에 따라 통화관리에 있어서 추가적으로 더 많은 부담을 지게 된다. 반면에 자국의 통화를 국제통화로 갖고 있지 못하는 나라들은 통화발행에 따르는 이익을 누리지는 못하나 통화관리에 대한 추가적인 부담을 지지도 않는다.

자국의 통화가 국제통화로 쓰이게 됨에 따라 얻어지는 이러한 득실의 크기에 대해서는 여러 가지의 견해가 있는데, 대체로 이익이 손실보다 크리라고 여기고 있다. 여기에서 자국의 통화를 국제통화로 가진 나라들이 가지게 되는 순이익을 그들만이 독점하게 할 것이 아니라 국제적으로 배분해 보려는 시도가 나타나게 되었다. 그 결과 어떤 개별국가의 통화도 아닌, 국제적인 교환의 매개물을 창조하게 되었다. 그리하여 오늘날 어떤 특정 국가의 통화가 아니면서, 한정된 범위 내에서 국제적 결제수단으로 쓰이는 특별인출권(SDR : special drawing right)[1)]이 활용되게 되었다.

결국, 어떤 개별경제가 외국과 거래를 하기 위해서는 거래의 매개수단인 국제통화를 필요로 한다. 자국의 통화가 국제통화가 아닌 경제에 대하여 국제통화는 모두 자국의 통화와 대립되는 개념이다. 반면에 자국의 통화가 국제통화로 사용되고 있는 경제에서의 국제통화는 타국의 통화와 인위적으로 창조된 국제통화와 자국의 통화라

1) 특별인출권(SDR)은 IMF의 의결에 따라 1970년 최초로 창출된 국제결제수단으로 주요국의 통화에 비해 부수적 역할을 하고 있다. 2006년 6월 현재 1SDR=1.48달러이다.

는 3요소로 구분된다.

02 | 환율의 개념

환율(exchange rate)이란 두 나라 이종통화간의 교환비율을 말한다. 즉 환율이란 한 나라 통화의 가격을 다른 나라 통화의 수량으로 표시한 것을 말한다. 예를 들면 1달러의 가격을 우리나라 통화인 원화의 수량으로 표시할 때 1,000원이라면 달러의 환율은 바로 1,000원이 된다. 반대로 1원당 달러의 수량으로 표시할 수도 있다. 그렇게 되면 1원은 1/1,000달러가 되고 그것이 바로 달러와 원화 간의 교환비율, 즉 환율이 된다.

이와 같이 환율은 어느 통화의 수량으로 표시하느냐에 따라 두 가지 방법이 있게 된다. 앞의 예와 같이 외국통화 1단위에 대해 국내통화의 수량으로 표시할 수도 있고 반대로 국내통화 1단위에 대해 외국통화의 수량으로 표시할 수가 있는데, 전자의 경우를 자국통화표시방법이라 하고 후자를 외국통화표시방법이라 부른다. 그러나 일반적으로 외국통화 1단위당 국내통화의 수량으로 표시하는 방법을 많이 사용하고 있는데 그것은 외국통화를 하나의 상품과 같이 취급하여 가격을 표시하는 것과 같은 내용을 지니고 있어서 편리한 점이 있기 때문이다.

즉, 구두 1켤레의 가격이 50,000원, 또는 사과 1상자의 가격이 20,000원이라고 표시하는 것과 마찬가지로 1달러의 가격이 1,000원이라고 표시하면 달러를 상품과 동일하게 취급하는 효과를 지니게 되는 것이다.

환율을 알게 되면 우리는 두 나라 상품의 가격을 비교할 수 있게 된다. 예를 들어 지금 현재 환율이 1달러당 1,000원이고 미국산 바나나 1kg 가격이 5달러라면 바나나의 원화표시가격은 5,000원이 된다. 그러나 환율이 달러당 1,000원에서 1,200원으로 오르면 바나나의 원화표시가격은 5,000원에서 6,000원으로 상승하게 된다. 즉 환율이 바뀌면 가격도 변동하게 된다.

환율의 변동은 두 나라 통화의 상대적인 가치의 변동을 나타내는데 그것은 환율상승(depreciation)과 환율하락(appreciation)으로 나누어진다. 환율상승(외국통화 1단위당 국내통화의 수량으로 표시했을 때)이란 국내통화의 가치가 외국통화에 비해 떨어지는 것을 의미하며, 반대로 환율하락이란 국내통화의 가치가 외국통화에 비해 상대적으로 올라가는 것을 의미한다.

그런데 한 나라의 통화가치가 올라가면 다른 나라의 통화가치는 떨어지므로 환율이 상승하면 통화가치가 떨어지는 나라의 수출품은 외국인들에 대해 더 저렴해지고 외국상품의 국내가격은 더 비싸지게 된다. 반대로 환율이 하락하면 통화가치가 올라가는 나라의 수출품은 외국인들에 대해 더 비싸지고 수입품의 국내가격은 더 싸지게 되는 결과가 나타나게 된다.

03 | 외환시장

외환에 대한 수요와 공급이 만나 외환의 가격, 즉 환율이 결정되는 곳을 외환시장이라고 한다. 외환시장은 다른 종류의 시장과 마찬가지로 어떤 구체적 장소를 지칭하지 않는 추상적인 제도이다.

외환시장을 이해하기 위해 외환의 수요량과 외환의 공급량을 각각 환율과 대응시킨 [그림 9-1]을 이용하여 분석해 보자. 즉 외환시장은 외환이 아닌 다른 모든 상품과 서비스의 수급이 일정하게 주어져 있다고 보는 가정을 전제로 한, 소위 부분균형분석의 방법에 의해 검토하자. 이 그림에서는 외환의 수요는 환율과 음(−)의 관계를 가지고 외환의 공급은 환율과 양(+)의 관계를 가지는 것으로 나타나 있다.

국제수지표의 여러 항목을 통하여 알 수 있듯이, 외환의 수요와 공급을 야기하는 요인에는 여러 가지가 있다. 그러나 이 요인 모두가 환율의 증감에 따라 즉각 변동하는 것은 아니다. 어떤 것은 환율의 변동에 민감하게 반응하나 어떤 것은 환율에 대해 독립적이다. 외환시장에서의 공급곡선은 이러한 모든 요인으로부터 유래하는 외환의 공급을 표시하고 있다. 그것은 환율에 민감하게 반응하는 외환의 공급뿐만 아니라 환율과 독립적인 외환의 공급도 포괄하고 있다. 마찬가지로 외환시장에서의 수요곡선도 모든 요인을 포괄하고 있다.

1 외환시장의 안정성

환율이 신축적일 때에는, 외환의 수요곡선과 공급곡선이 만나는 균형점에서 환율이 결정된다. 이러한 균형점에서의 환율이 균형환율이 된다. 예컨대 [그림 9-1]의 (a)에서는 E_0가 균형환율이 된다.

환율과는 독립적인 외환의 수요나 공급의 증감이 있게 되면, 외환시장의 수요곡선이나 공급곡선이 오른쪽 또는 왼쪽으로 이동한다. 예를 들면, 환율과는 독립적인 외환수요의 요인의 하나인 이전지출이 증가하면 외환의 수요곡선은 오른쪽으로 이동하게 된다. 자본의 유입은 이자율 차이나 환율변동에 대한 예상에는 의존하지만 환율과는 독립적인 외환공급의 요인이다. 이러한 자본유입이 증가하게 되면 외환의 공급곡선은 오른쪽으로 이동한다. 이러한 예들이 각각 [그림 9-1]의 (b)와 (c)에서 보여지고 있다. [그림 9-1]의 (b)에서는 이전지출이 증가됨으로써 환율이 상승하게 되는 것이 보여지고 있고, [그림 9-1]의 (c)에서는 자본유입의 증가로 환율이 하락하게 되는 것이 보여지고 있다.

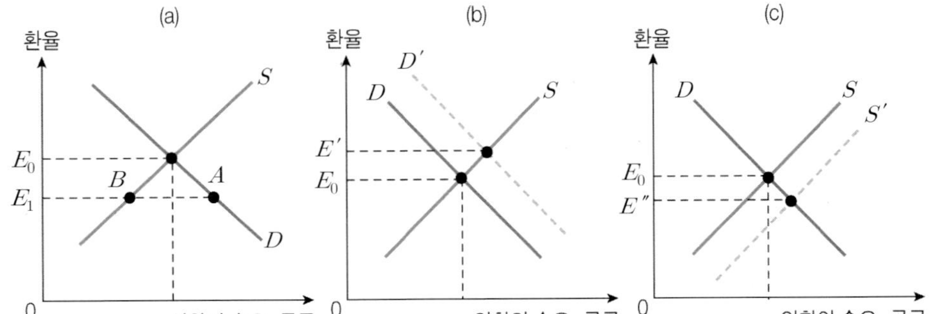

[그림 9-1] 외환시장

외환시장에서 외환의 수요와 공급이 결정되고 나면, 외환의 수요에서 외환의 공급을 뺀 것으로 외환의 초과수요(excess demand)를 정의할 수 있다. 그리고 이러한 외환의 초과수요를 근거로 하여 외환시장의 안정성(stability)을 분석할 수 있다. 외환의 초과수요가 영(0)보다 클 때 환율이 상승하고 초과수요가 영(0)보다 작을 때 환율이 하락하게 된다면, 외환시장은 안정성을 지니고 있다고 할 수 있다. 수요가 공급보다 많을 때 가격이 올라가서 초과수요를 해소하기 때문이다. 그러나 이와는 반대로 초과수요가 零보다 클 때 환율이 떨어지게 될 수도 있는데, 이러한 때에는 외환시장은 불안정성을 보인다고 할 수 있다.

[그림 9-2]에서 외환의 수요곡선은 우하향하는 형태를 가지는 것으로, 외환의 공급곡선은 우상향하는 형태를 가지는 것으로 그려져 있다. 그리고 이러한 때 외환시장은 안정되어 있다. 그러나 외환의 수요곡선이나 공급곡선이 반드시 이러한 형태를 갖도록 되어 있는 것은 아니다. 즉 외환의 공급곡선은 [그림 9-2]에서 보여지는 것처럼 우하향하는 부분이 존재할 수도 있으며, 이때 외환시장은 불안정하게 될 수 있다.

[그림 9-2]의 (a)에서 어떤 이유로 환율이 E_c'가 되면, 이것이 균형점 C에서의 환율 E_c보다 높다. 이때에는 외환의 수요가 외환의 공급보다 작아 초과공급 상태가 된다. 따라서 이때에는 환율은 초과공급이 해소될 때까지 떨어지게 되어 균형환율 E_c에

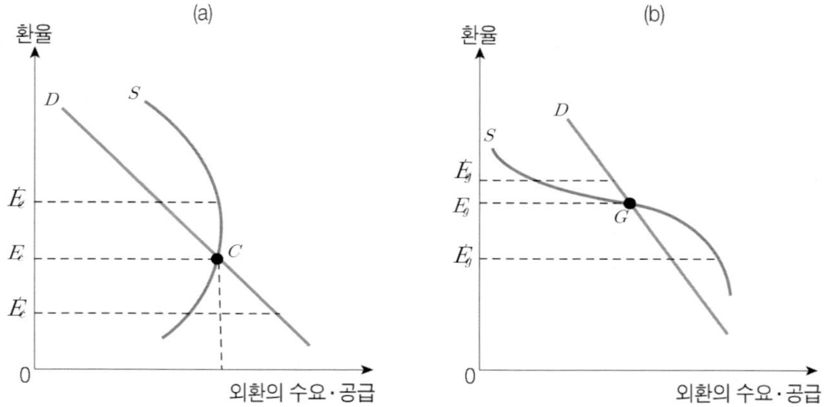

[그림 9-2] 외환시장의 안정성

도달하게 된다. 이러한 때에는 균형수준에 있던 환율이 어떤 이유로 인해 그곳으로부터 다소 이탈하게 되더라도 그것을 다시 균형점으로 복귀하게 하는 힘이 외환시장에 내재하고 있다고 할 수 있다. 이때 외환시장은 안정성을 가지고 있다고 할 수 있다.

반면에 [그림 9-2]의 (b)에서 보면, 실제의 환율이 균형환율 E_g보다 높을 때에는 초과수요가 영(0)보다 커서 초과수요가 해소될 때까지 환율이 더욱 상승하게 되고, 실제의 환율이 균형환율 E_g보다 낮을 때에는 초과수요가 영(0)보다 작아서 환율이 더욱 하락하게 됨으로써 외환시장은 불안정성을 보이게 된다. 이때에는 어떤 이유로 환율이 일단 균형점의 수준을 벗어나게 되기만 하면 균형점으로부터 계속 멀어지게 되고, 내재하는 시장의 힘에 의하여 다시 균형점으로 복귀하지 못한다.

❷ 환율제도와 환율의 결정

앞에서 환율이 신축적일 때 환율은 외환시장의 수요곡선과 공급곡선이 만나는 데서 결정된다고 하였다. 환율제도가 자유변동환율제도(freely flexible exchange rate system)에서의 환율은 신축적이다. 따라서 자유변동환율제도에서의 환율은 외환에 대한 수요곡선과 공급곡선에 의해 결정된다.

한편 고정환율제도(fixed exchange rate system)에서의 환율은 외환시장에서 수요와 공급을 일치시키게끔 변동하지 않고 정부 또는 외환당국에 의해서 어떤 수준에서 고정된다. 예컨대, 앞의 [그림 9-1]의 (a)에서 환율이 E_1으로 고정되어 있을 수 있다. 이때 외환에 대한 수요량은 E_1A가 되고, 외환의 공급량은 E_1B가 되어 BA만큼의 초과수요가 존재하는데, 외환당국은 E_1 수준의 환율을 유지하기 위해서 이러한 초과수요만큼을 보유외환의 매각으로 충당해야 한다.

자유변동환율제도와 고정환율제도의 중간단계에 있다고 할 수 있는 것으로 관리변동환율제도(managed flexible exchange rate system)가 있다. 이 제도에서는 고정환율제도처럼 정부에 의해 환율이 어떤 수준에서 고정되어 있지 않기 때문에 환율이 변화할 여지가 있다. 그러나 정부의 아무런 간섭을 받지 않으면서 환율이 시장의 수요와 공급에 전적으로 의존하여 변동하는 것은 아니기 때문에, 이 제도는 자유변동환율제도와도 다르다. 외환당국은 민간부문의 외환거래자와 동등한 자격으로 외환시장에 참여하여 외환을 매입 또는 매출함으로써, 정부의 개입이 없었을 때의 환율과 실제의 환율이 다르게 되게끔 외환시장에 참여한다. 외환당국이 외환을 매입하게 되면 민간의 외환수요에 이러한 정책당국의 수요가 추가되어 외환시장에서 총수요가 늘어나므로 환율은 상승하게 된다. 반면에, 외환당국이 외환을 매각하게 되면, 외환시장의 공급이 그만큼 증가하므로 환율은 떨어지게 된다.[2] [3]

제2절 우리나라의 환율제도

01 | 환율제도 변천 과정

우리나라는 고정환율제도기(1945.10~1964.5), 단일변동환율제도기(1964.5~1980.2), 복수통화바스켓제도기(1980.3~1990.2), 시장평균환율제도기(1990.3~1997.12.

〈표 9-1〉 우리나라 환율제도의 변천

구 분	일반채권 매매	국제딜러간 매매
제1기	45년 8월~64년 5월	고정환율제도
제2기	64년 5월~80년 2월	단일변동환율제도
제3기	80년 2월~90년 2월	복수통화바스켓제도
제4기	90년 3.2~97.12.15	시장평균환율제도
제5기	97년 12.16~현재	자유변동환율제도

2) H.R. Heller(1974), *International Monetary Economics*, Prentice-Hall, pp.87-90 참조.

3) 이강남(2001), 국제금융론, 법문사, pp.250-3 참조.

15) 등을 거쳐 현재에는 자유변동환율제도를 채택하고 있다. 단일변동환율제도기까지는 근본적으로 고정환율제도였으며 환율이 변동을 보인 것은 복수통화바스켓제도기 이후부터이다.

복수통화바스켓제도란 SDR바스켓(세계 5대 교역국의 무역비중을 5대국 통화가치에 반영하여 가치를 설정)과 우리나라 5대 교역국 통화의 바스켓(즉 우리나라 5대 교역국의 무역비중을 반영하여 5대 교역국 통화의 가치를 설정)에다 정책적으로 판단한 원화가치를 고려하여 대미달러환율을 매일 산정하여 공표하던 제도이다.

그러나 이 환율제도에 의하면 우리나라 원화가치가 매일매일 변동하는 우리나라 5대 교역국 통화와 SDR가치에 의해 결정되는데 거기에 국내외금리 등을 고려하여 정책당국이 자의적으로 설정하는 정책변수환율을 더하여 결정되기 때문에 외국, 특히 미국으로부터 환율조작국이라는 비판을 피할 수가 없었다.

그래서 1990년 3월에 이 제도는 폐지되고 시장평균환율제도를 도입하게 되었다. 이는 우리 경제의 국제화 진전에 따른 환율제도의 단계적인 개편방안의 일환으로 실시되었으며 그 구체적인 배경은 다음과 같다.[4)]

첫째, 원화의 국제화에 따른 자유변동환율제도로의 이행되기 이전의 준비단계로 필요했다.

둘째, 우리나라 경제규모의 확대에 따라 환율결정에 가격기능을 도입해야 할 필요성이 커졌다.

셋째, 선진국으로부터의 통상협상 시 환율조작국이란 비난을 탈피하기 위한 필요가 있다는 점이었다.

시장평균환율제도 하에서 환율의 결정은 전일자(前日字)에 이루어진 모든 외국환은행이 국내외환시장에서 거래한 현물환거래환율(원화/달러화)을 거래량으로 가중평균하여 당일의 시장평균환율이라 하며 이것이 당일의 매매기준율이 되었다.

---

4) 김종선(1993), "시장평균환율제에서의 원화환율과 단기금융시장과의 관계 분석", 「경제조사」, 제34호, 광주은행, pp.7-19.

$$\text{시장평균환율(=매매기준율)} = \frac{(\Sigma\ \text{가격} \times \text{거래량})}{\text{전일자 외환시장 총 장내거래량}} \quad \cdots\cdots\cdots\cdots\cdots (9\text{-}1)$$

따라서 시장평균환율제 하에서는 대미달러화에 대한 원화의 매매기준율은 전일자에 이루어진 은행간 환율을 외화거래량으로 가중평균하여 산출하고 이를 금융결제원의 자금중개실이 고시하였다.

한편 선물환율의 결정은 외환시장에서 국내 외환수급사정에 의해 은행간에 자유롭게 결정되었다. 또한 미달러화 이외의 주요국 통화(엔화, 파운드화, 마르크화, 스위스 프랑화 및 호주달러화)에 대한 원화의 매매기준율은 주요 국제외환시장에서의 해당 통화와 미달러화 간의 매매중간율을 원화의 대미달러환율로 재정하여 결정하였다.

그러나 당초 매매기준율은 하루에 상하 0.4% 범위 내에서 환율의 변동폭을 제한했던 것을 시장의 실세를 좀더 잘 반영시키기 위해 1991년 9월부터는 상하 0.6%로 환율변동폭을 확대 조정한 바 있으며, 또한 제1단계 금융자율화 및 개방화계획의 일환으로 1992년 7월부터는 상하 0.8%로 변동폭을 확대하고 대고객 환율은 자유화하기에 이르렀다.

결국 시장평균환율제도에서는 환율이 외환시장의 수급에 의한 가격기능에 의하여 결정되도록 하고, 필요 시에 통화당국의 적절한 시장개입을 통하여 환율의 변동을 상하한 폭의 범위 내에서 제한하였다. 그런데 이처럼 넓혀진 변동폭은 1993년 10월부터 상하 1% 정도로 확대되고, 1994년 11월부터는 상하 1.5%로 확대되었다. 그 후

〈표 9-2〉 시장평균환율제 하의 일일변동폭 확대 추이

구 분	기 간	일일변동폭(%)
제1기	90년 3월~91년 8월	상하한 ±0.4
제2기	91년 9월~92년 6월	±0.6
제3기	92년 7월~93년 9월	±0.8
제4기	93년 10월~94년 10월	±1.0
제5기	94년 11월~95년 11월	±1.5
제6기	95년 12월~97년 11월 19일	±2.25
제7기	97년 11월 20일~97년 12월 15일 (97년 12월 16일 변동폭제한 폐지)	±10

1995년 12월에 상하 2.25%까지 환율변동폭을 확대하였으며, 외환위기를 맞아 1997년 11월 20일에는 상하 10%까지 확대하기에 이르렀다(〈표 9-2〉 참조).

02 | 자유변동환율제도의 도입

1997년 하반기에 외환위기를 맞아 1997년 11월 20일 10% 수준까지 환율변동폭을 대폭 확대하기까지 하였다. 그러나 이러한 환율변동폭 확대 등의 일련의 환율안정대책에도 불구하고 외환보유고의 고갈 등 국가부도 위기에 직면하자 급기야 우리나라는 1997년 11월 21일 IMF에 이른바 구제금융을 신청하기에 이르렀다. 이에 따라 1997년 12월 3일 총 570억달러에 달하는 세계 역사상 최대의 구제금융을 받고 저성장 등의 뼈아픈 구조조정을 하지 않으면 안 되는 상황에 이르게 되었다.

구제금융 확정 이후에도 주가폭락, 기업의 연쇄부도, 금융기관의 영업정지 등으로 신용공황이 우려되고 또한 외국금융기관들이 이미 단절한 우리나라에 대한 외화신용공여가 살아날 기미를 보이지 않았다. 외환시장에서는 연일 환율이 상한폭까지 치솟고 매입수요는 있되 매각공급은 없어 환율은 연일 상한폭까지 상승만 할 뿐만 아니라 시장거래가 마비되는 지경에 이르자 정부는 결국 환율의 제한폭을 완전 철폐하여 1997년 12월 16일부터 자유변동환율제를 채택하기에 이른 것이다. 다만 재정환율, 외국환은행의 대고객 매매율 및 한국은행의 외국환평형기금 등과의 거래에 적용되는 기준환율제도는 계속 유지하기로 하였다. 이 당시 환율폭등의 진행과정을 보면 환율의 가격변동성(volatility)이 매우 컸다. 즉 1997년 10월 말 달러환율은 965.10원이었는데 11월 한 달 내내 상승하여 11월 말에는 1,163.80원을 기록하였다.

원/달러 환율은 IMF의 자금지원 직전인 1997년 12월 3일 1,240.60원에서 같은 해 12월 24일에는 1,964.80원까지 무려 36.9%나 절하되었다. 그러나 IMF와 G7 등 주요 선진국들이 한국의 외환부족사태를 해결하기 위한 조기 자금지원계획이 1997년 12월 24일 자정에 발표되면서, 이후 환율은 1,500원 수준으로 하락하는 등 진정세를 보이기 시작하였다. 1998년 말에는 400억불에 육박하는 경상수지 흑자에 힘입어 외환보유고가 확충되고 금융시장이 안정됨에 따라 환율도 1,200원 수준에서 안정세를 보였다. 1999년과 2000년에 들어서도 환율의 안정세는 이어졌으나, 2002년에는 엔저 여파와 세계적 경기후퇴로 원화환율도 다소 불안한 모습을 보였다. 반면, 2004년 하반기 이후 2005년과 2006년에는 환율하락세가 이어져 환율급락을 우려하는 상황이다.[5)]

그러나 이제 우리나라는 환율변동이 완전 자유화됨에 따라 환율변동에 따른 위험이 크게 증가하였으며 그에 따라 환위험에 대한 노출이 크게 증대되었다.[6)] 그러므로 환위험에 대한 관리를 제대로 하지 못할 경우 예상하지 못한 손실을 볼 위험이 높아졌다고 할 수 있다. 따라서 앞으로 환율변동에 대한 예측력을 높이고 유효한 환위험관리 기법을 개발하는 일이 매우 중요한 과제로 등장하게 되었다.

03 | 자유변동환율제도와 외환자유화

우리 경제는 1997년 12월 16일 자유변동환율제도로 이행함에 따라 경제의 대외부문이 시장경제원리에 따른 자율조정체제로 전환되기에 이르렀다.

한편 1998년 6월 외국자본의 유입을 촉진하여 외환위기를 조속히 극복하고 시장개방을 통해 효율적인 대내외 경쟁체제를 구축하기 위해 "외환거래자유화 기본계획"을 발표하였다. 이 계획에서는 외환자유화를 2단계에 걸쳐 추진하기로 하고 제1단계는 1999년 4월부터, 2단계는 2001년 1월부터 시행하기로 하였다.

이에 따라 1998년 9월 종전의 「외국환관리법」을 전면 개정한 「외국환거래법」을 제정하였으며, 동 법에서는 2001년에 개인 및 기업에 대한 잔존규제가 자동적으로

5) 김종선(2005), "자유변동환율제도와 원/달러 환율의 변동성 분석", 「국제무역연구」, 제11권 제1호, 국제무역학회, pp.201-223 참조.

6) 김종선(1997), "시장평균환율제 하에서의 일일변동폭과 원/달러 환율의 변동성 분석", 「경제학연구」, 제45집 4호, 한국경제학회, pp.169-192 참조.

폐지되도록 일몰조항(sunset clause)을 규정함으로써 자유화가 2년여에 걸쳐 점진적으로 이루어지도록 하였다.

❶ 제1단계 외환자유화

제1단계 외환자유화는 기업 및 금융기관의 대외영업활동관련 외환거래 자유화를 그 내용으로 하고 있다. 이에 따라 자본거래는 기존의 예외허용체제(positive system)에서 예외규제체제(negative system)로 전환되었다. 구체적으로 선물환거래 실수요원칙이 폐지되었고, 국내금융기관의 역외시장 참여가 가능해졌으며, 기업의 단기외화차입이 허용되는 등 자유화의 폭이 확대되었다. 반면, 자유화시행에 따른 부작용을 최소화하기 위해 여러 보완책이 마련되었는데 기업 및 금융기관에 대한 건전성규제를 강화하고 외환전산망 설치, 국제금융센터 설립, 조기경보체제 가동 등을 통해 모니터링 시스템(monitoring system)을 구축하였으며, 유사시 안전장치(safeguard)를 제도화하였다.

❷ 제2단계 외환자유화

2001년부터 시행된 제2단계 외환자유화는 크게 거주자에 대한 외환거래 자유화와 비거주자에 대한 외환거래 자유화로 구분하여 시행할 예정이었으나, 대내적인 구조개혁의 미완결, 대외적인 경제여건의 불안정 등 대내외 시장여건의 변화를 감안하여 자유화 일정의 조정이 필요하다는 인식이 대두되었다. IMF 등 국제기구에서도 국제단기자본 이동에 대한 규제, 건전성 규제강화의 필요성과 질서 있고 순차적인 자본자유화의 중요성을 강조하였다.

이러한 대내외 논의를 배경으로 우리나라는 자유화의 기본원칙이 손상되지 않는 범위 내에서 일부 자유화의 내용을 수정하기로 하고 2000년 10월 「외국환거래법」을 개정하였다. 이에 따라 외환시장 안정과 외환건전성 제고를 위해 핵심적인 몇 가지 사안을 유보하였는데, 구체적으로 대외채권회수의무제도의 유지, 재무건전성이 불량한 기업에 대한 단기차입 제한과 비거주자의 원화조달규제의 폐지 유보 등이다.

04 | 향후 외환자유화 추진 일정

2002년 4월 정부는 우리나라 외환시장을 일본^싱가포르^홍콩 등 아시아 3대 시장에 버금가는 동아시아 국제금융의 중추(financial hub)로 육성하기 위한 「외환시장 중장기 발전방향」을 발표하였다. 이에 따르면 현재 남아 있는 외환 부문의 규제를 3단계로 나누어 2011년까지 점차적으로 완화할 계획이다(〈표 9-3〉 참조).

먼저 제1단계(2002~2005년)로 2002년 7월 다자간 상계(multi-netting), 원화수출, 증권사 및 보험사의 은행간 시장참여 등을 허용하였다. 동 계획기간 내에 신고 또는 허가를 받도록 되어 있는 거주자의 3천만달러 초과 해외차입, 비거주자의 10억원 초과 원화차입 등의 한도가 상향조정되었다.

다음으로 제2단계(2006~2008년)에서는 허가제를 신고제로 전환할 예정이다. 현재 허가를 받아야 하는 채권회수의무 면제, 자본거래, 비거주자의 원화차입 등이

〈표 9-3〉 외환자유화 추진 일정

구 분	1단계(2002~2005년)	2단계(2006~2008년)	3단계(2009~2011년)
무역거래	multi-netting 허용 등 결제방법	채권회수의무 면제를 허가제에서 신고제로 전환	채권회수의무 폐지
자본거래	거주자의 해외차입 한도(3천만불 초과시 재정경제부장관 신고) 상향조정 등	자본거래 허가제를 신고(수리)제로 전환	신고제 폐지
원화국제화	원화수출 자유화 비거주자의 원화차입 한도(10억원 초과시 한국은행총재 허가) 상향조정 등	비거주자의 원화차입 허가를 신고(수리)제로 전환	신고제 폐지
외환시장 활성화	증권사, 보험사의 은행간 시장참여 허용	금융기관의 외국환 업무취급 자유화	

자료 : 한국은행(2003).

신고제로 완화된다. 또한 모든 금융기관의 외환업무 취급도 완전 자유화된다.[7] 끝으로 제3단계(2009~2011년)에서는 이러한 신고제를 폐지하여 외환자유화를 완료한다. 이때가 되면 우리나라의 외환자유화 정도는 OECD 회원국 중 중상위 수준으로 높아질 전망이다.

제3절 환율과 환테크

01 | 환율변동과 기업경영

❶ 매출구성 측면

환율이 상승하면 매출구성이 내수보다 수출의 비중이 높은 기업들에게는 실적 개선의 좋은 기회라고 볼 수 있다. 개당 1,200원의 가격이 매겨진 상품을 수출하는 기업의 경우에, 원/달러 환율이 800원일 때는 수출가격이 $1.5이지만, 환율이 변화하여 원/달러 환율이 1,200원일 경우에는 수출가격이 $1로 낮아지기 때문에 기업은 낮은 가격에 수출이 가능해지며 가격경쟁력이 증대된다.

이와는 반대로, 원자재를 수입하여 가공하는 기업이나 완제품을 수입하여 판매하는 유통업의 경우에는 가격상승으로 인하여 매출이 줄어들게 된다.

❷ 재무구조 측면

기업이 차입한 자금이 외화자금 대출인지 국내자금 대출인지의 여부에 따라 기업

---

7) 재경부는 원/달러 환율 급락의 대안 중 하나로 2006년 3월에 해외 '주거용' 부동산 취득한도를 폐지한 데 이어, 동년 5월 22일부터는 개인과 일반법인이 투자목적으로 100만달러까지 해외부동산 취득이 가능하도록 외환규정을 완화하였으며, 2009년까지는 '100만달러' 규정도 폐지할 예정이다.

들에게 미치는 영향은 클 수 있다. 외국은행에서 $1,000,000의 자금을 빌린 기업의 경우를 살펴보자.

차입시점에서의 원/달러 환율이 1,000원이었다면 이 기업이 실제로 사용한 자금은 10억원이다. 1년 후 원금을 갚아야하는 시점에서 원/달러 환율이 1,200원으로 상승했다면, 이 기업은 12억원과 이자를 지급하여야 한다. 따라서 이 기업은 이자를 제외하고도 상환금액에서만 2억원의 손실을 보게 된다. 그러므로 투자대상 기업을 선정할 때에는 부채의 구성이 외화자금 대출인지 국내원화 대출인지의 여부를 미리 파악할 필요가 있다.

02 | 외화예금

우리가 예금을 할 때는 주로 천원권이나 만원권 등의 원화로 하지만, 만약 달러가 있다면 달러로도 예금할 수 있다. 이때 달러 등 외환으로 하는 예금을 외화예금이라고 한다.

현실적으로 일반인이 외화예금을 하는 경우는 드물고, 일반적으로 기업들이 수출로 벌어온 외화를 바로 원화를 바꾸지 않고 달러를 그대로 예금하는 경우가 있는데 이때 외화예금을 이용하게 된다. 기업이 외화예금을 하는 이유는 많겠지만 주된 이유는 긴급하게 달러가 필요할 때를 대비하기 위해서라든지, 또는 환차익을 얻을 목적으로 환율이 높을 때는 대체로 원화를 바꾸지 않고 달러를 그대로 예금하는 경향이 있다. 예컨대, 현재의 원/달러 환율이 1달러당 1,000원이고, 향후 1,200원으로 올라갈 것으로 예상될 경우에는 기업은 환전을 하지 않고 은행에 그대로 예금시켜 둠으로써 1달러당 200원의 환차익을 얻게 된다. 그리고 예치해 둔 기간에 따라 이자수익도 동시에 얻게 되는 일거양득의 환테크가 된다.[8)]

---

8) 외화예금 잔액은 2006년 5월 말 현재 거주자 외화예금 잔액은 175억 1천만달러로, 보유주체별로는 기업예금이 141억 3천만달러였으며, 개인예금도 33억 8천만달러였다. 통화별로는 미국달러화 예금이 142억 6천만달러, 엔화 예금과 기타 예금도 19억 3천만달러와 13억 2천만달러였다.

〈표 9-4〉 외화예금의 내역

(단위 : %)

종 류	특 징	금 리
외화보통예금	수시로 입출금이 가능. 예치기간에 대한 제한 없음.	USD 연 0.9877 CHF 연 0.1938 JPY 연 0.0000 EUR 연 0.6504
외화정기예금	사전에 예치기간을 정함. 이자율이 상대적으로 높음.	USD 연 3.8164 CHF 연 0.6969 JPY 연 0.0109 EUR 연 2.0493
자유적립식 외화예금	수시입금이 가능. 예치기간별 금리가 다름.	USD 연 3.8164 CHF 연 0.6969 JPY 연 0.0109 EUR 연 2.0493

자료 : 외환은행(2005.8.1).

외화예금의 종류에는 외화보통예금, 외화정기예금, 자유적립식 외화예금이 있다. 외화예금의 성격, 예금한 통화의 종류에 따라 금리가 상이하며 금리의 현황은 〈표 9-4〉와 같다.

외화보통예금은 해외여행 및 출장이 잦은 사람이나 외화가 수시로 필요한 사람들에게 유리한 통장으로, 환율변화 때문에 생기는 손해를 줄이는 것은 물론 환전수수료 절감효과가 있으나, 반면에 금리는 매우 낮다.

외화정기예금은 사전에 통화의 예치기간을 7일에서 12개월까지 지정할 수 있으며 이자율이 상대적으로 높은 예금이다. 그러나 예치기간 이전에 통화를 찾을 경우에는 미달러화 기준으로 1달러당 약 5원정도의 중도해지수수료를 지불해야 한다.

자유적립식 외화예금은 3개월에서 24개월까지 기간을 선택할 수 있으며 만기 이전에 적립금에 해당하는 금액을 3회까지 인출할 수 있다는 장점이 있다.

03 | 효율적인 환테크 전략

해외여행을 준비하거나 혹은 유학생 및 해외연수 자녀에게 송금을 하기 위해서는 환전이 필요하다. 은행에서 환전서비스를 받을 때는 환전수수료를 지불해야 한다. 이런 경우에 발생하는 환전수수료를 절감하는 방법들과 환율변화에 효율적으로 대처하는 환테크 전략을 알아보자.

1 환전수수료 절감방법

[1] 환전클럽 가입하기

해외여행경비를 환전하고자 하거나 외환을 보유하고 있는 사람들이 환전클럽에 가입하여 함께 환전할 경우에는 환전하는 사람의 수, 총금액의 규모에 따라 10~30% 정도의 수수료를 할인해주고 있다.

[2] 여행자수표(T/C)로 환전

현찰로 환전할 때보다 여행자수표로 환전하게 되면 약 30%정도의 수수료가 절감된다. 현찰은 분실했을 경우에는 피해가 크지만 여행자수표의 경우에는 분실하더라도 전 세계에 산재해 있는 업무협력은행에서 보상받을 수 있다.

[3] 사이버환전

인터넷을 통하여 환전을 신청할 경우에는 통화에 따라 수수료의 30~40%를 할인해준다. 사이버환전은 신청할 때 원하는 금액을 입금하고 자신이 외환을 수령하고 싶은 지점을 지정할 수 있다. 일부 은행에서는 사이버환전을 하는 고객에게 무료로 여행자보험을 가입해주거나 혹은 친구를 소개하면 추가로 5% 할인혜택을 제공하기도 한다.

❷ 환율변동에 대한 환테크 전략

환율이 하락하는 시기에는 최대한 달러화 대신 원화를 보유해야 한다. 이 원칙을 기본으로 다음과 같은 몇 가지 환테크 전략들을 활용해야 한다. 반면에 만약 환율이 상승하는 시기라면 이와 같은 전략과는 정반대되는 환테크 전략을 구사해야 할 것이다.

1 해외 송금시기의 경우

환율하락기에는 해외 유학생이나 연수 학생에게 송금을 할 때는 한꺼번에 하는 것 보다는 시간을 늦추어서 조금씩 하는 것이 좋다. 그러나 지나치게 송금금액이 작아지면 환전수수료에서 손해를 볼 수 있으므로 손익을 잘 비교하여야 한다.

2 해외에서 물건 구입의 경우

환율하락기에는 해외에서 물건을 구입할 경우에는 가급적 신용카드를 사용하는 것이 유리하다. 신용카드의 경우 카드회사가 달러로 먼저 결제하고 회원에게 대금결제를 요구하는 방식으로 운영된다. 따라서 물건구입 후 환율이 내리면 결제시점에서 지불금액이 줄어들 수 있다.

3 외화예금의 경우

환율하락기에는 외화예금을 가입하면 이자소득을 올릴 수 있으나, 환율이 크게 하락하게 되면 이자금액 이상의 환차손을 입을 수도 있다. 따라서 2005년과 2006년에 경험하는 것처럼 환율하락기에는 외환을 보유하기보다는 원화를 보유하는 것이 바람직하며, 외화예금을 가입하더라도 기간을 짧게 가져가는 것이 좋은 환테크 전략이다.

[연습문제]

1. 국제기축통화란 무엇인가?
2. 외환시장에서 환율은 어떻게 결정되는지를 설명하시오.
3. 외환시장의 안정성 조건을 설명하시오.
4. 고정환율제와 자유변동환율제 및 관리변동환율제의 차이점을 비교하시오.
5. 우리나라의 시장평균환율제도('90.3~'97.12)의 도입 배경과 일일변동폭 확대 추이를 설명하시오.
6. 현행 우리나라의 자유변동환율제도를 논하시오.
7. 외환위기와 환율의 변동성을 설명하시오.
8. SDR이란 무엇이며, 그 발행 목적을 설명하시오.
9. 2002년 4월에 발표된 「외환시장 중장기 발전방향」을 설명하시오.
10. 외화자금차입이 많은 기업의 경우, 환율이 상승하는 경우에 그 기업의 재무구조에 미치는 영향은?
11. 환율 하락기에 경제주체들의 환테크 방법은?
12. 외화 환전수수료 절감 방법은?

제10장 보험과 재테크

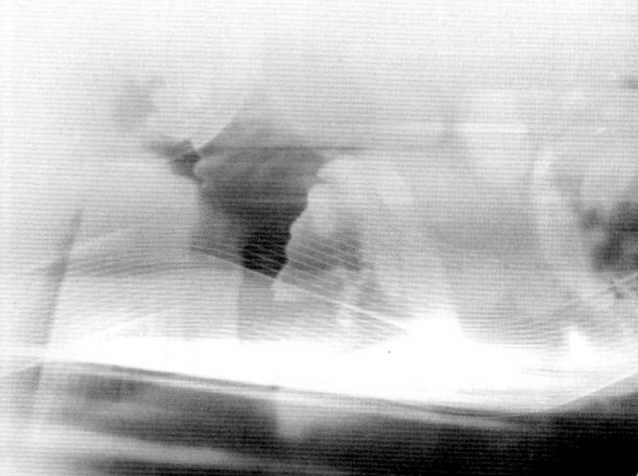

제 10장 보험과 재테크

보험(Insurance)은 미래에 발생할지도 모르는 사고를 대비하여 미리 일정액의 보험료를 납입함으로써 재해가 발생했을 때의 위험을 회피할 목적의 금융상품이다. 그런데 다양한 보험회사들이 많은 상품들을 소개하고 있으며, 최근에는 방카슈랑스의 등장으로 어떤 상품이 자신에게 적합한지를 판단하기가 더욱 어려운 실정이다.

본 장에서는 생명보험과 손해보험을 비교하고, 우리나라의 주요 보험상품을 소개하며, 재테크 상품으로서 각종 보험상품을 비교해 본다.

제1절 생명보험과 손해보험

보험기관은 계약형 저축기관(contractual savings institutions)으로서 장기계약에 의거 자금을 조달하고 이를 장기적인 투자에 운용한다. 계약형 저축기관은 계약관계에 의거 정기적으로 자금을 조달한다는 점에서 다른 금융기관과 구별된다. 이들 기관은 자금유입이 안정적일 뿐만 아니라 보험금의 형태로 발생하는 자금유출도 확률적으로 예측할 수 있다. 이러한 자금유입과 유출의 특성은 그들의 자산관리에 있어서 유동성 문제를 최소화하고 그들로 하여금 장기적인 투자를 행할 수 있게 한다.

01 | 생명보험

생명보험은 손해보험과는 달리 보험사고 발생으로 인한 손해의 유무와 관계없이 일정기간 만료 또는 경과 후 보험금을 가입자에게 지급하는 정액보험주의를 원칙으로 하고 있어 저축의 성격을 띠고 있을 뿐만 아니라 자산운용에 있어서도 장기보험계약준비금을 금융자산 형태로 보유하는 차이가 있다.

생명보험회사는 인체와 관련된 사고에 대하여 보험금을 지급하기로 약속한 계약(保險證書)을 매각하고 보험증서에 대한 보험료로부터 투자자금을 축적한다. 개인의 입장에서 보아 보험사고의 발생은 심각한 경제적 손실을 초래할 수 있으나, 보험회사는 동일한 사고위험을 가진 다수의 개인들에게 보험증서를 매각하기 때문에 회사자산에 비하여 보험금의 지급규모는 그리 크지 않을 것이다.

보험회사는 보험사고가 발생할 확률을 추정손실액으로 곱하여 기대손실액을 계산하고, 여기서 보험료의 투자로부터 생기는 추정손실액을 공제한 후 이 금액에 다시 영업비용 및 목표이윤을 가산함으로써 보험료의 크기를 결정한다. 따라서 기대손실이 클수록 그 보험사고에 대한 보험료는 더 높아진다. 마찬가지로 보험료의 투자로부터 생기는 수익이 커질수록 보험료는 낮아진다. 보험회사는 이처럼 분산을 통하여 위험을 감소시킬 수 있지만, 뜻밖의 재앙이 발생할 경우 손실위험을 일정수준으로 유지하기 위하여 재보험(reinsurance)을 이용하기도 한다.

우리나라의 생명보험회사가 취급하고 있는 보험상품은 피보험자를 기준으로 개인보험과 단체보험[1])으로 대별되며, 또한 개인보험은 보험금의 지급조건에 따라 사망보험, 생존보험 및 양로보험으로 분류된다.

첫째로 사망보험(term insurance)은 피보험자가 일정한 기간 내에 사망할 경우에만 지정된 수혜자에게 보험금을 지급하기로 약속한 증서이다. 피보험자가 이 기간을

---

1) 단체보험은 일정한 요건을 갖춘 단체의 구성원을 대상으로 하나의 증서를 발행하며, 고용주가 피고용자의 사망, 질병, 상해 등의 재해로 인한 손실위험을 보험회사에 전가하는 방법이다.

지나 생존하면 보험계약이 소멸하는 대신에 비교적 낮은 보험료를 지불한다는 이점이 있다.

둘째로 생존보험(endowment)은 자녀의 교육이나 결혼 또는 자신의 은퇴에 대비하여 일정한 계약기간을 정하고 피보험자가 계약기간의 종료 시까지 생존시 계약액을 지급하기로 약속한 증서이다. 생존보험은 피보험자의 사망 시에도 계약액을 지급하는 특약이 부가되는 것이 일반적이기는 하지만, 일정시점에 있어서의 자금 확보가 주목적이므로 보장성기능보다는 저축성기능이 강하다. 우리나라에서 이에 속하는 보험상품으로는 자녀의 학자금을 마련하기 위한 교육보험과 노후생활자금을 마련하기 위한 연금보험이 있다.

셋째로 양로보험(whole life insurance)은 저축성기능과 보장성기능을 절충한 형태로서 피보험자가 사망 시 계약액과 동일한 보험금을 수익자에게 지급하거나 일정한 연령까지 생존 시 피보험자에게 생존급부금을 지급할 것을 약속한 증서이다.

생명보험회사는 계약자가 납입하는 보험료에 의해 자금을 조달하고, 이를 예금, 유가증권, 대출금, 부동산, 신탁 등에 운용하는 한편 보험금이나 환급금의 형태로 보험증서의 소유자에게 돌려준다.

02 | 손해보험

손해보험회사는 화재, 도난, 사고나 부주의로 인하여 발생하는 재산 상의 손실에 대하여 보험금을 지급하기로 약속한 증서를 판매하며, 이로부터 조달된 자금을 본원적 증권에 투자하는 금융기관이다. 손해보험회사는 손실위험에 대한 보험을 제공한다는 점에서 생명보험회사와 동일하지만 업무성격에 있어서는 상당한 차이를 보이고 있다.

첫째, 손해보험은 생명보험에 비하여 그 만기가 대체로 짧다는 점이다. 예를 들면 여행기간, 연예인의 공연기간, 영화제작기간 등과 같이 단기간의 보험이 있고, 화재^

도난^자동차^가옥 등에 대한 보험증서도 대개 1년을 단위로 한다.

둘째, 손해보험의 경우 사고의 발생확률을 추정하기가 어려운 것이 보통이고, 따라서 현금유입 및 유출은 생명보험회사의 경우에 비하여 예측하기 어렵다.

셋째, 생명보험의 경우 보험증서의 대부분이 저축성기능을 갖추고 있는데 반하여, 손해보험은 저축금을 징구하지 않는다.

손해보험회사가 취급하고 있는 종목은 그 부보대상에 따라 화재보험, 해상보험, 자동차보험, 보증보험, 특종보험, 장기저축성보험 및 해외원보험 등으로 구분된다. 보증보험은 보험회사가 보험계약자인 채무자를 대신하여 채권자에게 채무불이행에 따른 손실을 보전할 것을 약속한 증서이다. 특종보험은 항공보험, 운송보험, 상해보험, 도난보증, 원자력보험 등을 포함하며, 장기저축성보험은 보험기간 중 보험사고가 없더라도 만기 시 환급금을 지급할 것을 약속한 증서이다. 해외원보험은 해외에 진출한 국내손해보험회사가 외국인과 체결한 각종 보험계약을 말한다.[2)]

제2절 우리나라의 주요 보험상품

01 | 자동차보험

❶ 자동차보험의 의의

대표적 손해보험인 자동차보험은 차량 소유자가 의무적으로 가입해야하는 책임보험과 임의로 가입여부를 결정할 수 있는 종합보험이 있다. 일반적으로 종합보험을 자동차보험이라고 부르고 있다. 자동차보험 계약은 피보험자가 자동차를 소유, 사용,

2) 김종선 외(2004), 금융시장론, 학현사, 제13장 참조; 보험경영연구회(2002), 보험론, 문영사, 제5부 참조; 오창수 외(2005), 생명보험론, 박영사, 제4장 참조.

〈표 10-1〉 자동차보험의 구성

자손보험	차량보험	충돌 등의 사고로 자신의 차량에 생긴 손해를 보상받는 보험
	자기신체사고보험	사고로 보험가입자가 상해를 입었을 경우에 보상받는 보험
배상책임보험	대인배상책임보험	보험가입자가 타인의 재물에 손해를 입혔을 경우 보상해주는 보험
	대물배상책임보험	보험가입자가 타인의 사망이나 상해를 초래하였을 경우 보상해주는 보험

자료 : www.jeilfire.co.kr

관리하는 것과 관련한 사고로 인해 생긴 손해의 보상을 목적으로 하는 손해보험 계약이다. 자동차보험은 〈표 10-1〉과 같이 구성되어 있다.

❷ 자동차보험 가입 전략

1 무사고 운전

사고를 내지 않은 가입자는 보험료가 매년 점차적으로 할인된다. 1년 무사고일 경우에는 10%가 줄어들며, 7년간 무사고를 운전할 경우 60%까지 할인이 된다. 안전운행을 습관화하면 자신의 안전뿐만이 아니라 금전적인 이득까지도 발생한다.

2 운전자 연령

대부분의 보험회사들은 보험가입시 만 21세 이상과 만 26세 이상, 그리고 만 30세 이상으로 구분해서 보험을 판매하고 있다. 만 26세 이상의 보험상품에 가입할 경우 약 30%가 더 저렴하지만 만 26세 미만인 사람이 운전하다가 사고를 낼 경우 보상이 되지 않으므로 주의할 필요가 있다.

3 에어백 부착 자동차

에어백이 운전석만 장착되어 있을 경우 자기신체사고 보험료를 10% 할인해주며, 앞좌석 모두 설치되어 있는 경우에는 20%를 할인해준다.

④ 가족운전 한정특약

가족운전 한정특약에 가입하면 본인, 배우자, 자녀, 부모가 운전할 경우에만 보험혜택이 주어진다. 이 특약에 가입하면 가족 이외의 다른 사람이 운전할 경우에는 보험혜택이 주어지지 않지만 약 35%까지 비용이 더 저렴해질 수 있다.

⑤ 무이자 분할납부 활용

보험료의 경우 최대 6~12개월까지 무이자로 분할하여 납입이 가능하다. 일부 보험사의 경우 통장에서 자동이체 납입조건으로 분할납부를 하기도 한다. 몇몇 보험사는 특정 신용카드로 결제하는 조건으로 무이자 12개월 분할납부가 가능하다.

⑥ 대물보상한도의 확대

대물보상한도는 상대방의 차량을 파손했을 경우 보험사가 보장하는 한도를 말한다. 기존에는 대부분의 보험사가 대물보상한도를 2,000만~3,000만원으로 지정하였다. 그러나 최근 들어 외제승용차들이 증가하면서 보험금이 부족할 수 있다. 보험금을 조금 더 지급하더라도 대물보상한도를 확대하는 것이 좋다.

⑦ 자기부담금의 적절한 활용

자기부담금은 자신의 자동차가 파손되었을 때 자신이 부담하는 차량수리 비용을 말한다. 자신이 부담하는 금액이 많아질수록 보험료가 낮아진다. 따라서 차량을 많이 사용하지 않거나, 사고 가능성이 낮은 지역에 거주하는 사람은 자기부담금을 높게 책정하는 방안을 검토해 볼 필요가 있다.

⑧ 교통법규 준수 운전자 보험료 할인혜택

2000년 9월 1일부터는 교통법규 위반여부에 따라 보험료를 차등화하고 있다. 교통법규를 위반한 운전자에게는 보험료가 할증되고, 위반한 적이 없는 운전자의 경우

보험료가 할인된다.

02 | 종신보험

❶ 종신보험의 의의

종신보험은 각 개인의 재무상황 및 필요성에 따라 맞춤형으로 설계하여 각종 특약을 조합함으로써 다양한 보장을 해주는 보험이다. 한 가정의 생계를 이끌어가는 가장이 예기치 못한 사고나 질병으로 사망할 경우 유족들이 경제적으로 힘들어질 가능성이 높다. 이런 상황에 대비하기 위한 목적의 종신보험은 가입기간이 평생이며 가입자가 어떠한 원인으로 사망했는지에 관계없이 보험금을 지급하는 보험이다. 실제로 가족들이 아파트나 부동산과 같은 재산을 상속받더라도 상속세를 납부하기 위하여 재산을 처분해야 하는 경우가 발생할 수 있다. 하지만 가족들이 종신보험료를 지급받을 경우에는 상속세의 재원이 될 수도 있다.

종신보험에는 약관에 따라 정액보험, 변액보험 및 변동금리형보험이 있다. 첫째로 정액보험은 보험가입 시점에 적용하는 이자율이 보험기간이 종료될 때까지 그대로 적용된다. 둘째로 변액보험은 보험회사에서 가입한 보험료를 주식이나 채권 등에 투자해서 그 성과에 따라 보험금을 지급하는 실적배당형 성격의 보험상품이다. 셋째로 변동금리형보험은 시중실세금리에 따라 매년 보험금의 금리가 변화되는 보험이다. 자신의 성향 및 가족의 상황에 적합한 유형을 선택하여야 할 것이다.

❷ 종신보험의 가입 전략

1 나이가 적을 때 일찍 가입

나이가 많아질수록 사망 가능성이 높아지기 때문에 일찍 가입할수록 보험료가 낮아진다.

② 연령 적용방식을 고려

보험을 가입할 때는 주민등록상의 나이와 가입 당시의 날짜를 차감하여 반올림하여 보험연령을 결정한다. 따라서 12월 1일이 생일이라도 6월 1일부터 한 살이 더 추가된다. 따라서 6월 1일 이전에 종신보험에 가입하는 것이 보험료를 절감할 수 있다.

③ 신체검사로 할인혜택을 활용

보험사마다 차이가 있지만 신체검사를 받아서 건강한 사람으로 판정될 경우에는 보험료를 할인해 주고 있다.

④ 보험회사의 안전성을 고려

종신보험은 가입자가 살아 있는 기간이 보장기간이므로 보험회사가 부실로 인하여 퇴출된다면 보험을 가입한 의미가 없어진다. 따라서 다른 보험보다도 보험회사의 안전성을 충분히 고려해야 한다.

⑤ 가입 후 중도해약은 불리

종신보험의 경우에는 중도에 해약을 할 경우 손해를 보게 된다. 따라서 자금이 필요할 경우에는 약관대출이나 감액제도 등을 이용하는 것이 더욱 효과적이다.

03 | 연금보험

1 연금보험의 의의

연금보험이란 정년퇴직 후 노후기에 경제력 부족으로 인한 문제를 해결하기 위해서 경제활동기에 매월 급여의 일정액을 납입하는 보험을 말한다.

우리나라의 경우 모든 국민이 국민연금에 의무 가입되어 있지만 노후생활비가 충분하지 못하며 노인들의 평균수명이 큰 폭으로 높아져 고령화사회로 가고 있는 추세이기 때문에 추가적인 노후대책이 필요한 실정에 맞춘 상품이다. 연금보험을 가입할 경우에는 소득공제 및 세제혜택과 같은 추가적인 장점이 있다.[3)]

❷ 연금보험 가입 전략

1 연금보험 상품별 비교

연금보험 상품에 가입 시에는 금융기관별로, 상품별로 소득공제 혜택의 범위, 비과세 여부와 정도 및 중도해지 시의 불이익 등에 대한 비교^검토가 먼저 이루어져야 한다.

2 적정 연금개시 연령의 선택

자신의 라이프사이클을 잘 고려하여 자신의 정년퇴직 시기, 가족상황, 건강상태 등을 고려하여 연금이 개시되는 시기를 결정하여야 한다. 연금의 개시가 빠를수록 연금액수가 적어지기 때문에 신중한 결정을 할 필요가 있다.

3 납입기간은 길수록 유리

납입기간이 길수록 납입보험료가 많아지기 때문에 연금액도 많아지게 된다. 납입기간 동안 소득공세 혜택도 지속적으로 주어지기 때문에 납입기간은 길수록 유리하다.

❸ 연금보험 유형

연금보험 유형에는 국민연금, 기업연금(기업퇴직금), 개인연금의 3가지 유형이 있다.

---

3) 본 서의 제2장 제4절 참조.

1 국민연금

1988년부터 시행된 국민연금은 사회복지를 위한 공적연금으로써 가입이 의무화되어 있다. 소득활동을 할 때 급여의 일부분을 납부하여 두었다가 나이가 들거나, 예상하지 못한 사고로 사망이나 장애를 입게 되어 소득활동을 할 수 없을 때 연금을 지급받을 수 있는 제도이다.

국민연금을 40년 동안 불입하고 퇴직 후 급여수준의 60% 정도에 해당되는 연금을 수령하려면 최소한 13~16%를 납부하여야 하지만, 제도시행 초기라는 점을 고려하여 최초 3%에서 시작하여 9%까지 점진적으로 보험료를 인상하도록 만들어져 있다.

〈표 10-2〉 국민연금 급여 내역

<table>
<tr><th>구 분</th><th>급여 종류</th><th>가입기간</th><th>나 이</th><th>급여 내용</th></tr>
<tr><td rowspan="5">노령
연금</td><td>완전노령연금</td><td>20년 이상</td><td>60세</td><td rowspan="5">기본연금액 100%+가급연금액[1)]
가입 10년인 경우 :
기본연금액 47.5%+가급연금액
가입 10년 60세인 경우 :
기본연금 47.5%+50%
가입 20년인 경우 :
기본연금액의 50%~90%
가입 10년, 55세인 경우 :
기본연금 (47.5~75%)+가급연금액
가입 5년, 60세인 경우 :
기본연금 25%+가급연금액</td></tr>
<tr><td>감액노령연금</td><td>10~20년 미만</td><td>60세
(비소득자)</td></tr>
<tr><td>재직자노령연금</td><td>10년 이상</td><td>60~65세</td></tr>
<tr><td>조기노령연금</td><td>10년 이상</td><td>55~60세
(비소득자)</td></tr>
<tr><td>특례노령연금</td><td>2~10년</td><td>60세</td></tr>
<tr><td>장애
연금</td><td colspan="3">1년 이상 가입자가 질병 또는 부상으로 장애를 입은 경우</td><td>1급 : 기본 100%+가급연금액
2급 : 기본 80%+가급연금액
3급 : 기본 60%+가급연금액
4급 : 기본액의 225%(일시보상금)</td></tr>
<tr><td>유족
연금</td><td colspan="3">국민연금 가입자 또는 연금수령자의 사망 시 그에 의해 생계를 유지하던 가족</td><td>가입 10년 미만 : 기본 40%+가급연금액
10~20년 미만 : 기본 50%+가급연금액
20년 이상 : 기본연금 60%+가급연금액</td></tr>
<tr><td>분할
연금</td><td colspan="3">혼인기간 중 가입기간이 5년 이상인 노령연금 수급권자의 이혼한 배우자가 60세 이상 될 때</td><td>배우자였던 자의 노령연금액 중 혼인기간에 해당되는 연금액의 1/2</td></tr>
</table>

주 : 1) 일종의 가족수당 성격의 부가급여액.
자료 : 국민연금관리공단.

국민연금 가입자가 수령할 수 있는 연금의 종류는 〈표 10-2〉와 같다.

2 기업연금

기업연금(pension)은 사회보장의 역할을 수행하기 위한 제도인데, 선진국에서는 이미 오래 전부터 도입되었으나, 우리나라에서는 2005년 12월 퇴직연금제도란 이름으로 기업연금제도가 도입되었다.[4] 이전에는 근로기준법에 의한 퇴직금제도가 있었지만, 기업이 도산할 경우 근로자들이 일자리도 잃고 퇴직금도 받지 못하는 경우가 있었다. 그리고 이직이 발생할 경우 퇴직금을 일시 수령함으로 인하여 노후소득보장 기능이 미비했다.

기업연금제도는 퇴직금이 은행계좌에 적립되지 않고, 투신운용사 등의 전문기관이 관리하는 펀드에서 운용하기 때문에 기업이 도산하더라도 연금이 지급된다는 장점이 있다. 아직은 퇴직연금제도를 실시하는 기업이 많지 않은 실정이며, 특히 중소기업의 경우에는 퇴직금을 안정적으로 운용할 수 있는 능력을 가진 사업자를 선정하는 것이 중요하다.

3 개인연금

개인연금이란 퇴직 후에 일정한 금액을 지급받을 수 있도록 사회활동기에 금융기관에 일정액을 납입하는 제도를 말하며 우리나라에서는 1994년 6월부터 시행하고 있다.

개인연금의 필요성은 정년퇴직 후에 국민연금과 기업연금을 수령하더라도 여유 있는 노후생활을 유지하기에는 그 금액이 부족하기 때문이다. 두 가지 연금을 수령하더라도 월생활비에서 부족한 부분은 개인연금을 통해서 준비해야만 한다.

일반적으로 스위스와 같이 사회복지제도가 잘 정비된 국가일수록 기업연금이나 개인연금보다 국민연금에 의존한다. 그러나 우리나라의 퇴직자들은 약 40%의 금액

---

4) 5인 이상 사업장은 기존 퇴직금제 유지나 퇴직연금제 전환여부를 노사가 자율적으로 선택할 수 있도록 했으며, 5인 미만 사업장은 2008년 이후에 시행될 예정이다.

을 개인연금을 통해서 마련하고 있어서 개인연금에 대한 의존도가 가장 높으며, 상대적으로 국민연금이나 기업연금에 대한 의존도는 낮은 실정이다.

개인연금을 취급하는 금융기관별로 개인연금의 상품종류에는 은행의 연금신탁, 보험회사의 연금보험, 투자신탁회사의 연금투자신탁 등이 있다. 은행과 투자신탁회사의 연금신탁은 실적배당 및 확정연금지급형이기 때문에 수익률이 높다는 공통점이 있다. 그러나 보험사의 경우 위험에 대한 보장성이 있고, 종신연금의 경우에는 사망할 때까지 연금이 지급된다는 차이점이 있다.

(1) 은행의 연금신탁

은행의 연금상품은 정기적금과 유사한 성격을 띤다. 2001년 이전에는 개인연금신탁으로 판매되었으나, 세법 개정으로 그 이후에는 연금신탁으로 판매되고 있다. 개인연금신탁은 연간 적립액의 40% 한도 내에서 최고 72만원까지 소득공제가 가능하며, 만기해지 및 5년 이상 연금수령 후 중도해지 시에 신탁이익에 대해 전액 비과세하는 반면에, 연금신탁은 비과세 혜택은 없지만 연간 적립금액의 100% 이내(최고 300만원)[5]에서 소득공제 혜택을 받을 수 있으나 중도해지 시 일시금 수령액은 기타소득으로 보아 22%(주민세 포함)로 과세되며, 연금수령 시에도 연금소득세가 5.5%(주민세 포함)로 과세된다.

은행연금신탁은 분기마다 300만원까지 납입이 가능하며, 만 55세 이후부터 5년 이상 기간 동안 연금을 받을 수 있다.

펀드유형에는 안정형과 채권형이 있으며 안정형은 주식과 주식관련 파생상품을 10% 이하로 편입한 포트폴리오를 구성한다. 채권형은 100% 모두 국공채 및 기타 유가증권으로 포트폴리오를 구성한다.

(2) 투자신탁회사의 연금투자신탁

투자신탁회사의 연금투자신탁은 매월 100만원 또는 3개월마다 300만원 이내의

5) 연금신탁 소득공제 혜택이 2006년부터 300만원(이전 240만원)으로 확대됨.

금액을 납입할 수 있으며, 10년이 지난 후 만 55세부터 연금을 지급받을 수 있다.

상품의 종류에는 주식형과 채권형이 있다. 주식형의 경우 40% 이상을 주식에 투자하기 때문에 원금의 손실이 발생할 수도 있다. 투자의 위험성으로 인하여 100%를 국공채 및 기타 유가증권으로 포트폴리오를 구성하는 채권형 자산이 더욱 많은 실정이다.

연금투자신탁의 가장 큰 특징은 1년에 두 차례 주식형펀드나 채권형펀드로 전환할 수 있다는 것이다. 따라서 주식시장이 상승세일 때 주식형으로 운영하다가 목표수익률을 달성한 후에는 다시 채권형으로 전환하게 되면 높은 수익률을 유지할 수 있다.

(3) 보험회사의 연금보험

연금보험의 종류에는 고정금리형, 변동금리형, 변액연금형 등이 있다.

① **고정금리형** : 고정금리형은 시중금리의 변화에 관계없이 확정된 이자를 지급하는 형태이다. 고정금리형은 금리하락기에 유리하다. 원금보장이 되며, 세제혜택이 있다.

② **변동금리형** : 변동금리형은 시중금리가 변화함에 따라 보험에 적용되는 이율도 연동하여 변화하는 형태이다. 연금보험의 대다수는 변동금리형으로 운영되고 있다. 금리변동의 위험을 회피할 수 있으나 원금보장은 되지 않고, 세제혜택도 없다.

③ **변액연금형** : 변액연금형은 납입된 금액의 일부분이 주식이나 채권에 투자되고 투자자금에서 발생한 이익금을 배당의 형태로 나누어 주는 방식이다. 투자결과에 따라 손실이 발생할 수도 있지만 주가상승기에는 높은 이익률을 올릴 수 있다. 그러나 원금보장은 되지 않고, 세제혜택도 없다.

04 | 암보험

① 암보험의 의의

우리나라의 성인 사망률의 90.5%는 질병에 의한 사망으로 나타나고 있다. 사망원인 가운데서 22%가 여러 가지 암에서 기인하고 있다. 그러나 실제로 암이 발생했을 경우 평균 63.6%의 비용을 본인이 부담하고 있는 것으로 나타나 의료보험으로 치료비를 부담하기는 불가능한 실정이다.

② 암보험 가입 전략

1 보장기간은 길게

연령이 증가할수록 암에 걸릴 확률은 높아지게 된다. 우리나라 노인의 평균수명이 길어지고 있는 점을 고려할 때 70~80세가 적당하다.

2 나이가 적을 때 빨리 가입

나이가 많을수록 암발생 확률이 높아지며 당연히 보험료도 비싸지게 되다. 그러므로 젊은 나이게 가입할수록 지급하게 되는 보험료는 저렴해진다. 만 60세가 넘을 경우에는 암보험 가입이 불가능하다.

3 진단보험금이 많이 지급되는 상품의 선택

암보험에서는 진단, 입원, 수술, 요양, 통원 등에 대한 보험금이 지급되는 것이 일반적이다. 하지만 요양이나 통원으로 인하여 비용이 발생할지의 여부는 불투명하다. 따라서 보험진단 시 즉시 많은 보험금이 지불된다면 여러 가지 용도로 활용할 수 있다.

④ 보험금 지급에 제약이 있는지 확인

일부 보험의 경우 수술과 입원이 있을 경우에만 보험금을 지급한다는 조항이 있을 수 있다. 이러한 제약이 없는지 여부를 확인하고 상품을 가입한다.

⑤ 보장기간 등 약관의 숙지

암보험은 가입 후 90일이 경과해야 보장을 받을 수 있다는 점을 알고, 미리 신체검사 등에 유의할 필요가 있다.

05 | 방카슈랑스

❶ 방카슈랑스의 의의

금융혁신 과정에서 만들어진 상품인 방카슈랑스(bancassurance)는 프랑스어로 은행(banque)과 보험(assurance)이 결합되어 만들어진 용어이다. 앞서 제2장에서도 소개 했듯이 방카슈랑스는 은행이 보험회사와 연계하여 상품을 판매하는 형태의 새로운 금융서비스이다.

방카슈랑스는 1986년 프랑스 아그리콜은행이 프레디카생명보험사를 자회사로 설립하면서 최초로 등장하였으며 프랑스에서는 방카슈랑스가 50% 이상의 보험을 판매하고 있다. 우리나라에서는 2003년 8월 1일부터 방카슈랑스가 도입되었는데, 향후 2008년까지 완전한 선진국형 방카슈랑스제도로 이행할 전망이다. 방카슈랑스는 은행창구에서 예금, 보험, 투자를 종합적으로 서비스 받을 수 있다는 장점이 있다.

❷ 방카슈랑스 활용 전략

① 노후설계와 연계

자신이 몇 살부터 퇴직하게 되어 노후생활을 할 것인지를 예상해 보고 필요예상

금액을 산출해 본다. 산출된 금액을 연금보험을 통해서 마련하기 위해서 얼마씩 납입해야 하는지를 분석하여 가입한다.

2 금리 변동여부의 확인

대부분의 방카슈랑스 상품은 이율변동에 따라 환급금이 달라지는 특성을 가지고 있기 때문에 가입시점에 제시된 금액이 실제 수령액과 달라질 수 있다. 따라서 가입당시에 금리가 확정형 또는 기본금리를 보장하는 상품이 유리하다.

3 연금전환 가능형 저축보험의 활용

방카슈랑스에서 판매하고 있는 저축보험들의 경우에는 가입 후 일정한 기간이 지나면 연금으로 전환할 수 있다. 이러한 상품의 경우 저축성기능과 보장성기능의 혜택이 모두 주어진다는 장점이 있다.

06 | 보험관련 재테크 상품 비교

보험관련 재테크 상품의 특성 비교를 위해 앞서 소개한 연금보험과 종신보험을 포함하여 장기저축성보험, 변액연금보험, 일시납 즉시연금보험, 장애인전용보험, 장기주택마련저축보험, 연금저축손해보험 등의 특징을 비교하면 〈표 10-3〉과 같다.[6]

1 장기저축성보험

장기저축성보험은 손해보험회사에서 판매하는 보장성기능이 가미된 저축성보험 상품으로 장기적으로 목돈을 마련하거나 목돈을 안정적으로 운용하기에 적합하다.

6) 2005년 한국의 수입보험료는 829억달러로 세계 7위를 기록했으며, 1인당 보험료는 1,706달러로 세계 22위였다.

〈표 10-3〉 보험관련 재테크 상품별 특징 비교

상품명	취급기관	가입대상	예치기간/가입한도	예금자 보호여부	특 징
장기저축성 보험	손해 보험회사	제한 없음	3, 5, 7, 10년 등 다양	보호	•10년 이상 가입 시 비과세
연금보험	생명 보험회사	제한 없음	상품별로 상이	보호	•연 300만원 소득공제
변액연금보험	생명 보험회사	제한 없음	5년 이상	비보호	•고객의 투자성향에 따른 자산운용 선택
일시납즉시 연금보험	생명 보험회사	제한 없음	상품별로 상이	보호	•확정연금형, 상속연금형, 순수 종신연금형 등
종신보험	생명 보험회사	제한 없음	종신	보호	•보장성 특약보험료에 대해 연 100만원 소득공제
장애인 전용보험	생명 보험회사	장애인 및 상이자	상품별로 상이	보호	•100만원 한도 소득공제 •장애인을 수익자로 할 경우 증여세 면제
장기주택마련 저축보험	손해 보험회사	무주택 세대주	7, 10, 15년/ 분기 300만원	보호	•만 18세 이상 무주택세대주, 전용면적 25.7평 이하의 1주택 소유자 가입
연금저축 손해보험	손해 보험회사	만 18세 이상 국내거주자	제한 없음	보호	•실적배당, 중도환매 가능 •분산투자로 위험 감소

자료 : www.moneytoday.co.kr

2 연금보험

연금보험은 연금수령 방법이 다양하고 선택부가특약으로 연금 지급개시 전 보장성 기능이 있어, 고령화사회의 노후복지 마련에 적합한 상품이다.

3 변액연금보험

변액연금보험은 일반적으로 가입당시 보장금액이 정해져 있는 정액보험과 달리, 지급되는 보험금이 투자수익에 따라 달라지는 보험이다. 인플레이션으로 인한 보장자산의 가치하락을 보완해주는 기능과 투자기능이 추가된 보험상품이나, 원금보장이 안 되는 실적상품이므로 주의가 필요하다.

④ 일시납 즉시연금보험

일시납 즉시연금보험은 연금제도가 발전된 국가에서 보편화된 상품으로, 목돈을 생명보험회사에 예치하고, 즉시 또는 일정기간 거치 후 정기적(통상 매월)으로 일정액을 노후생활연금으로 수취하는 상품이다.

⑤ 종신보험

종신보험은 각 개인의 재무상황 및 필요성에 따라 맞춤형으로 설계하여 각종 특약을 조합함으로써 다양한 보장을 해주는 보험이다. 사망원인과 관계없이 보험금이 지급된다.

⑥ 장애인전용보험

장애인전용보험은 보험혜택을 받기 어려운 장애인을 위한 전용상품이다. 장애인을 보험금 수익자로 지정할 경우 증여세 면제혜택과 연 100만원까지 소득공제도 받을 수 있는 상품으로 소득보장형, 암보장형, 사망보장형 등이 있다.

⑦ 장기주택마련저축보험

장기주택마련저축보험은 안정적이고 높은 약관대출이율에 연동되는 상품이며, 가입 후 7년 이상 계약유지 시 이자소득세가 면제되는 비과세 혜택과 근로자의 소득공제 혜택을 준다. 손해보험사에서 판매하는 장기주택마련저축은 저축성기능과 보장성기능을 겸한 상품이다.

⑧ 연금저축손해보험

연금저축손해보험은 손해보험회사에서 취급하는 연금보험 상품으로, 저축성기능도 가지고 있는 고령화사회의 노후복지 마련에 적합한 상품이다.

연습문제

① 보험상품으로서 생명보험과 손해보험은 어떤 차이가 있나?
② 생명보험을 보험금 지급조건에 따라 구분해보시오.
③ 손해보험을 부보대상에 따라 구분해보시오.
④ 자동차보험의 의의와 가입전략을 설명하시오.
⑤ 종신보험의 의의와 가입전략을 설명하시오.
⑥ 연금보험의 의의 및 가입전략을 설명하시오.
⑦ 개인연금을 취급하는 금융기관별로 개인연금의 상품종류를 설명하시오.
⑧ 암보험의 의의와 가입전략을 설명하시오.
⑨ 방카슈랑스의 의의 및 활용전략을 설명하시오.
⑩ 생명보험회사와 손해보험회사가 취급하는 보험관련 주요 재테크 상품의 특징을 비교하시오.

제11장 선물시장과 재테크

제1절 선물거래의 의의

제2절 선물시장의 발달과 금융선물

제3절 금융선물시장의 기능과 목적

제4절 우리나라의 선물시장과 재테크

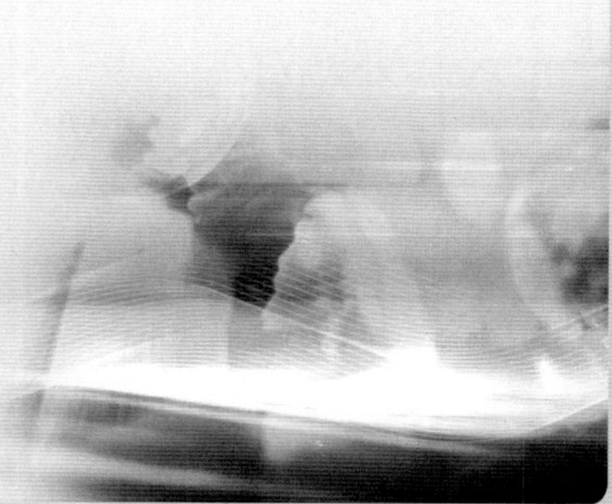

제 11장 선물시장과 재테크

오늘날 금융환경 변화에 따른 금융시장의 가격변동의 위험이 증대하는 과정에서 선물, 옵션, 스왑 등의 파생금융상품의 발전 속도는 경이적인 수준이다.

따라서 이에 대한 이해를 위해 본 장에서는 선물시장의 이론과 제도를 소개하고, 이어서 거래유형별 투자전략을 검토한다.

제1절 선물거래의 의의

01 | 선물거래의 연혁

일반적으로 선물거래의 발달은 미국의 시카고시의 상업발달과 밀접한 관련을 갖고 있다고 알려져 있다. 5대 호의 전략적인 위치와 비옥한 곡물지대에 인접한 시카고는 자연스럽게 수출과 동북부의 소비자 및 시카고의 가축사육용 곡물의 집산지가 되었다.

시카고에서의 곡물거래가 활발해지는 동안 곡물가격의 변동은 예측이 가능하게 되었다. 즉, 수확 직후 다량의 곡물이 시장에 나오면 초과공급으로 인해 가격이 떨어졌으며, 후에 공급이 줄어들면 가격이 다시 올라 다음해 농사의 동기를 부여하였고, 그 다음 수확기에는 또 다시 공급과잉이 되곤 하였던 것이다.

또한, 시카고 주변의 곡창지대 농부들은 추곡선도계약이 추곡판매가격의 불안정을 어느 정도 극복시킬 것이라는 점을 인식하게 되었다. 이러한 자각이 미국 내에서의 선도거래(forward contract)의 기원이 되었다. 선도계약은 또한 곡물매입자에게도 유익하였는데, 그 이유는 시차를 두어 상품을 인수함으로써 상인들과 가공업자들은 더욱 효율적으로 설비의 이용을 계획할 수 있었기 때문이다. 인도가 연기된 이러한 형태의 계약은 즉시 인도와 마찬가지로 현물거래를 상징하였다. 그러나 이들 계약은 개인간의 합의였기 때문에 상품의 양이나 등급이 표준화되어 있지 못하였고, 지불조건이 각양각색이고, 거래가격이 통상 일반에게 공개되지 않았을 뿐더러 가끔 당사자들이 계약을 위반하곤 하였다. 이러한 점들 때문에 이는 시카고 선물거래소(Chicago Board of Trade : CBOT) 설립의 동기를 제공한 셈이다.

CBOT는 곡물상(穀物商)들이 상호 관심사를 토의할 수 있는 공회당으로 1848년에 조직되었다. CBOT의 첫 번째 조치 중 하나는 곡물거래를 위한 중심이 되는 장소를 설립한 것이었으며, 그 후 CBOT는 밀에 대한 표준규격과 곡물의 무게를 재고 검사하는 체제를 개발하였고, 1858년에는 CBOT에서의 거래특권을 회원들에게만 제한하는 규칙을 채택하였다. 그럼에도 불구하고 계속해서 CBOT 이외에서 상당량의 곡물거래가 이루어지고 있었다. 1863년 CBOT는 어느 계약조건이든 이를 이행하지 않는 회원에 대하여 회원권을 정지시키는 규칙을 채택하였다. 1865년에는 인도가 연기된 계약들의 존재를 인정하여 CBOT는 어느 한 당사자가 요청할 경우 이들 계약에 대하여 보증금(security deposits)을 적립할 것을 회원들에게 요구하는 규칙을 처음으로 도입하였다.

이러한 과정을 거쳐, 선물거래(futures trading)에 필요한 대부분의 요건들이 자리를 잡아가고 있었다. 1865년 말 거래소 일반규칙(general rules of the board of trade)으로 알려진 포괄적인 규칙이 도입되어 선도거래를 진정한 선물거래로 전환시키는 계기가 되었다. 이 규칙은 계약의 표준화, 증거금제도를 통한 매매계약 이행의 확보, 인도 이행 시에 따라야 할 절차 및 계약 불이행 시 다루어야 할 절차, 지불조건에 대한 규정 등을 포함하였다. 1865년 10월 13일 이러한 일반규칙의 채택과 함께 CBOT는 미국 최초의 순수 선물거래소가 되었다.[1)]

02 | 선물거래와 선도거래

앞서 본 바와 같이 매매당사자가 미래의 일정시점에 어느 특정상품을 현시점에서 약정한 가격으로 인수^인도할 것을 약속한다는 점에서 선물거래와 선도거래는 유사하다.[2)] 그러나 〈표 11-1〉이 보여주듯이 선물거래는 거래조건이 표준화되어 있고, 증거금제도 및 일일정산제도 등이 있다는 점에서 선도거래와 구별된다.[3)]

❶ 증거금제도

선물시장에서 매입자와 매도자가 자신들의 포지션(position)의 이행을 보증하기 위하여 청산회사는 회원사로 하여금 증거금 적립을 요구하고 각 회원사는 모든 거래자에게 증거금 적립을 요구한다.

증거금 적립에는 두 가지 형태가 있는데, 첫째는 개시증거금(initial margin 혹은 original margin)이고, 둘째는 변동증거금(variation margin)이다. 전자는 선물계약거래를 시작할 때 적립해야 하는 것이고, 후자는 일일정산에서 발생하는 결과이다.

---

1) CBOT(1989), *Commodity Trading Mannual* 참조.

2) 선물계약은 선도계약에서 발전되었으며, 아직까지 선도계약의 기원은 불분명하지만 고대 그리스, 로마 또는 고대 인도시대에도 선도계약이 있었다고 본다. 우리나라의 고유한 선도계약으로는 입도선매, 밭떼기거래 등이 있었다.

3) 김종선^김종오(2004), 금융제도론, 방송대출판부, 제14장; 신민식(1997), 파생상품시장론, 법문사, PP.52-7 참조.

〈표 11-1〉 선물거래와 선도거래의 차이점

구 분	선물거래	선도거래
거래장소	지정된 장소에서 거래가 이루어지는 거래소시장	지정된 장소 없이 거래가 이루어지는 장외거래시장
거래조건	거래단위, 만기, 품질 등이 표준화되어 있음	거래단위, 만기, 품질 등이 거래자간의 합의에 의해 결정됨
시장조성자	거래소 회원 및 브로커	국제금융기관과 다국적기업
시장참여 범위	불특정 다수인(제한 없음)	개인이나 소규모회사는 실제적으로 제한을 받음
규 제	선물거래감독원과 거래소 자체에서 규제	자율적인 규제
가격형성	경쟁호가방식으로 형성됨	거래 쌍방간 협상으로 형성됨
이행보증	성립된 거래에 대해 청산회사가 거래이행을 보증	각 거래상대에 대한 신용정도를 개인적으로 조사할 필요가 있음
증거금	개시증거금과 선물가격변동에 따른 변동증거금을 납부함	금융기관과 달리 일반고객에 대해서는 신용도에 따라 증거금이 요청됨
중도청산	매입 또는 매도포지션은 반대 매매를 통해 쉽게 청산됨	매입 또는 매도포지션을 상쇄 또는 전가시키기가 어려움
만기청산	만기일 전 상쇄거래에 의한 현금청산결제가 일반적(현물인수도는 1% 미만임)	쌍방간에 합의된 일자 (99% 이상 실물인도)
결제일자	표준화된 월, 일	쌍방간에 합의된 일자
거래시간	거래소 개장시간 이내	제한이 없음
거래상대	거래소를 통한 간접거래	거래상대방과의 직접거래

❷ 일일정산제도

선물거래소가 거래이행을 보장하기 위하여 활용하는 두 번째 수단은 손익에 대한 일일정산(daily resettlement 혹은 marking-to-market)제도로서, 이러한 일일정산제도는 자주 선물과 선도계약의 중요한 경제적인 차이점으로 비교되고 있다.

선도계약의 경우, 모든 금액의 지불이 계약 만기일에 이루어지는 반면, 선물계약에서는 대금정산이 계약기간 중 계속하여 발생한다. 예컨대, 이익이 발생하면 거래자의 구좌 대변에 기입되고 그 거래자는 이 자금을 인출하여 투자할 기회를 갖게 된다. 마찬가지로, 손해를 본 거래자는 새로운 자금으로 이를 보충해야 하므로 이때 금융비용이 발생한다.

③ 표준화된 선물계약

선도계약과는 달리 선물계약의 거래조건들은 표준화(standardization)가 매우 잘 되어 있다. 선물시장의 발전의 핵심은 표준화에 있고, 선물산업은 효율성을 추구하며 속임수와 사기를 극소화하려고 노력한다. 따라서 선물계약은 대상상품, 상품의 질(quality)과 양(quantity), 인도장소 및 인도시점 모두가 표준화되어 있다.

각 거래소는 각각의 계약에 대하여 이루어져야 하는 거래조건을 지정하는 데, 예컨대 CBOT에서의 T-Bond에 대한 계약은 대략 6개월과 9개월 후의 계약을 거래하며 3월, 6월, 9월 및 12월에 만기가 된다. 그 외에도 거래소는 계약의 크기, 가격의 단위, 일일가격변동폭 등을 결정한다.

제2절 선물시장의 발달과 금융선물

01 | 선물상품의 종류

오늘날 선물거래에 이용되는 상품의 종류는 매우 다양하다. 그러나 선물계약의 특성 상 상품의 표준화가 필수조건이기 때문에 거래되는 상품에는 어느 정도 한계가 있기 마련이다. 최근에는 컴퓨터 프로그램을 이용하는 금융공학의 발전으로 상품을 선물화하는 데 걸림돌이 되고 있는 한계점을 빠른 속도로 극복하고 있다. 주가지수선물은 이미 활발한 거래와 함께 대표적인 선물상품으로 부각되고 있고, 경기선행지수, 소비자물가지수, LIBOR 금리 등에 대해서도 거래가 이루어지고 있다.

이상과 같이 선물거래에 이용되는 상품을 크게 나누면 상품선물(commo-dities

futures)과 금융선물(financial futures)로 양분할 수 있다. 1980년대에 금융선물이 세계적으로 확산되고 동시에 규모가 크게 증가하기 전까지는 선물시장은 상품선물과 함께 발달하여 왔다. 앞서 본 바와 같이, 현행의 체계적인 선물거래가 형성되기 시작한 시점은 1848년 미국의 시카고 선물거래소(Chicago Board of Trade)의 조직으로 소급된다.

초기의 CBOT에서는 곡물을 중심으로 선물거래가 발달하였으나 그 후 각종 농산물, 임산물, 금속 및 금융상품까지 거래되면서 세계 최고의 선물거래소로 성장하였다. 선물거래소의 설립이 증가함에 따라 납, 주석, 구리, 목재와 금, 은 등의 귀금속과 같은 공산품을 포함하여 다수의 비농산물에도 선물계약이 도입되었다.

02 | 금융선물의 발전

금융자산에 대해서는 1970년대 초에 이르러서야 비로소 선물이 도입되었는데, 1972년 CME(Chicago Mercantile Exchange)부설 IMM(International Monetary Market)에서 최초로 거래된 통화선물(currency futures)이 금융선물의 효시이다.

1975년 10월에는 CBOT가 정부주택저당증서(Government National Mortgage Association Collateralized Depository Receipts : GNMA-CDR)를 대상으로 한 금리선물을 개발하였다. 그 후 뉴욕, 필라델피아, 캔사스 등 미국 내는 물론 영국, 일본, 싱가포르 등 세계 각지로 확산되었고 거래대상도 T-Bill, T-Note, T-Bond, CD 및 유로달러 정기예금 등으로 다양해졌다.

1982년 KCBT(Kansas City Board of Trade)에서 밸류라인 주가지수(Value Line Stock Index)를 대상으로 주가지수선물거래를 처음으로 도입한 이후 다양한 주가지수선물이 도입되었으며, 이러한 주가지수선물은 거래량으로 볼 때 이제까지 거래된 선물 가운데 가장 급속한 성장세를 기록하고 있다.

금융선물은 상품선물에 비해 그 역사가 짧지만 1970년대 이후 환율의 변동성과

〈표 11-2〉 상품별 선물 및 옵션거래량(장내 기준)

(단위 : 백만 건, %)

기초자산		계약 건수	
		1996년	2003년(1~10월)
금융상품	금리	763.5 (43.2)	1,616.6 (24.6)
	개별주식	283.1 (16.0)	1,130.1 (17.2)
	주가지수	266.9 (15.1)	3,283.2 (50.0)
	통화	100.0 (5.7)	64.0 (0.9)
일반상품	농산물	196.8 (11.1)	152.9 (2.3)
	금속	86.7 (4.9)	128.6 (2.0)
	에너지	71.7 (4.0)	185.6 (2.8)
합 계		1,768.7(100.0)	6,561.0(100.0)

자료 : Futures Industry Magazine(2004)

〈표 11-3〉 주요 금융선물상품

(1) 통화선물(Currency Futures)
일본 엔, 영국 파운드, 스위스 프랑, 캐나다 달러, 호주 달러, Euro, 미국 달러 등

(2) 금리선물(Interest Rate Futures)
장기금리 : 미국 장기국채(T-Bond) / 미국 지방채(Municipal Bond)
영국 장기국채(Long Gilt 20년) / 일본 국채(20년 만기)
캐나다 국채(15년 만기)
중기금리 : 미국 중기국채(T-Note) / 영국 중기국채(7~10년)
일본 국채(10년 만기) / 프랑스 국채(7~10년)
단기금리 : 미국 단기국채(T-Bill) / 유로 달러 예금(90일)
기업어음(CP : 90일) / 런던 은행간 금리(LIBOR : 30일)
홍콩 은행간 금리(HIBOR : 91일) / 파리 은행간 금리(PIBOR : 90일)
프랑스 T-Bill(90일) / 영국 단기국채(3~4.5년)

(3) 주가지수선물(Stock Index Futures)
미국 : S&P 500지수, MMI지수, 밸류라인지수, NYSE 종합지수
일본 : 일경 225지수, TOPIX(Tokyo Stock Price Index), 주선 50(일종의 주식선물)
캐나다 : TSE 300지수 / 프랑스 : CAC 40지수
싱가포르 : Nikkei 주가평균 / 홍콩 : 항셍지수
한국 : KOSPI 200

(4) 금융선물옵션
각종 금융선물에 대한 옵션

고금리 및 지속적인 인플레이션 등 국제금융시장에서의 불확실성의 증대 및 이에 따른 거래위험의 급증으로 거래규모의 양적 확대는 물론 각종 신 금융상품의 개발로 그 중요성이 강조되고 있다(〈표 11-2〉 참조).

이와 같이 선물거래의 주요 상품으로 등장한 금융선물은 통화선물(currency futures), 금리선물(interest rate futures), 주가지수선물(stock index futures) 및 금융선물옵션(option on financial futures) 등이 있다. 통화선물은 환율변동위험을 헤지(hedge)하는데 기업들이 이용하는 은행간의 외환시장의 보조역할을 하게 되었다. T-Bill, T-Bond, 유로달러 정기예금에 대한 금리선물계약은 기업들이 이자율 변동을 헤지하는 데 이용되었다. 개인투자자와 기관투자가들은 주가하락에 대비하여 포트폴리오를 헤지하고 투자전략을 수행하기 위하여 주가지수선물을 이용하였다. 투기거래자들(speculators)은 불확실한 금융환경이 조성한 더욱 풍부해진 이익의 기회를 포착하기 위하여 새로운 금융선물계약을 이용하기에 이르렀다.[4]

한편 〈표 11-4〉는 세계 주요 파생상품거래소별 거래량을 보여주고 있는데, 최근 유럽 등 여타 국가의 선물시장이 빠르게 성장하면서 미국 선물시장이 상대적으로

〈표 11-4〉 주요 파생상품거래소별 거래동향

(단위 : 만계약, %)

순위	거래소	국 가	2002	2001(순위)	전년대비 증감(%)
1	한국증권거래소	한국	193,275	85,479 (1)	126
2	유렉스 프랑크푸르트	독일	75,438	62,909 (2)	20
3	CME	미국	55,845	41,172 (3)	36
4	유로넥스트 파리	프랑스	35,752	32,781 (4)	9
5	CBOT	미국	34,388	26,033 (6)	32
6	CBOE	미국	26,884	30,667 (5)	△12
7	유로넥스트 라이프	영국	25,398	21,575 (7)	18
8	AMEX	미국	18,604	20,510 (8)	△9
9	미국전자거래소	미국	15,240	6,535(14)	133
10	NYMEX	미국	11,620	8,826(12)	32

자료 : 증권업협회.

4) J. Hul(1991), *Introduction to Futures and Options Markets*, Prentice-Hall, ch.2 참조.

줄어드는 추세에 있으며, 2001년과 2002년에는 한국의 한국증권거래소(KSE)가 거래량 측면에서 세계 1위를 차지하고 있는 주가지수옵션 덕분으로 세계 1위의 파생상품 거래소로 등장하였다.

또한 2005년 1월에는 한국증권거래소, 한국선물거래소 및 코스닥시장이 한국증권선물거래소(KRX)로 통합^발족하여, 2006년 1월 말 현재 일평균거래량 측면에서 주가지수옵션시장은 세계 1위(25억 3,520만 계약), 주가지수선물시장은 세계 5위(4,300만 계약)를 기록하였다.

제3절 금융선물시장의 기능과 목적

01 | 금융선물시장의 기능

금융선물시장이 존재하기 위해서는 그 필요성이 먼저 인식되어야 한다. 선물시장은 금융거래에 따르는 위험을 전가(risk transfer)시킬 수 있고, 경쟁 촉진을 통한 효율적 자원배분에 기여하는 등 여러 가지 장점이 있으나 부정적 효과도 있다.[5)]

❶ 가격예측기능

금융선물시장의 기능으로 먼저 가격예측기능(prise discovery)을 들 수 있다. 금융선물시장은 미래 현물가격에 대한 현재의 예측치를 제공하여 준다. 선물거래가 미래의 특정한 날짜에 현물을 인도^인수한다는 매도자와 매입자 간의 계약이기 때문에 계약가격은 미래 인도시점의 현물가격이 어떻게 될 것인가 하는 시장예측을 반영하

---

5) R. Kohl(1991), *Understanding Futures Markets*, Kohl Publishing Co., ch.3 참조; J. Hull(1997), Options, *Futures, and Other Deriratives*, 3rd ed., Prentice-Hall, ch.3 참조.

게 된다.

다시 말하면 금융선물시장에 의하여 형성된 가격은 현재의 수급상황이나 미래 일정시점에 있어서의 가격에 대한 다수의 수요자와 공급자의 종합된 견해를 반영한다. 다양하고 폭넓은 의견은 하나의 식별 가능한 수치로 제시함으로써 미래 현물가격에 대한 정보를 제공하게 된다.

❷ 위험의 전가

금융선물시장은 위험의 전가(risk transfer)와 축소의 기능을 수행한다. 선물시장은 일상적인 사업의 위험에서 도난이나 화재의 위험을 보험시장에서 분리시키는 것과 마찬가지로 가격변동의 위험을 분리시킬 수 있도록 한다. 가격변동위험은 언제나 존재하는 것이고 누군가가 부담하여야 할 비용인 것이다.

금융선물시장은 이러한 위험만을 분리함으로써 이 위험을 원하지 않는 사람(hedgers)으로부터 원하는 사람(speculators)에게로 이전할 수 있는 것이다. 예컨대, 가격하락위험에 처해 있는 사람은 선물계약을 매도(short position)하고, 반대로 가격상승위험에 직면해 있는 사람은 선물계약을 매입(long position)함으로써 가격변동에 따르는 위험을 회피할 수 있는 것이다.

❸ 시장유동성의 증가(increasing liquidity)

선물시장의 존재는 현물포지션 보유에 따르는 위험을 헤지할 수 있는 기회를 제공하게 되므로 현물시장의 매매를 촉진시킨다. 따라서 현물시장에서의 과잉수요와 공급을 보다 많이 흡수할 수 있는 능력을 갖게 하여 결과적으로 현물시장의 유동성을 증가시키게 된다. 뿐만 아니라 금융선물시장은 현물시장과의 재정거래기회(arbitrage opportunity)를 제공함으로써 현물시장에서의 매매를 촉진시키고 현물시장에서의 가격변동성을 그만큼 축소하는 기능을 갖게 된다.

④ 자원의 효율적 배분기능(efficiency)

선물시장 참여자들은 시장여건 변화에 따른 위험의 최소화 혹은 이익의 극대화를 추구하기 위하여 계속적으로 시장의 수급상황, 정부의 정책방향 등 보다 많은 정보를 폭넓게 수립^분석하여 그 결과를 선물가격에 반영하게 된다.

따라서 시장정보의 수집에서 열세에 있는 기업, 가계 등의 경제주체도 선물가격을 통하여 어느 정도 미래의 가격을 예측할 수 있기 때문에 소비 및 투자활동을 합리적으로 행할 수 있게 된다. 그러므로 선물시장이 존재함으로써 자원배분이 보다 효율적으로 수행되게 된다.

더욱이 선물시장의 존재는 보다 많은 사람의 시장참여를 통한 경쟁의 촉진으로 불완전경쟁적 요인을 제거함으로써 자원배분의 효율성에 기여하게 된다.

⑤ 자본형성의 촉진

선물은 위험을 헤지함으로써 경제의 효율성을 증대시킬 뿐만 아니라 저축과 투자흐름을 개선시켜 자본형성을 촉진시킨다. 장기적 관점에서 이 점은 매우 중요하다. 저축과 투자의 부족은 인플레이션, 생산성 저하, 국제경쟁력 약화의 주 원인이다.

특히 금융선물은 은행, 증권회사, 투자신탁 등의 금융기관이 직면하는 주가변동위험과 이자율변동위험을 관리하는 데 있어 중요한 수단을 제공함으로써 저축과 투자의 흐름을 개선시킨다. 즉 선물시장을 이용하여 주가와 이자율변동위험을 효과적으로 관리함으로써 주식과 채권 등의 증권에 대한 수요가 증가하여 저축을 증대시키고 기업은 자금조달이 용이해지고 자금조달비용이 절감되므로 투자를 촉진하여 투자의 승수효과를 통해 궁극적으로는 국부를 증진시키게 된다.

따라서 오늘날과 같은 불확실성의 시대에서 선물시장의 존재는 사회적으로 큰 이익을 가져온다.

❻ 새로운 금융상품개발의 촉진

금융선물시장은 다양한 헤지상품을 공급하여 포트폴리오보험(portfolio insurance)과 같은 위험재구성 서비스(risk repackaging services)를 제공하는 기능을 담당한다. 이러한 기능은 현물시장에서 새로운 금융상품의 개발을 촉진시킨다. 즉 선물시장의 존재로 인해 금융기관의 위험관리기법이 점점 발달함에 따라 현물상품에 대한 가격변동위험이 증대하더라도 이를 관리할 수 있는 능력이 배양되어, 금융증권화 현상과 더불어 금융기관들은 투자자에게 수익성^유동성^안전성이 겸비된 새로운 금융상품을 대거 공급하였다.

미국의 경우 지난 1980년대에 은행권에서는 MMC(money market certificate), MMF(money market mutual fund), MMDA(money market deposit account), NOW(negotiable order of withdrawals), Super NOW 등의 수신상품을 개발하였으며, 비은행금융권에서는 최저투자수익률과 시장성이 보장되는 수익증권, 보험상품, 연금상품 등의 새로운 금융상품들을 출현시켰다.

❼ 현물시장교란효과(the tail wagging the dog effect)

선물시장이 현물시장에 미치는 영향에는 두 가지 종류가 있는데 하나는 선물거래가 현물가격의 위험, 즉 가격변동성(volatility)에 영향을 주는 것이고, 다른 하나는 현물가격수준(price level)에 미치는 영향이다. 선물거래는 현물시장에서 개별 기초증권의 가격변동성을 축소한다는 것이 보편적인 견해이지만 선물거래가 현물가격수준에 미치는 영향에 대하여는 논란이 있다.

선물가격이 체계적으로 현물가격에 영향을 미칠 때 이를 소위 "the tail wagging the dog effect"라 한다. 꼬리(tail)는 선물을 지칭하고 강아지(dog)는 현물을 지칭하는 것으로 강아지가 꼬리를 움직이는 것이냐, 꼬리가 강아지를 움직이는 것이냐가 주안점이 된다. 그러나 선물계약은 어디까지나 파생적인 증권(derivative securities)으로서 이론 상 기초증권(underlying security)의 가치에 영향을 주어서는 안 된다는 점이다. 반대로 현물시장의 가격이 선물가격에 영향을 주는 것은 선물가격 결정이 현물가격의 함수이므로 당연하다고 본다. "the tail wagging the dog effect"가 존재하는지에 관하여는 아직 논란이 있지만 많은 연구결과에서 선물시장이 현물시장을 교란할 수도 있다는 것을 나타내고 있다.[6]

02 | 금융선물거래의 목적

❶ 금융선물거래의 동기

금융선물거래는 시장에 참여하는 동기에 따라 헤지거래와 투기거래, 그리고 재정거래로 나눌 수 있다. 헤지거래는 현재 보유하고 있거나 장래 보유하게 될 포지션의 가격변동위험을 회피하려는 소극적 거래이고, 투기거래는 적극적인 리스크의 부담으로 기대수익을 실현하려는 적극적 거래이다. 또한 재정거래는 일시적인 가격불균형 현상을 이용하여 위험부담 없이 이익을 얻기 위한 거래를 말한다.

그러나 헤져(hedgers)와 투기자(speculators)는 포트폴리오에 미치는 위험과 수익을 평가하여 선물거래의 포지션을 선택한다는 점에서 동일하며, 모든 금융거래를 헤지와 투기거래로 명확히 구분할 수 있는 것도 아니다. 재정거래(차익거래)는 광의의 투기거래에 포함시킬 수도 있다.

❷ 금융선물거래의 형태

1 헤지거래(hedging)

선물거래에 있어 헤지란 일반적으로 현물시장에서 가격변동위험에 노출된 포지션의 손실을 막기 위하여 선물시장에서 현물과 반대 포지션을 취하는 것을 말한다.

---

6) J. Finnetry and H.Y. Park(1987), "Stock Index Futures : Does the Tail Wag the Dog," *Financial Analysis Journal* 참조.

헤지는 헤지 정도에 따라서 완전헤지(perfect hedge)와 부분헤지(partial hedge)로 구분되고, 선물시장에서 포지션을 매입하는가, 매도하는가에 따라서 매입헤지(long hedge)와 매도헤지(short hedge)로 구분된다. 완전헤지는 헤지량이 현물과 동일하여 베이시스(basis)[7]가 불변인 경우 손익이 영(0)이 되는 경우이고 그 이외의 경우를 부분헤지라 한다. 매입헤지는 장래 가격상승에 따르는 위험을 회피하기 위하여 선물 매입포지션을 취하는 거래이고, 반대로 매도헤지는 가격하락을 예상하여 선물 매도 포지션을 취하는 거래이다.

② 투기거래(speculation)

선물시장에서의 투기거래란 현물시장 동향과 관계없이, 선물가격의 변동을 예측한 후 가격차이에 따른 이익을 획득하기 위하여 거래하는 것이다. 즉 헤지거래에서는 선물거래에서 생긴 이익(손실)이 현물의 손실(이익)과 상쇄되어 버리지만, 투기거래에서는 선물거래에서 발생한 이익(손실)이 순수하게 투기자에게 귀속된다. 이들 투기자는 소액의 증거금만으로 큰 이익을 얻기 위하여 선물시장에 참여하는 자로서 가격 예상이 틀릴 경우에는 큰 손실을 입게 되므로 장래 가격에 미칠 정보의 정확한 분석과 자신의 자금력을 충분히 고려하여 시장에 참여하여야 한다. 투기거래의 예는 헤지거래에서 현물시장을 제외한 선물시장만을 살펴보면 이해할 수 있다.

③ 재정거래(arbitrage)

재정거래(차익거래)는 동일한 자산을 서로 다른 가격으로 동시에 매입^매도함으로써 위험 없이 이익을 얻으려는 거래, 즉 선물가격이 일시적인 불균형상태에 있을 때 높은 가격으로 거래되는 시장에서 매도하고, 동시에 낮은 가격으로 거래되는 시장에서 매수해 매매차익을 얻는 거래이다.

일반적으로 재정거래는 상이한 거래소간의 선물가격 차이를 이용하는 경우와 현물

---

7) 베이시스란 현물가격과 선물가격의 차이를 말하며, 만기일에는 베이시스가 영(0)이 됨.

시장과 선물시장 간의 일시적인 가격 차이를 이용하는 경우로 나누어지지만, 금융선물거래의 경우에는 일반적으로 이 중에서 후자, 즉 현물^선물시장 간의 가격 차이를 이용하는 동시매매만을 지칭한다.

재정거래는 선물^현물가격들의 일시적인 괴리현상이나 왜곡된 수급관계를 조정할 수 있고 선물시장을 균형되게 하여 시장의 효율성과 유동성을 높인다. 재정거래의 기회는 선물시장에서 일시적으로 나타나기는 하지만 정보의 공유화로 인하여 불균형 상태가 짧은 시간 안에 시정되므로 재정거래는 신속성을 요한다. 따라서 그 개념은 간단하지만 실제로 재정거래를 실행하기 위해서는 고도의 기술과 막대한 자금 및 선물과 현물시장에서 형성되는 가격에 대한 정확한 예측과 비교능력이 필요하다.

제4절 우리나라의 선물시장과 재테크

01 | 국내 선물시장의 도입 배경

원자재의 해외의존도가 높은 우리 경제는 1973년 제1차 석유파동으로 인하여 큰 충격을 받았다. 이에 정부는 해외원자재의 안정적 확보방안의 하나로 1974년 12월 26일 "주요물자해외선물거래관리규정"을 대통령령으로 공포하면서 국내에서 해외선물시장(상품거래소)을 이용하는 선물거래 전반에 관한 법적 근거를 마련하였으며, 1975년 2월 20일 최초로 선물거래가 이루어졌다. 한편, 우리나라의 해외금융선물거래는 1987년 12월에 외국환관리규정이 개정되면서 허용되기 시작하였다.

또한 1987년 11월 제9차 증권거래법 개정에서 한국증권거래소의 업무 중 선물시장 개설업무를 포함시킴으로써 동 거래소의 선물시장 개설을 위한 법적 근거가 마련되었고, 1993년 5월에 공포된 신경제 5개년 계획의 금융개혁부문에서 한국증권거래소가 1996년에 주가지수선물시장을 개설하도록 확정되었다.

이에 따라 한국증권거래소는 1993년 10월에 개설준비위원회를 발족하고, 그 해 12월 증권거래법의 개정에서 주가지수 등 유가증권지수를 유가증권으로 의제(擬制)하고 또한 유가증권선물거래를 유가증권의 매매거래로 의제하는 제도적 뒷받침을 하였다. 이에 한국증권거래소는 1996년 5월 3일 주가지수선물시장을 개설하였고, 1997년 7월 7일에는 주가지수옵션시장을 개설하게 되었다.

한편 선물관련 법률 및 감독체계는 통합되어야 하며, 상품선물 및 금융선물을 포함한 모든 선물을 종합적인 선물거래소에서 집중적으로 취급해야 한다는 주장에 따라 1995년 11월에 단일 「선물거래법」이 국회를 통과하여 1996년 7월부터 시행하게 되었다. 이어 1996년 말 경에 선물거래협의회와 한국금융선물협회가 통합하여 한국선물협회가 창립되고, 선물거래소 설립 준비단이 구성되어 1999년 4월 23일에 부산에 한국선물거래소(KOFEX)가 창설되기에 이르렀다. 이어 2005년 1월에는 한국증권거래소와 한국선물거래소 및 코스닥시장이 통합하여 한국증권선물거래소(KRX)로 발족하였다.

02 | 주가지수선물 거래제도

❶ 주가지수선물시장 개설 과정

한국증권거래소는 1993년 8월 한국선물학회와 공동으로 선물거래대상 주가지수의 개발에 착수하여 1994년 6월에 제조업 142개, 금융서비스 25개, 유통서비스 15개, 건설 15개, 전기^가스 2개, 통신 1개로 구성된 KOSPI 200을 발표하였다. 나아가 한국증권거래소는 매매, 결제, 수탁제도 및 관계규정의 입안과 전산시스템의 개발을 1차 완료하고 1995년 4월 이후 주가지수선물 모의시장을 운영하였다.

재정경제부는 1995년 12월 12일 주가지수선물시장 개설방안을 확정하고, 1996년 3월 "주가지수선물거래업무" 규정 및 동 규정 시행세칙, "주가지수선물수탁계약"

준칙 및 동 준칙 시행세칙을 제정하고 주가지수선물 거래업자를 허가하였다. 한국증권거래소가 동년 4월 최종 시험시장 운영을 거쳐 1996년 5월 3일에 주가지수선물시장을 개설함으로써 우리나라에서도 선물의 시대가 열리게 되었다. 또한 정부의 선물시장 통합방침에 따라 2004년 1월부터 주가지수선물시장은 주가지수옵션과 함께 한국선물거래소(KOFEX)에 이관되었다. 이후 2005년 1월에는 한국선물거래소가 증권거래소 및 코스닥시장과 통합하여 부산에 본점을 둔 한국증권선물거래소(KRX)로 출범하였다.

② 주가지수선물시장

주가지수선물은 KOSPI 200을 그 대상지수로 한다. 거래대상이 유형의 실물이 아니라 기술적으로 수도(受渡)가 불가능한 무형의 지수이므로 반대매매를 통하여 만기일 전에 포지션(position)을 청산(clearing)하든지, 아니면 만기일에 가서 그 차액을 현금으로 결제한다.

거래시스템은 전산거래방식을 채택하고 있다. 기술의 발전에 따라 상업통신망 및 인터넷 등을 통한 홈트레이딩도 가능하게 되었다.

선물의 결제월은 3월, 6월, 9월, 12월이고 새로 상장되는 종목의 거래기간은 최장 1년이다. 따라서 어느 시점에서나 4개의 결제월 종목이 상장되어 거래된다. 거래최종일은 각 결제월의 두 번째 목요일로서 이 날이 되면 해당 결제월 종목은 당일 거래시간 종료 후 상장폐지되고, 다음 날부터는 새로운 결제월 종목이 자동적으로 상장되어 거래된다.

거래의 편의 상 일정규모의 크기를 1계약으로 정하고 있는데, KOSPI 200 선물의 경우 주가지수에 거래단위승수 50만원을 곱한 값을 1계약단위로 한다. 예컨대 KOSPI 200 선물지수가 110포인트이고 어떤 투자자가 2계약을 매수하였다면 계약금액은 110포인트에 50만원과 매수수량 2계약을 곱한 1억 1천만원이 된다. 호가단위는 0.05 포인트로 금액으로는 2만 5천원이다.

〈표 11-5〉 주가지수선물시장의 계약 조건

구 분	주요 계약 조건
기준시점	1990년 1월 3일
기준지수	100.00(소수점 셋째 자리에서 반올림)
산출방식	시가총액가중식 KOSPI 200= $\frac{\text{비교시점의 선물지수구성종목 시가총액합}}{\text{기준시점의 선물지수구성종목 시가총액합}} \times 100$
결제(만기)월	3, 6, 9, 12월(4종목)
거래시간	현물보다 15분 늦게 종료. 단 최종결제일은 10분 일찍 종료 (09:00~15:15)
거래단위	KOSPI 200×50만원
호가단위	0.05포인트(2만 5천원)
가격제한폭	10%(정률제)
기본예탁금	신규거래시 위탁자는 1,500만원 이상을 예탁해야 함(2003.3.24 변경)
위탁증거금	포트폴리오 위험을 기준으로 산출 위탁증거금률 : 15%(현금위탁증거금률 : 5%), 유지증거금률 : 10%
일일정산	보유 미청산계약을 매일 선물종가로 평가, t+1일째 정산
위탁수수료	0.09%(위탁수수료율 상한) 범위 내에서 회원 자율결정
거래개시일	최종거래일 익일(휴장일인 경우 순연)
최종거래일	결제월의 두 번째 목요일(휴장일인 경우 순차적으로 앞당김)
최종결제가격	최종거래일의 현물지수(최종거래일+1일째 최종결제)

자료 : KRX.

선물매매는 주식시장과 동시에 거래를 개시하여 주식시장 종료 15분 후에 거래를 종료한다. 그 이유는 확정된 현물포지션에 대해 자신의 투자목표 내지 전략에 맞게 선물포지션을 조정할 수 있는 기회를 부여하기 위해서다. 거래최종일에는 주식시장이 종료되면 최종결제가격이 확정되므로 더 이상 선물을 거래할 이유가 없고, 주식시장이 매매종료 전 10분 동안 동시호가에 의한 단일가로 거래되어 시장정보가 단절되기 때문에 주식시장보다 10분 일찍 선물거래가 종료되도록 하고 있다. 거래의 체결은 주식시장과 마찬가지로 개별 경쟁매매방식으로 가격, 시간, 수량의 우선 원칙에 따라 이루어진다.

선물거래의 가격제한폭은 기준가격대비 상하 10%이다.[8] 기준가격은 전일의 종가(기세 포함)이다. 전일 종가가 없는 경우에는 최근일의 종가로 한다.

한국증권선물거래소는 시장의 가격안정화를 도모하기 위하여 선물의 일시적 거래중단(circuit-breakers)을 도입하였다. 전일의 약정수량이 가장 많은 선물종목의 가격이 상한가 또는 하한가로 1분 이상 지속되는 경우에는 모든 선물종목의 거래가 5분간 중단된다.

위탁증거금은 개시증거금률은 15%이며, 유지증거금률은 10%이다. 개시증거금률 중 가격제한폭 10%를 현금으로 징수하고, 나머지 부분에 대해서는 대용증권으로 납입이 가능하다. 유지증거금에 미달하는 경우, 동 금액과 미청산 약정의 위탁증거금으로 산출되는 금액의 차액을 다음 날 12:00까지 증권회사에 추가로 납부해야 한다. 그렇지 못할 때에는 증권회사는 임의로 당해 투자자의 미청산 계약을 반대매매하거나 예탁대용증권을 매각할 수 있다.

3 거래유형별 투자전략

1 선물을 이용한 헤지거래

주식포트폴리오를 보유한 기관투자자가 앞으로 주가하락에 대비하여 보유주식 금액에 상당하는 주가지수선물을 매도하는 것은 가장 일반적인 헤지거래의 형태로서, 이는 보유주식의 가격변동에 따른 위험을 효과적으로 회피할 수 있는 수단이다.

예를 들어 50억원 상당의 주식포트폴리오를 보유하고 있는 기관투자가 A가 주가하락 손실에 대비하여 KOSPI 200선물을 이용한다고 하자. 이때, KOSPI 200지수는 100포인트이고 2개월 후에 최종 결제되는 선물가격은 이론가격인 102포인트(이론가격산출 적용금리가 연 12%이고 동 기간 중 배당수익은 발생하지 않는다고 가정할 경우)에 거래되고 있다고 가정한다. 기관투자가 A가 선물가격 102포인트에 보유주식

8) 주식시장의 가격변동성 증대 및 가격제한폭 확대에 따라 1998년 3월 2일에 ±5%에서 ±7%로 확대되었으며, 1998년 12월 7일에 ±10%로 확대되었다.

〈표 11-6〉 선물을 이용한 헤지거래 사례

구 분	보유주식 손익	KOSPI 200 선물거래 손익	전체 손익
KOSPI 200지수가 90포인트 된 경우	50억원×10%= △5억원(손실)	12포인트×50만원×100계약 = 6억원(이익)	1억원
KOSPI 200지수가 110포인트 된 경우	50억원×10%= 5억원(이익)	△8포인트×50만원×100계약 = △4억원(손실)	1억원

50억원에 상당하는 KOSPI 200선물 100계약(금액으로는 102포인트×50만원×100계약＝51억원)을 매도한 후, 최종결제 시 KOSPI 200지수가 예상대로 하락한 경우와 반대로 상승한 경우로 나누어 헤지거래 결과를 보면 〈표 11-6〉과 같다.

즉, 주가지수선물을 이용하면 헤지기간 중 주식가격이 상승하든 하락하든 주가변동에 따른 손익은 주가지수선물에서의 손익으로 완전히 상쇄됨(주가변동위험의 완전회피)과 동시에 주가지수선물을 이용하는 대신 보유주식을 전부 매각했을 경우 주식매각대금 운용으로 얻게 될 이자수입 1억원(50억원×12%×2/12)도 자동적으로 확보하게 됨을 알 수 있다.

② 선물을 이용한 투기거래

주가지수선물을 이용한 투기거래란 주식을 보유하지 않고 장래의 주가변동을 예측하여 선물만 매도 또는 매수함으로써 시세변동에 따른 차익 획득을 목적으로 하는 거래를 말한다. 선물거래는 통상 거래대금의 10~20%의 적은 위탁증거금만으로 거래가 가능하고 언제든지 반대매매에 의해 포지션을 해소할 수 있기 때문에 투기목적의 거래에 쉽게 이용될 수 있다.

이러한 투기거래는 헤지 또는 차익거래자가 선물을 매도^매수하고자 하는 경우 거래상대방의 역할을 수행하여, 선물시장의 가격형성을 원활히 하고 유동성을 높이는 역할을 함으로써 선물시장 본연의 기능인 위험회피 목적의 헤지거래가 원활히 이루어지도록 하는 역할을 수행한다.

투자자 B가 앞으로 주식가격 상승을 예상하고 보유자금 7.5억원으로 KOSPI 200선

〈표 11-7〉 선물을 이용한 투기거래 사례

구 분	KOSPI 200지수를 매입한 경우		주식을 매입한 경우	
		투자수익률		투자수익률
선물가격이 105포인트로 상승한 경우	5포인트×50만원×100계약 =2.5억원(이익)	33%	7.5억원×5% =3,750만원(이익)	5%
선물가격이 95포인트로 하락한 경우	△5포인트×50만원×100계약 =△2.5억원(손실)	△33%	△7.5억원×5% =△3,750만원(손실)	△5%

물을 매수한 후 주가지수가 상승 또는 하락한 경우의 손익을 주식투자와 비교하면 다음과 같다.

현재의 선물가격은 100포인트라고 가정하고, 증거금 소요액을 감안한 7.5억원으로 매수할 수 있는 최대수량인 100계약〔7.5억원÷(100포인트×50만원×15%)〕을 매수하였다고 가정하자.

〈표 11-7〉에서 보는 바와 같이 주가지수선물에 투자하는 것이 주식에 투자하는 것보다 손익효과가 약 7배 정도 큼을 알 수 있다. 이는 주가지수선물거래의 위탁증거금률이 15%이기 때문에 발생하는 레버리지 효과에 의한 것이다.

3 현물^선물 간 차익거래

선물거래와 현물거래는 매매대상물이 같고 선물계약은 최종결제일에 최종현물지수로 결제하게 되므로 선물가격은 현물가격(주가지수)과 밀접한 관련성을 가진다. 그러나 선물시장의 그때그때의 수급상황에 따라 일시적으로 선물가격이 현물가격과의 정상적인 관계에서 벗어나는 경우도 발생한다. 이때 선물과 현물 중 상대적으로 가격이 높은 것을 매도하고 동시에 가격이 낮은 것을 매수한 후 양 가격이 정상적인 관계에 되돌아 왔을 때 이들을 반대매매하는 거래를 통하여 위험부담 없이 이익을 얻을 수 있는데, 이를 차익거래라고 한다.

예를 들어, 20××년 8월 9일 현재 주식시장의 주가지수는 100포인트이고, KOSPI

〈표 11-8〉 현물^선물 간 차익거래 사례

구 분	현물시장	선물시장
매매 체결 결과	① 주식매매 −매수(8/9) 5억원(100포인트×50만원×10계약에 상당하는 금액) −매도(9/9) 4.75억원(5억원×95/100)(결과): 0.25억원 손실 ② 차입금의 이자비용 5억원×15%×1/12=0.0625억원 ③ 배당수입 5억원×3%×1/12=0.0125억원	① 주가지수선물매매 −매도(8/9) 5.2억원(104포인트×50만원×10계약) −매수(9/9) 4.75억원(95포인트×50만원×10계약) (결과): 0.45억원 이익
(손익)	0.3억원 손실	0.45억원 이익
(총손익)	0.45억원−0.3억원=0.15억원 이익	

200선물 20××년 9월물(최종거래일 : 9월 9일) 가격은 104포인트라고 가정한다. 이때에 단기금리 연 15%, 예상배당수익률 연 3%(연중 균등배당 가정)라면, 9월물 KOSPI 200선물의 이론가격은 101포인트가 되어 선물가격이 상대적으로 높다.

이에 따라 투자자 C는 9월물 KOSPI 200선물 10계약을 104포인트에 매도함과 동시에 주가지수 선물 10계약에 상당(100포인트×50만원×10계약)하는 현물주식 5억원어치를 연 15% 금리로 차입하여 매수하였다. 최종거래일의 최종현물지수가 95포인트라고 할 경우 동 차익거래 결과는 다음과 같다.

차익거래이익 0.15억원은 20××년 8월 9일의 선물가격 104포인트와 이론선물가격 101포인트의 차이인 3포인트에 해당하는 금액(3포인트×50만원×10계약)으로 이 금액은 최종현물지수가 어떻게 형성되더라도 동일하다.

03 | 선물상품별 비교

지난 1995년 11월에 제정된 「선물거래법」에 의해 그 동안 준비과정을 거쳐 1999년

〈표 11-9〉 선물상품별 거래조건 비교(2005년 12월 현재)

구 분 (상장일)	KOSPI 200 선물('96.5.3)	3년 국채 선물('99.9.29)	5년 국채선물 ('03.8.33)	미달러 선물('99.4.23)	KOSDAQ Star선물 ('05.11.7)	CD금리선물 ('99.4.23)	금선물 ('99.4.23)	MSB선물 ('02.12.16)
거래대상	KOSPI200	국고채 (3년만기, 표면금리 8%)	국고채 (5년만기, 표면금리 8%)	US달러 (유럽형)	KOSDAQ Star	CD (잔존만기 91일)	금괴	통안증권 (잔존만기 364일)
거래단위 (승수)	50만원	액면 1억원	액면 1억원	$50,000	1만원	액면 5억원	1,000g	액면 2억원
최소가격 변동폭(Tick)	0.05p	0.01p	0.01p	0.1원	0.50p	0.01p	10원	0.01p
최소가격 변동금액	25,000원 (50만원×0.05p)	10,000원 (100만원×0.01p)	10,000원 (100만원×0.01p)	5,000원 (5만원×0.1원)	5천원 (1만원×0.50p)	12,500원 (125만원×0.01p)	10,000원 (1000원×10원)	20,000원 (200만원×0.01)
결제월주기/ 상장결제월수	3, 6, 9, 12월 (4개)	3, 6, 9, 12월 (4개)	3, 6, 9, 12월 (4개)	연속 3개월 +3, 6, 9, 12월 (6개)	3, 6, 9, 12월 (4개)	3, 6, 9, 12월 (4개)	연속 2개월 +2, 4, 6, 8, 10, 12월(7개)	3, 6, 9, 12월 (4개)
최종거래일 (최종결제일)	결제월의 두 번째 목요일(T+1)	결제월의 세 번째 화요일(T+1)	결제월의 세 번째 화요일(T+1)	결제월의 세 번째 월요일(T+2)	결제월의 두 번째 목요일(T+1)	결제월의 세 번째 화요일(T+1)	결제월의 최종거래일직전 2거래일 (T+2)	결제월의 세 번째 화요일(T+1)
최종결제방법	현금결제	현금결제	현금결제	실물인수도	현금결제	현금결제	실물인수도	현금결제
가격제한폭	±10%	없음	없음	없음	±10%	없음	없음	없음
포지션제한	5,000계약	필요시 설정	필요시 설정	필요시 설정	5,000계약	필요시 설정	필요시 설정	필요시 설정
거래시간 (최종거래일)	09:00~15:15 (09:00~14:50)	09:00~15:00 (09:00~11:30)	09:00~15:00 (09:00~11:30)	09:00~15:15 (09:00~14:50)	09:00~15:15 (09:00~14:50)	09:00~15:00 (09:00~11:30)	09:00~15:00 (09:00~11:30)	09:00~15:00 (09:00~11:30)

4월 23일에 부산에 한국선물거래소(KOFEX)가 설립되었다.

선물거래소는 개장 초기에는 원/달러 선물 및 옵션, CD선물, 금(金)선물 등 4개의 상품이 상장되었고, 1999년 9월에는 3년 만기 국채선물을 상장하였고, 2002년 12월에는 통안증권(MSB)선물이, 2003년 8월에는 5년 국채선물이 상장되었다. 한편 한국증권선물거래소 통합^발족 이후 2005년 11월에는 코스닥스타선물이 상장되었다. 또한 환위험을 관리할 목적으로 2006년 5월 26일부터 엔선물과 유로선물이 상장되기에 이르렀다.

현재 현^선물시장이 통합^발족한 한국증권선물거래소(KRX)에 상장된 선물의 상품별 거래조건의 비교는 〈표 11-9〉와 같다.

[연습문제]

1. 선물거래와 선도거래의 차이점을 비교하시오.
2. 금융선물시장의 도입 배경을 설명하고, 주요 금융선물상품을 소개하시오.
3. 금융선물시장의 경제적 기능을 설명하시오.
4. 금융선물거래에 참여하는 동기는 어떤 것들이 있는가?
5. 현물시장교란효과(the tail wagging the dog effect)란 무엇인가?
6. 한국증권선물거래소(KRX)의 설립 과정과 구조를 설명하시오.
7. 주가지수선물거래란 무엇이며, 우리나라의 주가지수거래는 언제 어떻게 도입이 되었는가?
8. 50억원 상당의 주식포트폴리오를 보유한 기관투자자가 주가하락 손실에 대비하여 KOSPI 200선물을 이용한다고 가정하자. 이때 KOSPI 200지수는 100포인트이고 3개월 후에 최종결제되는 선물가격은 이론가격인 103포인트에 거래되고 있다고 가정하자. 이 기관투자가가 선물가격 103포인트에 보유주식 50억원에 상당하는 KOSPI 200선물 100계약을 매도한 후 최종결제 시 KOSPI 200지수가 예상대로 8% 상승한 경우와 반대로 8% 하락한 경우에 각각 헤지거래 결과를 평가하시오.
9. 선물거래의 형태에 있어서 헤지거래와 투기거래의 차이는 무엇인가?
10. 한국증권선물거래소의 선물상품별 거래조건을 소개하시오.

제12장 옵션시장과 재테크

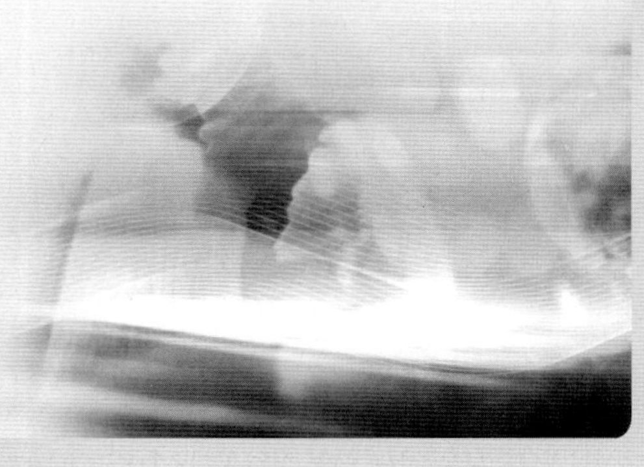

제 12장 옵션시장과 재테크

주식이나 채권 등을 기초자산으로 해서 만들어진 대표적인 파생상품의 하나로서 옵션은 그 자체가 좋은 투자대상일 뿐만 아니라 다른 상품과 결합하여 다양한 형태의 합성증권을 제공하기 때문에 빠른 성장세를 보이고 있다.

본 장에서는 옵션시장의 투자전략 등 이론과 제도 및 옵션상품별 거래조건 등을 소개한다.

제1절 옵션의 의의

01 | 옵션의 연혁

옵션(options)거래가 구체적인 조건을 갖춘 형태로 등장하게 된 것은 네덜란드의 튤립 매매로부터 기원한다고 한다.[1)] 즉 네덜란드에서 1630년대에 튤립 재배가 유행

1) 아직까지 옵션계약의 기원은 불분명하지만 성서의 창세기 내용에서 옵션의 기원을 찾기도 하며, 고대 그리스^로마에서도 옵션의 개념이 있었고, 중세에는 이탈리아계 은행들이 옵션류의 상품을 거래하였다는 기록이 있다.

하였으나 작황에 따라 가격변동이 커서 재배자나 수요자는 상당한 불편을 겪게 되었다. 따라서 재배자는 안정적인 가격으로 판로를 찾게 되었고, 수요자도 안정적으로 공급받기 위한 방법을 찾고자 창안된 방법이 옵션거래의 시초가 되었다. 즉 이 방법에 의하면 튤립의 딜러는 콜옵션을 매입할 수 있게 되었고, 튤립 재배자는 풋옵션을 매입함으로써 일정기간 후 정해진 가격으로 튤립을 팔 수 있게 되었다.

17세기 말에 이르러서는 영국의 런던에서 주식에 대한 옵션거래가 시작되었고 19세기 말부터는 뉴욕의 월 街(Wall-street)에서 주식옵션거래가 장외거래 형태로 간헐적으로 거래가 시작되면서 현대적인 옵션거래 발전의 모태가 되었다. 월 街를 중심으로 이루어진 주식옵션거래가 점차 활기를 띠면서 1920년대에 와서는 주가조작에 이용되는 사례가 많아지게 되자, 미 의회는 이와 같은 폐해를 시정하기 위하여 1934년 증권법에 옵션거래를 금지할 것을 고려하였으나, 옵션업자가 의회에서 주장한 옵션의 보험기능 및 주식시장의 안정화기능이 인정됨에 따라 전면 금지의 위기를 모면하였다.

한편 월 街를 중심으로 일어난 전통적인 옵션계약에 필요한 기간은 매매당사자간 또는 각각의 브로커와 딜러를 통해 정해졌고, 계약의무의 이행은 주로 NYSE회원사에 의해 보증되었으며, 행사가격은 옵션이 거래된 날의 주가에 의해서 결정되었다. 따라서 옵션의 행사가격, 만기일, 거래단위 등은 표준화되지 않고 매매 당사자 및 중개인이 협상을 통하여 결정하였으며 반대매매를 할 수 있는 유통시장이 존재하지 않아서 거래비용이 많이 들뿐 아니라 거래량도 미미한 수준에 지나지 않았다.

그러나 1960년대 이후 미국 증권시장의 장기 침체기 속에서 경영위기에 처해 있던 증권회사뿐만 아니라 새로운 금융자산 운용의 수단을 필요로 하던 투자자의 요구에 따라 레버리지 작용으로 자본이득이 가능하고, 약세시장 상황에서도 투기적인 거래에 대한 가격보험기능이 있는 옵션거래를 제도화하였다. 즉 1973년 4월 CBOE에서 회원수 300명으로 종래의 전통적인 장외옵션거래를 개혁한 상장옵션시장을 개설하여 16종목의 주식에 대한 옵션거래를 시작하였다.

한편 CBOE의 옵션거래가 점차 활기를 띠게 되자 아메리카 증권거래소(AMEX),

필라델피아 증권거래소(PHLX)가 1975년에, 태평양 증권거래소(PSE)가 1976년에, 뉴욕 증권거래소(NYSE)가 1983년에 각각 주식옵션거래를 시작하였다. 주식옵션 도입 후 1982년 10월에 PHLX에서 통화옵션을, 같은 해 10월에 CBOE와 AMEX에서 금리옵션을 개설하였으며, 1983년 3월에는 CBOE에서 주가지수옵션을 도입하여 옵션거래의 기초자산이 확대되었다.

옵션시장의 폭발적인 인기는 옵션으로 구사할 수 있는 전략이 매우 다양하다는 점 때문이다. 옵션은 투자자로 하여금 몇 백 달러에 불과한 소액의 투자로 수천 달러 이상의 기초상품(underlying asset)을 좌지우지할 수 있도록 하는 레버리지 효과가 크기 때문에 특히 소액투자자들에게 인기가 있다. 또한 옵션은 손실가능액이 옵션가격에 한정되는 자동보험(built-in insurance)을 제공한다. 옵션은 기관투자자에게는 대규모 손실에 대한 보호를 해주는 동시에 확실하고도 즉각적인 수익수단을 제공하고, 전문투자가에게는 상당한 이익의 가능성을 주며, 거의 무한대에 가까운 투자전략을 제공해 주는 혁신적인 신 금융기법이다.

02 | 옵션의 개념

옵션이란 매입자와 매도자 간 두 사람 사이의 계약이다. 계약의 매입자(buyer 혹은 holder)는 기초상품(underlying asset)을 사거나 팔 권리에 대하여 대가를 지불하는 반면에 옵션계약의 매도자(seller 혹은 writer)는 의무(obligation)를 지는 대가로 보상을 받는다. 만일 옵션매입자가 요구한다면 옵션매도자는 특정 기초상품을 매입하거나 매도하여야 한다.

옵션의 유형은 크게 콜옵션(call option)과 풋옵션(put option)으로 나눌 수 있다. 콜옵션(call option)은 기초상품을 만기일(expiration) 내에 행사가격(strike 혹은 exercise price)으로 매입할 수 있는 권리이다. 반면에 풋옵션(put option)은 특정 기초상품을 만기일 내에 행사가격으로 매도할 수 있는 권리이다.

옵션계약 매입자(풋 및 콜옵션)에게는 세 가지 전략이 가능하다. 첫째로 옵션을 행사할 수도 있고, 즉 옵션을 이용하여 기초상품을 매입 혹은 매도할 수도 있고, 둘째로 옵션을 만기가 지나도록(expire) 그냥 내버려둘 수도 있으며, 셋째로 만기 이전에 옵션계약을 다른 투자자에게 매도할 수도 있다.

❶ 옵션만기

옵션계약을 행사할 수 있는 옵션보유자의 권리는 만기일(expiration date)에 소멸된다. 옵션 만기일과 행사일 사이에는 중요한 차이가 있는데 만기일은 옵션이 행사될 수 있는 마지막 날을 뜻하며, 행사일은 옵션이 실제로 행사된 날이다. 이러한 용어는 유럽형 옵션(European option)과 미국형 옵션(American option)을 구별하기 위하여 필요하다.

유럽형 옵션은 만기일에만 행사될 수 있으므로 옵션보유자가 실제로 옵션을 행사한다면 만기일과 행사일이 동일하다. 반면에 미국형 옵션은 보유자의 판단에 따라 만기일 이전에 언제든지 행사가 가능하기 때문에 행사일은 만기일과 다를 수 있다.

❷ 행사가격

옵션보유자가 옵션을 행사하면 이는 콜옵션의 경우 매입을 의미하고 풋옵션의 경우는 매도를 뜻한다. 이러한 거래는 옵션계약 시에 매입자와 매도자에 의해 합의된 특정가격에 이루어지는데 이 가격이 행사가격(strike price 혹은 exercise price)이다. 만일 두 명의 개인이 옵션계약을 체결하면, 그들은 다른 계약조건뿐만 아니라 행사가격도 협상할 것이다. 그러나 수많은 옵션매입자와 매도자가 있을 경우 개별 옵션계약의 행사가격을 협상하는 것은 불편하기도 할 뿐만 아니라 복잡할 수도 있다. 따라서 거래소에서 거래되는 옵션은 행사가격을 포함한 다른 계약조건들이 표준화되어 있다는 특징이 있다.

일반적으로 특정 만기일의 각 상품옵션에 대하여 하나 이상의 행사가격이 있다.

이 때 행사가격은 기초상품의 시장가격을 중심으로 하여 규칙적인 간격으로 설정된다.

③ 옵션프리미엄

옵션의 거래가격을 옵션프리미엄(option premium)이라고 부른다. 즉 옵션의 거래가격은 옵션매입 시 지불하는 가격 혹은 옵션매도시 수령하는 매매가격으로써 옵션을 발행할 때 매입자와 매도자의 협상에 의해 결정된다.

일반적으로 콜옵션 가격은 기초상품(underlying asset)가격이 오르면 상승하고 기초상품가격이 떨어지면 하락하기 때문에 콜옵션보유자는 기초상품가격이 오르기를 희망한다. 한편 풋옵션 가격은 기초상품가격이 올라가면 하락하고 기초상품가격이 떨어지면 상승하므로, 이 경우 풋옵션보유자는 기초상품가격이 하락하기를 희망하며 풋옵션매도자는 기초상품가격이 상승하기를 희망한다.

예컨대, 금 콜옵션의 행사가격이 $400이라고 할 때, 금의 시장가격이 단위당 $500이라고 가정하면 콜옵션보유자는 옵션을 행사함으로써 $100의 이익을 볼 것이다. 콜옵션을 행사할 경우, 콜옵션보유자는 $400을 지불하고 금을 수령한 후 그 금을 시장에서 $500에 매도하면 콜옵션보유자는 $100의 이익을 얻을 수 있다. 물론 이익금 중 옵션매입 시 지불한 가격(옵션프리미엄)을 차감하면 이익금은 그 만큼 줄어들 것이다. 그러나 풋옵션의 경우는 그 반대가 된다. 만일 금값이 $300이고 행사가격이 $400이면, 풋옵션보유자는 풋옵션을 행사하여 $100의 이익을 보게 될 것이지만, 만일 금의 시장가격이 $400 이상이 되면 풋옵션의 보유자는 풋옵션을 행사하지 않을 것이다.

03 | 옵션가치 및 투자전략

❶ 옵션가치

어느 주식에 대한 콜 및 풋옵션의 행사가격이 $100이라 가정했을 때 만기 시점에서의 옵션가치에 관하여 다음의 예를 들어 설명해 보자. [그림 12-1]에서 보는 바와 같이 주식의 시장가격이 달라짐에 따라 만기 시 옵션가치가 다양하게 변동된다.

첫 번째 그림에서 콜옵션의 가치는 종축에 나타나고 주식의 시장가격은 횡축에 나타나고 있다. 주식가격이 행사가격인 $100보다 작거나 같으면 콜옵션 보유자는 이 옵션을 행사하지 않을 것이므로 콜옵션의 가치는 영(zero)이 되며, 주식가격이 행사가격보다 높으면 콜옵션의 가치는 주식가격과 행사가격의 차이와 같다. 주식가격이 $100 이상일 경우 45° 각도로 상승하고 있는 콜옵션 가치 그래프가 이러한 사실을 잘 보여주고 있다.

두 번째 그림은 풋옵션에 대한 것이다. 주식의 시장가격이 행사가격인 $100보다 높으면 풋옵션보유자는 옵션을 행사하지 않을 것이므로 풋옵션의 가치는 영(zero)이 되며, 주식가격이 행사가격보다 낮을 경우에 풋옵션의 가치는 주식가격과 행사가격의 차이와 같게 된다.

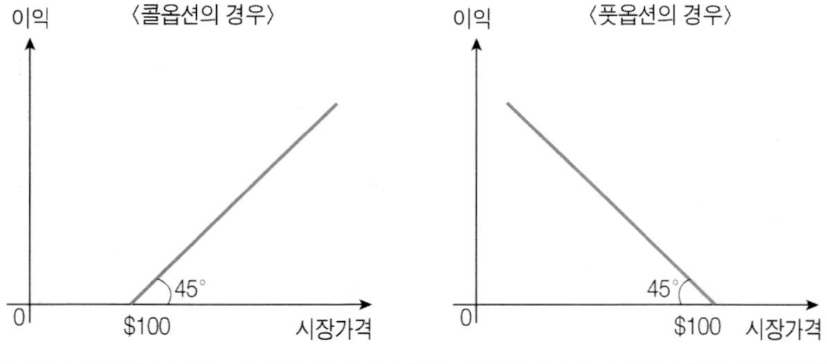

[그림 12-1] 행사가격이 $100일 때 콜 및 풋옵션의 만기 시 가치

❷ 옵션의 투자전략

행사가격이 각각 $100인 콜옵션과 풋옵션이 각각 $10에 거래된다고 하자. 옵션매입 시 지불된 가격을 알면 옵션만기 시 각 옵션의 매입자 및 매도자의 손익을 산출해 낼 수가 있는데, [그림 12-2]는 콜 및 풋옵션의 매입자 및 매도자의 손익관계를 보여주고 있다.

첫 번째 그림은 콜옵션의 매입자 및 발행자의 손익을 보여주고 있는데 굵은 선은 콜옵션의 매입자에 관한 것이고 점선은 콜옵션의 발행자에 관한 것이다. 주식가격이 행사가격인 $100보다 작거나 같으면, 그 옵션은 만기가 되어 행사되지 않고 소멸되므로 그 옵션매입자는 옵션매입 시 지불한 옵션프리미엄을 모두 잃게 된다. 그러나 주식가격이 $100보다 높게 되면, 예컨대 $110가 되면, 콜옵션매입자는 콜옵션을 행사하여 $110의 가치가 있는 주식을 $100에 매입할 수 있는데, 이때 콜옵션매입자는 정확하게 손실도 이익도 없게 된다. 옵션매입 시 지불한 $10 및 옵션을 행사하여 주식매입 시 지불한 $100의 합은 $110의 가치가 있는 주식매도 시 받게 될 금액과 정확하게 일치하기 때문이다.

콜옵션발행자를 보면 손익관계가 콜옵션매입자와 정반대이다. 콜옵션발행자에게 가장 좋은 경우는 주식가격이 $100 혹은 그 이하로 하락하는 것이다. 이러한 경우

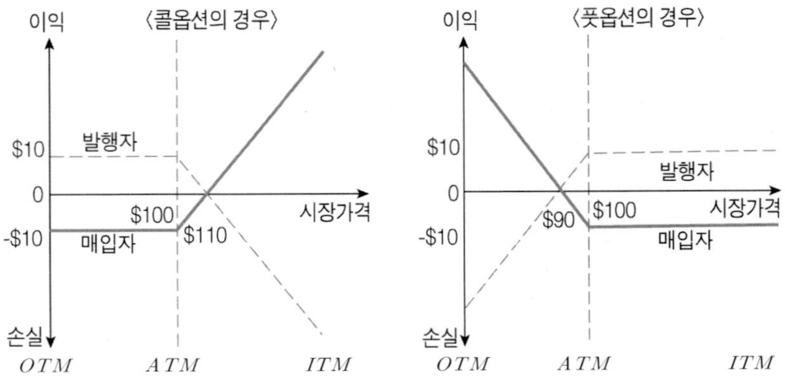

[그림 12-2] 행사가격이 $100이고 프리미엄이 $10일 때 콜옵션 및 풋옵션의 손익

〈표 12-1〉 콜^풋옵션의 투자전략

구 분	콜옵션	풋옵션
ITM	기초상품가격>행사가격	기초상품가격<행사가격
ATM	기초상품가격=행사가격	기초상품가격=행사가격
OTM	기초상품가격<행사가격	기초상품가격>행사가격

콜옵션은 행사되지 않고 콜옵션발행자는 옵션프리미엄의 전액을 그대로 가지게 된다.

[그림 12-2]의 두 번째 그래프는 풋옵션거래자의 손익을 보여주고 있다. 풋옵션매입자가 행사가격이 $100인 풋옵션을 $10에 매입하면 기초상품가격이 $90일 때 이익도 손실도 없게 되며 풋옵션발행자도 $90에서 이익도 손실도 없다. 반면에 풋옵션매입자는 시장가격이 행사가격보다 낮으면 매도권리를 행사하여 {(행사가격-프리미엄)-시장가격}만큼의 순이익을 취득하게 되며, 이때 시장가격이 하락할수록 이익은 더욱 커진다.

한편 기초상품가격이 행사가격보다 높은 콜옵션은 내가격(In-the-Money : ITM)이라 불리며, 기초상품가격이 행사가격보다 낮으면 외가격(Out-of-the-Money : OTM)이라 불린다. 반대로 풋옵션의 경우는 기초상품가격이 행사가격보다 낮은 경우를 내가격이라 하며, 기초상품가격이 행사가격보다 높은 경우를 외가격이라 한다. 기초상품가격과 행사가격이 같은 경우 콜 및 풋옵션 모두 등가격(At-the-Money : ATM)이라 한다. 즉 3가지의 경우를 콜 및 풋옵션의 투자전략과 관련하여 요약하면 〈표 12-1〉과 같다.[2)]

여기서 옵션의 투자전략은 ITM은 이익옵션으로, OTM은 손실옵션으로, ATM은 손익분기옵션으로 평가할 수 있다.

2) F.R. Edwards and C.W. Ma(1992), *Futures & Options*, McGraw-Hill, ch.18 참조.

04 | 옵션의 종류

옵션의 기초상품에 따라 옵션을 현물옵션과 선물옵션으로 구분할 수 있으며, 이를 보다 세분하면 농산물^광산물^통화^금리^주가지수옵션 등으로 구분할 수 있다. 이 중 금융옵션을 보다 세분하면 〈표 12-2〉의 분류와 같다.[3)]

모든 옵션은 매우 중요한 유사점을 갖고 있다. 첫째, 이들 모두는 가격등락에 대한 보험을 제공하며 둘째, 이들 모두는 거래소에서 거래된다. 거래소에서 거래되는 옵션은 딜러(dealer) 혹은 선도시장(forward market)옵션에 비하여 장점이 있다. 거래소에서 이루어지는 모든 옵션거래는 궁극적으로 청산소와 청산회원 간의 거래이므로 청산소는 모든 매도자에게는 매입자가 되고 모든 매입자에게는 매도자가 되어 모든

〈표 12-2〉 주요 금융옵션 상품

(1) 통화옵션	영국 파운드(£) Euro 일본 엔(¥) 미국 달러	캐나다 달러(C$) 스위스 프랑(SFr) Euro 선물
(2) 금리옵션	미재무성 단기채권(13 Week Treasury-Bill) 미재무성 중기채권(Treasury-Note) 미재무성 장기채권(Treasury-Bond) 정부저당채권(Government National Mortgage Association : GNMA) CD(Certificate of Deposit) T-Bond Futures GNMA-II Futures	
(3) 주가지수옵션	S&P 100지수 MMI(Major Market Index) NYSE Composite Index NYSE Composite Index futures	S&P 500지수 Amex Market Value Index S&P 500지수선물옵션 KOSPI 200지수옵션

3) 김종선 외(2004), 금융시장론, 학현사, 제22장 참조 ; 김태혁 외(1994), 선물시장론, 박영사, pp.452-4 참조.

거래의 당사자가 된다. 이러한 점이 오직 상대방하고만 이루어지는 선도시장 혹은 딜러시장과 다른 점이다.

따라서 거래소에서 이루어지는 옵션거래는 다음과 같이 시장기능을 증진시킨다.

첫째로 거래상대방의 신용정도에 관심을 가질 필요가 없다. 둘째로 최초 거래당사자가 인도나 상호 상쇄하는 것을 자유롭게 해준다. 셋째로 언제 어떻게 포지션을 종결시키나 하는 결정에 최대한의 유연성을 제공한다. 넷째로 청산소의 보증 때문에 선도시장의 경우와는 달리 계약불이행이 문제가 되지 않는다.

05 | 옵션과 선물

선도(forward)계약이나 선물(futures)계약이 몇 가지 장점을 갖고 있으나 공통적으로 갖고 있는 단점이 있다. 선도 및 선물거래 모두 상품가격이 불리하게 변동될 때는 투자자들을 보호해주긴 하지만, 가격이 유리하게 움직일 때 뜻밖의 이윤을 얻을 수 있는 가능성을 배제하여 버린다. 그러나 옵션을 이용하면 이러한 문제점을 극복할 수 있다.

선물과 옵션은 매우 유사한 투자수단인 동시에 헤지수단이다. 먼저, 옵션과 선물의 유사점을 살펴보면 다음과 같다.

〈표 12-3〉 옵션거래와 선물거래의 차이

구 분	옵션거래	선물거래
거래대상	•상품의 매수^매도권리	•상품 그 자체
포지션 청산	•반대매매 및 옵션행사	•반대매매
거래대금 수수	•계약체결 시 프리미엄 수수	•거래 시 차금결제로 수수
증거금	•매도자만 납입	•매도^매수자 모두 납입
권리와 의무	•매수자 : 권리 •매도자 : 의무	•매수자 : 권리 및 의무 •매도자 : 권리 및 의무

〈표 12-4〉 세계 옵션 및 선물금융상품의 거래액 추이(기말 명목원금[1] 기준)

(단위 : 10억달러)

구 분	1987	1990	1995	2000	2002
거래소거래상품[2] 계	725	2,292	9,185	14,125	23,874
금리선물 및 옵션	610	2,054	8,605	12,626	21,710
통화선물 및 옵션	74	72	81	96	74
주가지수선물 및 옵션	41	166	499	1,403	2,089

주 : 1) 명목원금(notional principal)은 각 파생상품 계약의 명목가치(face value)에 계약수를 곱하여 산출. 주가지수관련 상품의 명목가치는 해당 지수에 지수당 가격을 곱하여 산출.
2) FOW TRADE data, Futures Industry Association, 기타 선물옵션거래소 등.

자료 : BIS, Derivatives Statistics, www.bis.org
ISDA, Market Statistics, www.isda.org

① 선물계약의 매입자 및 매도자는 가격이 불리하게 변동될 경우에 계약이행을 보장하기 위한 증거금 적립이 요구된다. 옵션매도자도 가격이 불리하게 변동할 경우에, 즉 내가격인 경우에 기초상품의 인^수도를 보장하기 위하여 증거금 적립이 요구되고 있으나, 옵션매입자는 증거금 적립이 요구되지 않는다. 왜냐하면 옵션매입자의 위험은 옵션프리미엄에 국한되어 있기 때문이다.

② 선물계약과 마찬가지로 옵션도 거래소에서 거래되고 있는 거래조건들이 표준화되어 있다.

③ 옵션 및 선물계약 모두 만기가 정해져 있다.

또한 옵션 및 선물거래의 차이점은 〈표 12-3〉에 요약되어 있으며, 〈표 12-4〉은 거래소에서 거래된 세계 옵션 및 선물금융상품의 거래액 추이를 보여준다.

제2절 옵션가격의 특성

01 | 옵션프리미엄

옵션프리미엄(option premium)은 옵션의 거래가격으로서 옵션매입 시 지불하는 가격 또는 옵션매도 시 수령하는 매매가격이다. 기본적으로 옵션매입자 및 매도자가 옵션거래로부터 이익을 얻는 데 두 가지 방법이 있다. 프리미엄이 옵션의 매입가격보다 상승할 경우, 옵션매입자는 내가격(ITM)옵션을 행사하거나 만기 전에 옵션을 매도함으로써 이익을 얻게 된다. 프리미엄이 하락하는 경우, 옵션매도자는 옵션의 시효가 소멸되도록 내버려두거나(옵션이 외가격(OTM)일 때 예상되는 것처럼), 옵션을 재매입함으로써 이익을 얻게 된다.

물론 옵션이 기초상품으로부터 파생된 것이기 때문에 옵션가격은 기초상품가격의 변동에 영향을 받는다. 만일 기초상품가격이 내가격이면, 옵션을 행사하여 이익을 얻을 수 있으므로 그 결과 옵션가격은 그러한 가능성을 반영하여 상승한다. 기초상품가격이 외가격이면 옵션의 시효가 소멸되도록 내버려둘 가능성이 크며 그렇게 되면 매도자는 옵션프리미엄 만큼의 이익을 보게 된다. 이때 옵션프리미엄이 나타내듯이 옵션보유가치가 하락한다.

결국, 옵션 투자전략의 핵심은 기초상품시장에서의 가격동향을 예측하는 일이다. 강세장세가 예상되면 콜옵션을 매입하거나 풋옵션을 매도하며, 약세장세가 예상되면 콜옵션을 매도하거나 풋옵션을 매입하는 전략이 바람직하다. 그러나 투자전략은 이와 같이 분명하지만, 기초상품시장이 언제 상승하고 언제 하락할 지 예측하는 것이 항상 분명한 것은 아니다.

옵션프리미엄은 옵션과 관련된 잠재적인 수익을 직접적으로 반영하고 있다. 옵션프리미엄의 수준과 그것을 어떻게 일반적인 시장상황에 연관시키는가 하는 것을 분석함으로써 투자자는 옵션이 과대 혹은 과소평가되었는지 측정할 수 있다.

02 | 옵션의 공정가격과 옵션프리미엄

일반적으로 모든 투자의 기대수익은 투자에 수반되는 위험을 보상해야 한다. 즉 합리적인 투자자는 기대수익률 극대화를 위해 주어진 위험수준에서 최고의 기대수익을 선택하고, 혹은 주어진 기대수익에서 최소의 위험수준을 선택하기 때문이다.

옵션은 대단히 탄력적인 위험관리수단으로서 여러 가지 다른 목적으로 이용될 수 있다. 예컨대, 콜옵션매도자는 유한한 이익의 가능성에 대한 대가로 실질적으로 무한한 위험을 부담한다. 옵션프리미엄에 반영된 이와 같이 제한된 이익은 막대한 손실을 입을 가능성을 보상하기에 충분하여야 한다. 반면에 콜옵션매입자는 엄청난 이익의 가능성에 대한 대가로 일정 금액을 포기하여야 한다. 이와 같이 옵션프리미엄은 옵션매입자와 매도자 사이에서 발생하는 거래조건의 비대칭적 특성을 반영하여야 하며, 이것이 본질적으로 "공정가격"이다.

Gastineau(1988)은 옵션의 공정가격을 다음과 같이 정의한 바 있다.[4)]

> "옵션의 공정가격이란 위험을 감안하고 수수료의 영향을 무시했을 때, 옵션매입자와 매도자가 이익도 손해도 보지 않을 가격이다. 공정가격이란 옵션이 매매되는 시장이 아니라 옵션이 매매되어야 하는 효율적 시장에서의 평가금액이다."

옵션의 최저가치를 옵션의 내재적 가치(intrinsic value)라고 한다. 내재적 가치는 항상 내가격(ITM)에서 행사가격을 뺀 금액 또는 영(zero)과 일치한다. 물론 옵션프리미엄이 내재적 가치와 일치하는 것은 아니며, 통상 옵션프리미엄이 훨씬 더 크다. 예컨대, 기초상품가격이 현재와 만기시점 사이에 상당히 상승하리라고 기대하는 옵

4) G. Gastineau(1988), *The Options Mannual*, 3rd ed., New York : McGraw-Hill 참조.

션매입자는 그러한 상황 하에서 콜옵션을 보유하는 특전에 대한 대가로 내재적 가치보다 훨씬 더 많이 지불할 것이다. 반대로 기초상품가격의 하락이 예상되면 투자자는 풋옵션을 매입하기 위하여 내재적 가치보다 훨씬 더 많이 지불할 용의가 있을 것이다.

현재와 만기일까지의 기간이 길면 길수록 기초상품가격이 변동될 수 있는 범위는 더욱 커질 것이며, 따라서 만기일까지 기간이 길면 길수록 옵션이 행사되어 이익이 날 가능성이 더욱 높다. 그러므로 만기까지의 기간이 길수록 통상 옵션프리미엄은 더욱 높을 것이다. 내재적 가치를 초과하는 옵션의 가치는 종종 외재적 가치(extrinsic value) 혹은 시간가치(time value)로 정의되며, 따라서 옵션프리미엄은 내재적 가치와 시간가치의 합으로 나타낼 수 있다.[5)]

옵션프리미엄=내재적 가치+시간가치 ………………………………………………… (12.1)

옵션의 내재적 가치가 영(zero)과 같을 수 있는 것과 마찬가지로 옵션은 무시해도 좋은 혹은 영(zero)의 시간가치를 가질 수 있다. 만기에 가까울수록 옵션의 시간가치는 작아지며 또한 옵션이 너무 외가격(OTM)이기 때문에 만기 이전에 내가격(ITM)이 될 가능성이 적어 시간가치가 전혀 없을 수도 있다.

예컨대, 금이 온스당 $530에 거래되고 있는 경우, 금 옵션시장에서 행사가격이 온스당 $500인 콜옵션이 있다고 하자. 이때 콜옵션의 거래가격(옵션프리미엄)은 $50이라고 하면 콜옵션의 내재적 가치는 $30($530-$500)이고, 시간가치는 $20($50-$30)이 된다.

03 | 옵션의 경제적 가치

비록 옵션의 가치가 기초상품의 가치로부터 유래하지만 기초상품과 관련이 없으면

5) 최혁^김종오(2002), 투자론, 방송대, 제10장 참조; 최원근 외(1999), 금융옵션, 박영사, pp.64-6 참조.

서도 옵션에 특유의 가치를 부여하는 몇 가지 기능이 있다.

❶ 다양한 투자기회의 제공

옵션은 다양한 투자기회를 제공한다. 옵션을 주식이나 채권 또는 기타 증권과 다양하게 결합하면 새로운 투자기회가 창출된다. 그리고 옵션을 이용하면 선물계약과는 다른 독특한 투자전략을 세울 수도 있다.

❷ 위험전가기능

투자자가 상품을 구매하는 것은 상품가격이 상승하여 미래 어느 시점에 이익을 얻고 처분할 수 있다고 믿기 때문일 것이다. 따라서 상품 값의 하락이 예상될 때, 합리적인 투자자는 그 상품을 매입하지 않을 것이다. 즉 이와 같은 논리는 투자에 부수되는 위험의 크기에 달려 있다. 다시 말하면 만일 상품 값이 하락하면 얼마나 손해를 보게 될 것인가에 달려 있는 것이다.

흔히 옵션프리미엄은 보험프리미엄과 비교되어 왔는데, 이는 옵션과 보험계약 사이에 매우 흡사한 점이 있기 때문이다. 예컨대, 빌딩소유자는 화재보험에 가입할 때, 비교적 적은 액수의 보험료를 지불하면서 불운이 닥쳐 빌딩이 불에 다 타버린 경우 비교적 큰 액수의 보험금 지급을 요구할 수 있는 권리를 보유한다. 투자자는 옵션을 매입할 때 잠재적으로 매우 큰 이익의 대가로 비교적 적은 액수의 프리미엄을 지불한다. 물론 옵션투자자는 매우 큰 이익에 대한 지급요구에 돈을 거는 반면에, 통상 빌딩소유자는 화재보험료를 지불하고 결코 지급요구를 하지 않는다는 점에서는 차이가 있다. 반면에 보험회사는 상당히 많은 수의 보험가입자들로부터 비교적 적은 액수의 프리미엄을 징수하고 지급요구가 발생하면 큰 액수를 지급할 의무가 있다.

옵션매도자는 프리미엄을 징수하고 기초상품가격이 불리하게 움직이면 큰 손해를 볼 위험이 있다. 반면에 옵션매입자는 기초상품을 매입하거나 매도함으로써 콜옵션 혹은 풋옵션을 행사할 수 있으므로 상품가격 변동에 의한 이익을 취할 수 있는 기회를 가진다. 이러한 옵션계약의 비대칭성 때문에 옵션매입자는 옵션프리미엄보다 큰 손실에 대비하여 보험을 든 것이다. 많은 사람들은 이것을 무한한 이익의 가능성과 유한한 위험을 가진 두 개의 세계에서 최선의 것으로 간주할지 모른다. 그러나 프리미엄은 잠재적인 이익과 잠재적인 손실간의 불균형에 대한 보상을 위하여 조정되어 있다. 이는 화재보험의 프리미엄과 매우 유사하다. 보험가입자들은 보험금 지급청구를 할 가능성이 적기 때문에 프리미엄은 단지 손실이 될 가능성이 크다는 것을 잘 안다. 그러나 빌딩이 다 타버리고 보험에 가입하지 않았을 때 감수해야 할 손실에 비하면 프리미엄이 매우 작기 때문에 보험가입자들은 이러한 불균형을 받아들인다.

③ 레버리지 효과[6)]

인플레이션이 없다는 전제 하에 예컨대, 어느 상품의 현재가격이 $100이고 일년 후에 $10가 상승할 것으로 예상될 때, 투자자는 $100에 그 상품을 매입하거나 행사가격이 $100인 콜옵션을 $2에 매입할 수 있다고 가정하자. 어떤 투자가 더 매력적인가? 상품을 $100에 매입하여 $10의 이익을 보면 수익률이 10%인데 반하여, 콜옵션보유자는 $2의 투자로부터 $8의 이익($10-$2) 혹은 400%의 수익을 올릴 수 있으므로 분명히 옵션투자자는 상품매입자보다 훨씬 더 큰 수익률을 올릴 수 있다. 옵션투자자가 누리는 이러한 장점을 레버리지 효과(leverage effect)라 한다.

특정 모험사업에 투자금액을 증가시키지 아니하고 잠재적인 수익을 증가시킬 수 있거나 혹은 잠재적인 수익성을 감소시키지 아니하고 모험사업에 투자되는 액수를 감소시킬 수 있을 때 레버리지 효과가 존재한다.

④ 합성증권의 창출

옵션은 새로운 합성증권을 창출하는 수단을 제공한다. 콜옵션과 풋옵션을 결합하

---

6) 원래 지렛대란 의미의 레버리지(leverage)는 여기서는 자기자본과 타인자본의 합인 총자본에서 타인자본의 비율을 뜻한다.

거나 옵션과 기초상품을 결합함으로써 새로운 합성증권(synthetic securities)을 다양하게 창출할 수 있다. 즉 기초상품가격이 상승 또는 하락이 예상될 때, 또는 가격변동이 클 때와 작을 때 각각 이득을 볼 수 있는 합성증권을 창출할 수 있다.

제3절 옵션가격의 결정 요인

옵션시장에서 옵션가격에 영향을 미치는 요인 중에서도 특히 기초상품의 시장가격, 행사가격, 무위험이자율, 옵션만기 및 기초상품가격의 가격변동성이 중요하며, 이외에도 기초상품을 보유할 때 부수되는 보유비용 및 세금 등이 옵션가격에 영향을 미칠 수 있다.

01 | 시장가격

기초상품의 시장가격과 행사가격 간의 관계는 옵션가격에 엄청난 영향을 준다. 옵션의 최종가치(terminal value)는 기초상품가격과 행사가격의 차이로 정의된다. 옵션이 내가격일 때 시장가격과 행사가격의 차이의 절대값이 옵션과 관련된 최소가치 혹은 내재적 가치를 결정하므로, 일반적으로 콜옵션 행사 시의 수익은 시장가격이 행사가격을 초과하는 금액이 되며, 풋옵션 행사 시의 수익은 행사가격이 시장가격을 초과하는 금액이 된다. 그러므로 콜옵션 가격에 있어서 시장가격이 상승하면 콜옵션의 프리미엄도 증가하게 된다. 반면에 풋옵션은 시장가격이 상승함에 따라 더 작은 가치를 갖게 된다.

02 | 행사가격

시장가격과 함께 옵션가격에 결정적 영향을 주는 행사가격은 계약시점에서 매도자와 매수자 간에 정해지는 상수이므로 행사가격이 작을수록(클수록) 콜옵션 프리미엄의 크기는 커지게(작아지게) 된다. 반면에 풋옵션은 행사가격이 상승함에 따라 더 큰 가치를 갖게 된다.

03 | 만기(잔존가치)

옵션의 외재적 가치(extrinsic value)는 흔히 시간가치(time value)라고도 하는데, 이는 옵션의 만기가 외재적 가치에 가장 큰 영향을 미치는 요인 중의 하나이기 때문이다. 만기가 가까워 옴에 따라 외재적 가치는 감소한다. 이러한 현상은 옵션의 보험가치가 만기가 가까워 옴에 따라 감소한다는 사실에 기인한다고 할 수 있다.

옵션만기가 연장되면 상당히 불리한 변동이 발생할 확률이 높아지는 것은 사실이나, 상품가격이 어느 방향으로 변화할지 예측하는 것은 쉬운 일이 아니다. 따라서 옵션만기가 연장될수록 가격이 유리하게 변동될 가능성 역시 증가한다. 이는 만기가 길면 길수록 옵션이 보유한 레버리지 효과가 증가한다는 것을 의미한다. 따라서 미국형 콜 및 풋옵션은 잔존기간이 길어질수록 더 큰 가치를 갖게 된다.

그러나 유럽형 콜 및 풋옵션은 잔존기간이 길어짐에 따라 꼭 더 큰 가치를 갖게 되는 것은 아니다. 왜냐하면 유럽형 장기옵션의 보유자는 유럽형 단기옵션의 보유자가 지닌 모든 행사기회를 보유하고 있는 것은 아니기 때문이다.

04 | 무위험이자율

옵션도 역시 신 금융상품의 하나로 자본투자가 있게 되면 어느 정도의 수익을 기대하는 것은 당연하다. 투자자에게는 다른 투자대안들이 있기 때문에 옵션투자에서 기대되는 수익은 위험수준이 비슷한 투자대상에서 기대되는 수익과 일치하여야 한다.

콜옵션은 보유자에게 레버리지 효과를 제공한다. 옵션보유자는 기초상품을 매입하기 위하여 차입금을 이용하는 대신 레버리지 효과를 이용할 수 있다. 따라서 콜옵션은 기초상품을 매입하기 위한 대안으로 간주될 수 있다. 차입금의 이자가 높으면 높을수록 콜옵션이 차입금의 대안으로 더욱 매력적이다. 따라서 이자율이 상승할수록 콜옵션이 더욱 매력적이 되고 콜옵션의 가격이 상승하나, 풋옵션의 가치는 감소된다.

05 | 가격변동성

시장가격의 변동성(volatility)이란 미래의 가격변동이 얼마나 불확실한가를 나타내는 척도이다. 예컨대, 주식의 경우 변동성이 증가함에 따라 그 주식의 투자실적은 아주 좋거나 아주 나쁠 가능성이 커진다. 주식소유자에게는 이 두 가지 결과는 서로 상쇄되는 경향이 있다. 그러나 콜이나 풋옵션의 소유자에게는 그렇지 않다. 콜옵션의 소유자는 주가상승으로부터 이익을 얻지만 주가하락 시에는 손실위험이 제한되어야 한다. 왜냐하면 그가 잃는 것은 기껏해야 옵션의 프리미엄이기 때문이다. 마찬가지로 풋옵션의 소유자는 주가하락으로부터 이익을 얻지만 주가상승 시 손실위험이 제한되어 있다. 그러므로 콜과 풋옵션의 가치는 변동성이 증가함에 따라 증가한다.

제4절 우리나라의 옵션시장과 재테크

01 | 국내 옵션시장의 개설 과정

주가지수옵션의 도입은 투자자에게 다양한 투자수단을 제공하게 되며 선물^옵션 간 상호 보완관계에 따라 선물시장 안정화에도 기여하게 된다. 따라서 주가지수선물시장 개설(1996.5)에 이어서, 1997년 1월 "주가지수옵션시장 개설 일정"을 발표하고 동년 3월 증권거래법 시행령을 개정하여 주식관련 옵션을 유가증권으로 지정하였다.

영국 및 프랑스는 주가지수옵션을 주가지수선물과 동시에 도입하였고, 홍콩은 주가지수선물을 도입한 후 무려 7년이나 지나 주가지수옵션을 도입하였다. 그러나 미국, 일본, 독일 등 주요국이 1년 정도의 시차를 두고 주가지수옵션을 도입한 사례를 참조하여, 1997년 7월 7일 KOSPI 200 주가지수선물을 거래하고 있는 한국증권거래소에서 KOSPI 200을 대상지수로 하는 주가지수옵션시장을 필두로 옵션시장이 개설되었다. 또한 정부의 선물시장 통합방침에 따라 2004년 1월부터 주가지수옵션시장도 주가지수선물시장과 함께 한국선물거래소(KOFEX)에 이관되었다. 2005년 1월에는 한국선물거래소가 증권거래소 및 코스닥시장과 통합하여, 한국증권선물거래소(KRX)로 발족하게 되었다.

02 | 주가지수옵션 거래제도

한국증권거래소는 주가지수선물과 주가지수옵션이 동일한 대상물을 거래하고 상호 보완관계에 있으므로, 주가지수옵션의 거래제도를 주가지수 선물의 경우와 동일하거나 유사하게 하여 선물^옵션 간 연계거래의 편리성을 제고하였다. 거래시간, 최종거래일 및 거래개시일, 차금결제제도, 거래중단제도 등이 두 시장 모두 같으며,

선물^옵션 계좌를 개설하면 두 상품을 모두 거래할 수 있다.

또한, 선물^옵션을 통틀어 국제적인 표준증거금제도인 포트폴리오 위험기준 증거금제도(portfolio risk-based margin system)를 도입함으로써 투자자의 자금부담이 줄어들고 증권시장의 질적 향상을 가져와 시장의 유동성이 제고되도록 하였다. 즉 선물과 옵션을 통합하여 포트폴리오의 위험을 기준으로 위탁증거금과 매매증거금을 산출한다.

KOSPI 200 주가지수옵션도 거래대상이 실체가 없는 추상물인 주가지수이므로 사전에 정한 가격과 결제시점의 주가지수와의 차이를 기준으로 현금결제하는 특징을 갖는다.

옵션의 종류로는 살 수 있는 권리인 콜옵션(call option)과 팔 수 있는 권리인 풋옵션(put option) 두 가지가 있으며, 옵션의 유형은 만기 시에만 권리행사가 가능한 유럽형으로 하고 있다. 옵션의 결제월은 선물결제월(3월, 6월, 9월, 12월)과 선물결제월이 아닌 월중 현 시점에서 가장 가까운 2월이므로 어느 시점에서나 6개의 결제월 종목이 상장되어 거래된다.

KOSPI 200 주가지수옵션은 주가지수 1포인트에 거래단위승수 10만원을 곱한 금액을 1계약 단위로 하고 있다. 어떤 투자자가 옵션가격(프리미엄) 3.10포인트에 2계약 매수하였다면 매도자에게 지급하여야 할 옵션매수대금은 3.10포인트에 10만원과 매수수량 2계약을 곱한 62만원이 된다. 옵션의 호가단위는 옵션가격이 3포인트 이상인 경우에는 0.05(5천원)이고, 옵션가격이 3포인트 미만인 경우에는 0.01포인트(1천원)이다.

한편 옵션거래는 가격제한폭을 두지 않는다. 그 이유는 옵션은 대상자산 자체를 거래하지 않기에 가격변동이 대상자산의 가격변동과 선형적으로 일치하지 않아 각 종목별 가격변동의 방향 및 폭이 서로 상이하여 가격제한폭을 두기 어렵고, 인위적으로 가격제한폭을 두는 경우 이에 따른 부작용이 발생할 수 있기 때문이다. 또한, 옵션매수자의 손실가능액이 한정되어 있으며, 옵션매도자는 가장 높은 수준의 금융거래 전문가인 점도 고려되었다. 그러나 실무상 착오로 인한 손실방지를 위하여 정상호가 범위(주가지수가 15% 변동할 경우의 옵션이론가격)를 설정하여 당해 범위

〈표 12-5〉 주가지수옵션의 주요 계약 조건

구 분	주요 계약조건
대상지수	KOSPI 200
결제(만기)월	근월 3월과 3, 6, 9, 12월 중 3개(6종목)
거래시간	현물보다 15분 늦게 종료. 단, 최종결제일은 10분 일찍 종료(09:00~15:15)
거래단위	KOSPI 200×10만원
호가단위	호가가 3포인트 이상이면 0.05포인트(5천원), 그 미만은 0.01포인트
가격제한폭	없음(비정상호가는 접수거부)
기본예탁금	신규거래시 위탁자는 1,500만원 이상을 예탁해야 함(2003.3.24)
위탁증거금	포트폴리오 위험을 기준으로 산출 위탁증거금률 : 15%(현금위탁증거금률 : 5%) 유지증거금률 : 10%
위탁수수료	0.09%(위탁수수료율 상한) 범위 내에서 회원 자율결정
거래개시일	최종거래일 익일(휴장일인 경우 순연)
최종거래일	결제월의 두 번째 목요일(휴장일인 경우 순차적으로 앞당김)

를 벗어나는 호가는 접수를 거부하도록 하였다.

03 | 옵션상품별 비교

주가지수옵션이 1997년 7월에 시장개설된 이후에 1999년 4월에는 미달러옵션이, 2002년 1월에는 개별주식옵션시장이 개설되었다. 개별주식옵션은 기초자산이 개별주식인 옵션으로, 상장 우량기업이 발행한 주식을 거래대상으로 하여 미래의 일정시점에 약정가격으로 매입^매도할 수 있는 권리가 거래되는 시장이다. 거래대상 종목은 2002년 1월 개설 당시 삼성전자, SKT, POSCO, KT 등 7개 종목에서 2005년 9월에는 총 30개 종목으로 확대되었다.

또한 2002년 5월에는 3년 국채옵션시장이 개설된 바 있다. 현재 한국증권선물거래소(KRX)에 상장된 옵션의 상품별 거래조건의 비교는 〈표 12-6〉과 같다.

〈표 12-6〉 옵션상품 거래조건 비교(2005년 12월 현재)

구 분 (상장일)	KOSPI200 옵션('97.7.7)	주식옵션 ('02.1.28 : 7개, '05.9.26 : 23개)	3년국채 옵션('02.5.10)	미달러 옵션('99.4.23)
거래대상	KOSPI200 (유럽형)	국민은행, 삼성전자, 포스코, 현대자동차, 한국전력공사, KT, SK텔레콤	3년국채선물 1계약(미국형)	US달러 (유럽형)
거래단위 (승수)	10만원	10주	3년국채선물 1계약	$10,000
최소가격 변동폭(Tick)	3.0p이상 : 0.05p 30.p이하 : 0.01p	종목별로 상이	0.01p	0.1원
최소가격 변동금액	0.01p : 1,000원 0.05p : 5,000원	종목별로 상이	10,000원 (100만원×0.01p)	1,000원 (1만원×0.1원)
결제월주기/ 상장결제월수	연속 3개월 +3, 6, 9, 12월(4개)	연속 3개월 +3, 6, 9, 12월(4개)	연속 3개월 +3, 6, 9, 12월(4개)	연속 3개월 +3, 6, 9, 12월(4개)
권리행사가격	2.5p 간격 9개 (추가설정 가능)	9개 (추가설정 가능)	0.5p 간격 9개 (추가설정 가능)	10원 간격 7개 (추가설정 가능)
최종거래일 (최종결제일)	결제월의 두 번째 목요일 (T+1)	결제월의 두 번째 목요일 (T+1)	결제월의 첫 번째 수요일 직전 거래일 (T+1)	결제월의 세 번째 월요일 (T+2)
최종결제방법	현금결제	현금결제	실물인수도	실물인수도
가격제한폭	없음	없음	없음	없음
포지션제한	필요시 설정	필요시 설정	필요시 설정	필요시 설정
거래시간 (최종거래일)	09:00~15:15 (09:00~14:50)	09:00~15:15 (09:00~14:50)	09:00~15:00 (최종거래일 구분 없음)	09:00~15:00 (09:00~11:30)

[연습문제]

1. 옵션의 유래를 설명하고, 옵션시장이 짧은 역사에도 불구하고 폭발적인 인기를 누리는 까닭은 무엇인가?
2. 유럽형 옵션과 미국형 옵션의 차이는 무엇인가?
3. 콜옵션(call option)과 풋옵션(put option)의 차이는 무엇인가?
4. 콜옵션과 풋옵션의 매입자는 내가격(ITM)과 등가격(ATM) 및 외가격(OTM)에 각각 어떻게 행동하는 것이 바람직한가?
5. 행사가격이 \$100인 주식 풋옵션을 \$10에 매입한 풋옵션매입자가 주식의 시장가격이 \$70로 떨어진 경우에 매도권리를 행사한 때 얻을 수 있는 순이익은?
6. 옵션의 공정가격과 옵션프리미엄의 관계를 설명하시오.
7. 옵션의 레버리지 효과(leverage effect)란 무엇인가?
8. 옵션의 가격과 ① 시장가격, ② 행사가격, ③ 만기, ④ 이자율, ⑤ 가격 변동성의 관계는 각각 어떤가?
9. 우리나라의 주가지수옵션시장에서 가격제한폭을 두지 않는 이유는 무엇인가?
10. 우리나라 주가지수옵션의 주요 계약 조건을 설명하시오.
11. 한국증권선물거래소(KRX)에서 거래되는 옵션상품별 거래조건을 비교하시오.

제13장 부동산과 재테크

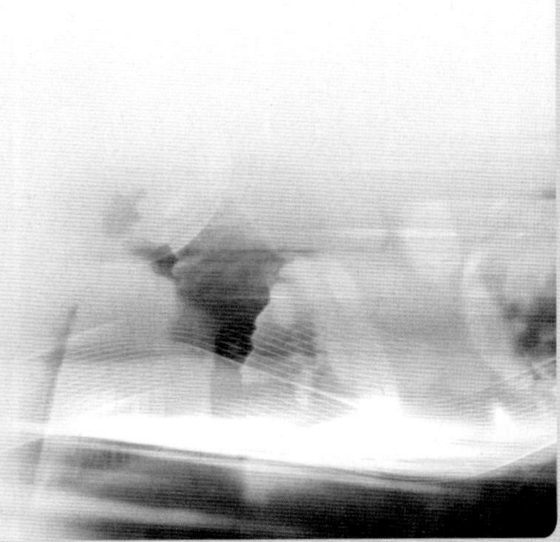

제 13장 부동산과 재테크

재테크 수단으로서 부동산이 단연 선호되고, 특히 우리나라는 선진국에 비해 가계 자산 중에서 부동산이 차지하는 비중이 매우 높은 특징이 있다. 그러나 부동산이 안전성 및 수익성은 유리하지만 유동성(환금성)은 불리해 현금화하는데 거래비용이 많이 든다는 단점이 있다. 따라서 투자3분법에 입각하지 않고 부동산 중심으로만 자산운영을 하는 것은 가계의 자산운용 상 대내외적인 경제적 충격에 취약성을 드러낼 수밖에 없다. 따라서 부동산투자에 있어서도 한 가지 부동산에만 투자하지 말고 투자자금의 성격 상 현금유입과 현금유출을 고려하여 여러 종목의 부동산에 분산투자하는 것이 바람직하다.

본 장에서는 먼저 내집마련 전략을 알아보고, 경매 및 부동산 간접투자 등 부동산 투자에 대해 분석해 본다.

제1절 내집마련 전략

주택은 인간생활의 가장 기본적인 의식주 가운데 하나이다. 하지만 최근에는 삶의 형태(life-style)의 변화와 투자가치로 인하여 아파트에 대한 선호도가 높은 편이다. 따라서 내집마련 전략에서는 아파트 분양시장과 아파트 유통시장을 중심으로 살펴보자.

01 | 아파트 분양시장

아파트를 분양받기 위해서는 청약통장을 가지고 있어야만 분양받을 수 있다. 청약통장의 종류에는 청약저축, 청약부금, 청약예금 등이 있으며 분양받을 수 있는 아파트의 종류와 저축의 성격이 조금씩 다르다. 청약통장의 성격들을 비교해 보고 자신이 분양받고자 하는 아파트의 성격에 맞는 청약통장을 마련하는 것이 좋다.

① 청약저축

청약저축은 적금 형식으로 매월 저축금액을 일정기간 저축하면 정부의 국민주택기금을 지원받아 건설되거나 개량되는 국민주택 또는 대한주택공사가 건설^공급하는 전용면적 85㎡ 이하의 주택을 분양받거나 임대받을 수 있는 저축이다.

청약저축은 무주택세대주일 경우에만 가입이 가능하며 이율은 2년 이상 가입할 경우 6%이다. 청약저축 불입액은 매월 2만원 이상 10만원까지 자유롭게 납입할 수 있다. 아파트 분양 1순위가 되기 위해서는 가입한 지 2년이 경과되고 매월 정해진 날에 월납입금을 24회 납입해야만 한다. 1순위 자격을 얻은 청약저축 가입자들은 신규로 분양하는 국민주택에 분양신청을 하면 우선적으로 분양받게 된다.

청약저축을 가입한 지 6개월이 지나고 월납입금을 6회 이상 납입하게 되면 2순위가 되고 1순위가 미달일 경우에만 분양받을 수 있다.

② 청약부금

청약부금은 집을 소유했는지의 여부나 세대주의 여부에 관계없이 민영주택을 분양받을 수 있다. 가입조건은 주택건설지역에 거주하는 만 20세 이상의 개인이면 된다.

청약부금은 모든 은행에서 가입이 가능하며 매월 5만원에서 50만원 사이의 금액을 불입하면 된다.

〈표 13-1〉 전용면적 및 지역별 청약예금 예치금액 비교

(단위 : 만원)

구 분	예치금액		
전용면적	서울^부산	기타 광역시	기타 시^군
85㎡	300	250	200
102㎡	600	400	300
102㎡ 초과 135㎡	1,000	700	400
135㎡	1,500	1,000	500

자료 : www.kbstar.com

③ 청약예금

청약예금은 청약부금과 비슷한 성격의 청약상품이다. 부금과의 차이점은 한꺼번에 일정금액을 예치한다는 것이다. 청약예금의 경우 분양받고 싶은 지역이나 아파트의 크기에 따라 예치해야 하는 금액이 다르며 구체적인 금액은 〈표 13-1〉와 같다.

청약예금은 가입한 지 2년이 경과하면 1순위가 되며 민영주택, 민간건설 중형국민주택, 민간건설 임대주택 등에서 분양하는 주택을 분양받을 수 있다.

〈표 13-2〉은 청약주택, 청약부금, 청약저축의 특징들을 종합적으로 비교하고 있다.

〈표 13-2〉 청약관련 통장 비교

상품명	청약예금	청약부금	청약저축
대상주택	민영주책	25.7평 이하의 민영주택	25.7평 이하의 국민주택
특 징	목돈을 한번에 예치하는 정기예금	매월 적립하는 적립식 상품	절세혜택이 있는 적립식 상품
가입대상	만 20세 이상	만 20세 이상	무주택 세대주
계약기간	1년(1년 단위로 재예치)	정액적립식 : 2, 3년제 자유적립식 : 2, 3, 4, 5년제	입주자로 선정될 때까지
세금우대혜택	일반과세, 세금우대, 생계형 중 선택 가능	일반과세, 세금우대, 생계형 중 선택 가능	일반과세, 세금우대, 비과세생계형 중 선택 가능

자료 : www.kbstar.com

02 | 아파트 유통시장

❶ 주거의 효용

자신이 아파트를 분양받을 때까지 시간적인 여유가 없거나 이미 분양받은 아파트를 처분하고 좀 더 큰 평형의 아파트로 옮기거나, 혹은 쾌적성이 높은 지역으로 이사를 하고 싶다면 여러 가지 사항들을 신중하게 고려하여 해당지역의 기존 아파트가 매매거래 되는 아파트의 유통시장에서 구입할 수 있다.

주거의 효용은 아파트에서 생활하면서 느끼는 정신적 만족감을 의미한다. 어떤 부동산이 높은 쾌적성을 지니는 경우에 다른 부동산보다 높은 가격에 거래되는 경우가 있는데, 그 차액은 쾌적성에 기인한다고 할 수 있으므로, 소위 "쾌적가격"이라고도 한다.[1)]

쾌적성은 환경, 층고, 경관, 기타 외관적 요인 등에 의한 것은 외적 쾌적성이라 하고, 반면에 건물의 재질, 설계나 시공의 차별성 등에 의한 것은 내적 쾌적성이라고 한다. 쾌적성은 부동산이 지니는 상대적 희소성과 더불어 부동산가격 형성에 영향을 미치는 요인이다. 이런 쾌적성은 국가의 경제적^사회적^문화적 수준이 높아질수록 높게 평가된다.

❷ 좋은 아파트 선택 시 고려사항

일반적으로 아파트를 구입할 때는 주거가 주된 목적이지만 투자가치라는 측면도 무시할 수 없는 요인이다. 두 가지 목적을 모두 달성하기 위해서는 다음과 같은 사항들을 신중히 살펴보아야 한다. 좋은 아파트 선택 시 고려할 사항은 다음과 같다.

1) 정상철 외(2002), 부동산경제론, 형설출판사, 제3장 참조.

1 조망권

산이나 강 및 하천 같이 좋은 조망권을 가진 곳은 주거의 만족도를 높여주며 투자가치도 매우 높다. 같은 아파트단지 내에서도 조망권이 좋고 나쁨에 따라 아파트의 가치가 다르게 평가된다.

2 녹지공간

아파트 단지 내에 나무가 많이 심어져 있고 화단이 많이 설치되었을수록 쾌적한 주거환경이라고 볼 수 있다. 최근에는 주차장을 지하화하면서 지상에 충분한 녹지공간을 제공하는 추세이다.

3 남향집

거실과 안방의 창문이 남쪽을 향하고 있어야만 여름에는 시원하고 겨울에는 따뜻하기 때문에 가능하면 남향집을 선택한다.

4 역세권 주변

지하철역 인근에 위치한 아파트 거주자들은 쉽게 지하철을 이용함으로써 이동에 따른 시간과 비용을 절감할 수 있는 장점이 있다. 지하철은 도시의 발전축으로 인식되고 있기 때문에 지하철 노선이 연결되는 지역의 아파트를 선택하는 것이 유리하다.

5 주차공간

최근에는 1가구당 2대 이상의 차량을 보유하고 있는 가구들이 많아지고 있다. 대다수의 아파트들은 분양 당시 1가구당 1.2~1.5대의 주차공간을 제공하지만, 현실적으로는 충분하지 않은 실정이다. 이로 인하여 많은 주민들이 주차공간의 부족으로 인한 불편을 겪고 있음을 감안할 때 주차공간이 많은 아파트일수록 좋다.

⑥ 동간거리

아파트 동간의 거리가 넓을수록 일조량이 많아지고 공기의 순환도 잘 이루어진다. 그리고 향후 재개발이 될 가능성을 염두에 둔다면 동간거리가 넓을수록 재개발 가치가 높아진다.

⑦ 대단지 여부

아파트 단지가 클수록 각종 편의시설이 골고루 갖추어지기 때문에 유리하다. 대규모 아파트 단지(1,000세대 이상)가 밀접한 곳일수록 백화점, 스포츠센터, 대형할인점, 학교, 병원, 공원 등과 같은 편의시설들이 잘 갖추어져 있다.

03 | 모기지론 활용법

❶ 모기지론의 의의

모기지론이란 주택을 담보로 주택저당유동화증권(MBS : mortagage backed securities)을 발행하여 10년 이상으로 장기주택자금을 대출해주는 제도를 말한다. 모기지론 제도는 은행에서 주택을 담보로 제공한 자금수요자에게 자금을 빌려주면서 발행한 주택저당유동화증권을 중개기관에서 판매하여 대출자금을 회수하는 방법이다. 주택저당유동화증권을 인수한 중개기관은 다시 일반투자자에게 판매하여 자금을 회수하는 방식으로 운영된다.[2]

모기지론은 만 20세 이상의 무주택자 또는 1주택 소유자로 대출자격이 제한되고 있다.

2) 본 서의 제2장 제4절 참조.

〈표 13-3〉 모기지론과 주택담보대출의 비교

<table>
<tr><th colspan="2">구 분</th><th>모기지론</th><th>주택담보대출</th></tr>
<tr><td colspan="2">금 리</td><td>고정금리</td><td>변동금리</td></tr>
<tr><td colspan="2">대출기간</td><td>10년, 15년, 20년</td><td>단기
(일반적 3년 이하)</td></tr>
<tr><td colspan="2">최대대출비율</td><td>집값의 70%
(최고 3억)</td><td>집값의 40~60%</td></tr>
<tr><td colspan="2">상환방법</td><td>매월 균등분할상환</td><td>만기일시상환 또는
원금분할상환</td></tr>
<tr><td rowspan="2">금리변동 시</td><td>상승 시</td><td>추가이자 부담 없음</td><td>이자부담 가중</td></tr>
<tr><td>하락 시</td><td>대환 가능</td><td>대환 가능</td></tr>
<tr><td colspan="2">소득공제
(대출 15년 이상)</td><td>연간 1,000만원</td><td>연간 1,000만원</td></tr>
<tr><td colspan="2">중도상환 수수료</td><td>5년 이내 상환 시 1~2%</td><td>3년 이내 상환 시 1~2%</td></tr>
<tr><td colspan="2">대출대상주택</td><td>주택, 아파트
(단 6억 이상 제외)</td><td>제한 없음</td></tr>
</table>

자료 : http://kr.money.yahoo.com

❷ 모기지론과 주택담보대출

모기지론과 주택담보대출은 〈표 13-3〉에 보여주고 있듯이 여러 측면에서 차이점이 있다. 이 중에서 가장 큰 차이점은 금리와 대출기간 측면이라고 볼 수 있다.

첫째, 금리 측면에서는 모기지론은 주택담보대출과 달리 고정금리이기 때문에 차입자가 금리상승으로 인한 금리변동위험에서 벗어날 수 있다.

둘째, 대출기간 측면에서 주택담보대출의 경우에는 대출기간이 원칙적으로 3년 이하이지만, 모기지론은 20년까지 분할상환이 가능하기 때문에 주택구입자의 입장에서는 목돈이 없이도 주택을 구입할 수 있는 선진국형 제도라고 할 수 있다.

제2절 부동산투자

01 | 부동산경매

❶ 부동산경매의 의의

경매는 금전거래로 인한 채무불이행이 발생했을 경우에 악성채무를 상환받기 위해서 금전거래 당시에 제공되었던 농수산물, 미술품, 자동차, 부동산 등과 같은 물적 담보를 법원에서 강제적으로 처분하는 것을 말한다.

부동산경매의 경우 입찰자들이 입찰참여 서식에 가격을 적어 넣는 입찰방식을 사용하고 있다. 부동산경매가 발생하는 경우는 크게 3가지 유형으로 나누어진다.

1 압류재산 공매공고

압류재산 공매공고는 국세청이 세금을 내지 못한 사람의 부동산을 국세징수법에 의거하여 처분하는 것으로 자산관리공사에서 경매를 진행한다.

2 법원경매 부동산

법원경매 부동산은 민사소송에 의거하여 채권자가 법원에 강제매각 의뢰를 신청했을 경우에 여러 사람들의 입찰신청을 받아 최고가의 입찰신청서를 제출한 사람에게 부동산을 낙찰시키는 경쟁입찰 방식으로 진행되고 있다.

3 비업무용 부동산 공개 매각

금융기관이 취득한 담보부동산과 기업들이 업무를 목적으로 취득하였으나 사용하지 않고 있는 부동산을 공개 매각하는 경우이다. 비업무용 부동산 공개 매각은 자산관리공사에서 공개 매각한다.

❷ 부동산경매의 절차

부동산경매는 채권자가 담보로 확보하고 있는 부동산의 처분을 요청하는 경매를 신청하는 과정에서부터 비롯된다. 법원에서는 경매신청서를 접수하고 해당 부동산에 대한 임대차보증이나 점유관계에 대한 현황을 조사한 후에 감정평가회사에서 평가한 가치를 기초로 하여 경매가격을 결정한다. 이후의 과정은 법원과 입찰참여자와의 과정으로 [그림 13-1]과 같은 절차에 따라서 진행된다.

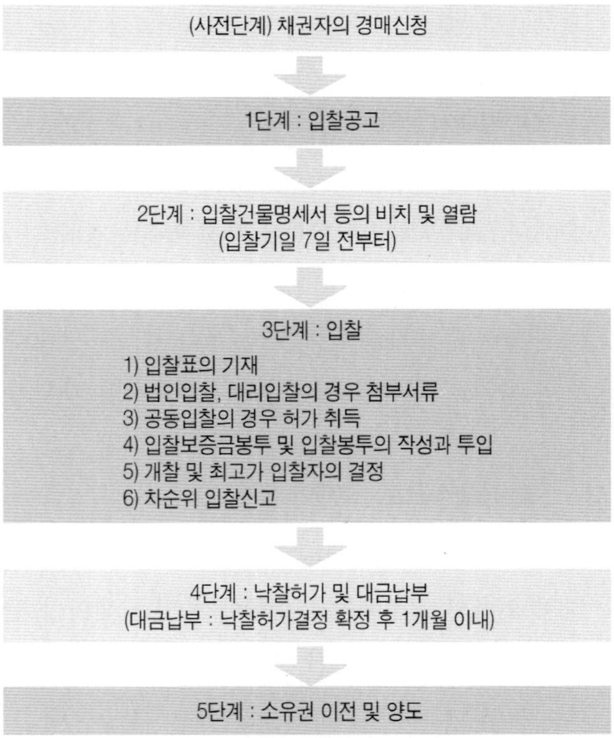

[그림 13-1] 부동산 경매 절차

❸ 부동산경매의 특징

최근에는 많은 투자자들이 부동산 취득 목적이 아닌 재테크의 목적으로 부동산 경매에 참여하고 있다. 재테크 수단으로서 부동산경매는 다음과 같은 장점들을 가지고 있기 때문이다.

1 할인된 가격으로 투자 가능

법원에서 경매를 시작할 때는 감정평가액을 기준으로 시작하지만 입찰이 되지 않을 경우에는 유찰이 되어 다음번 경매에서 20~30%정도씩 낮아진 가격에서 입찰을 시작한다. 많은 경매부동산들이 30~40%정도씩 저렴하게 낙찰되고 있다. 그러나 부동산시장이 과열국면에 있을 때는 낙찰가격이 감정평가액보다 높아지는 현상이 발생하기도 한다.

2 경매시장의 확대 추세

여러 가지 채무관계로 인하여 부동산경매의 건수가 점차 증가하고 있는 추세이다. 2005년 6월 말까지의 법원을 통한 부동산경매 건수는 총 231,081건이었으며 그 중 77,396건이 낙찰되었고 낙찰가의 총합은 6조 9,412억원에 달한 것으로 나타났다. 이는 2004년 동기에 비해서 36.4%나 증가한 것으로 집계되고 있다.[3] 이러한 경매건수의 증가로 인하여 경매가 부동산투자의 매력적인 영역으로 자리 잡게 되었다.

3 상대적으로 규제가 약함

일반적으로 토지거래허가지역 내의 부동산을 취득하기 위해서는 허가를 취득해야 하며 임야의 경우에는 임야매매 증명을 받아야 한다. 그러나 경매를 통해 취득할 경우에는 이러한 허가나 증명이 필요하지 않다.

---

3) 조주현(2006), 부동산학원론, 건국대출판부, 제2부; 이창석(2005), 부동산학원론, 형설출판사, 제4장 참조.

02 | 부동산 간접투자

부동산 간접투자는 부동산에 전문적으로 투자하는 투자기관에서 개인투자자들의 자금을 모집하여 부동산 등에 투자하고, 그 투자 결과로 발생한 수익을 실적배당의 형태로 개인투자자들에게 배분하는 투자형태를 말한다.

부동산 간접투자는 2000년 부동산투자신탁의 도입으로 보급되기 시작하였으며, 2004년 7월부터 '간접투자 자산운용업법'이 시행됨에 따라 우리나라에서도 부동산 간접투자가 더욱 활성화되기 시작하였다. 개인들의 경우 정보력과 자금력의 부족으로 인하여 부동산투자가 쉽지 않지만 간접투자상품의 도입으로 인하여 한결 간편하게 여유자금을 투자할 수 있게 되었다. 우리나라의 부동산 간접투자의 종류는 부동산투자신탁, 리츠(REITs), 부동산펀드 등이 있다.

① 부동산투자신탁

부동산투자신탁은 일종의 금전신탁이라고 볼 수 있으며 투자자의 자금을 부동산분야에 투자하고, 투자한 부동산에서 발생하는 수익금을 투자자에게 배당하는 형태이다. 부동산투자신탁의 경우 투자자는 수익증권을 보유하게 된다. 부동산투자신탁은 주로 은행에서 판매하며 주요 투자대상은 개발사업 대출과 부동산유가증권이다.

② 리츠

리츠(REITs : real estate investment trusts)는 주식발행으로 자금을 모집하는 주식회사이다. 주식으로 모집한 자금을 부동산관련 유가증권에 투자를 하고 그 결과로 발생한 수익을 배당으로 지급한다.

리츠와 부동산투자신탁의 차이점은 〈표 13-4〉과 같다. 가장 큰 차이점은 리츠는 주식회사의 주식을 매입하는 형태이며, 부동산투자신탁은 은행의 수익증권을 매입하

〈표 13-4〉 부동산 간접투자상품 비교

구 분	부동산펀드	리 츠	부동산투자신탁
근거법률	간접투자자산운용업법	부동산투자회사법	신탁업법
설립인가	금감위 신고	건교부 인가 및 감독	금감위 등록
자 본 금	10억원	250억원	없음
환 금 성	증시상장을 통해 매매	증시상장을 통해 매매	중도환매 불가
표방증권	수익증권 및 주식	주식	수익증권
존속기간	약관기재	무제한	5년 이내

자료 : www.mk.co.kr

는 형태를 취한다는 점이다.

❸ 부동산펀드

부동산펀드는 투자자로부터 자금을 모아 부동산개발사업, 수익성부동산, 프로젝트 파이낸싱 및 ABS 등에 투자하여 그로부터 발생하는 운용수익 등을 실적배당하는 목적을 가진 펀드다. 펀드의 투자대상이 유가증권에서 파생금융상품, 부동산, 실물자산으로 확대됨에 따라서 부동산펀드가 판매되기 시작하였다. 부동산펀드의 경우 도입 초기에는 프로젝트 파이낸싱(Project Financing)[4]이 중심이었으나 점차 수익성 부동산형펀드, 경매펀드, 임대형, 직접개발형, 해외투자형 등으로 종류가 다양해지고 있다. 이로 인하여 2004년 6월 1,255억에 불과했던 부동산펀드는 2005년 5월 말 기준으로 2조 153억원으로 급증했다.

부동산펀드는 3~10년 정도의 장기투자를 요구하기 때문에 현재 인기가 있는 분야에 투자하기보다는 미래에 유망한 곳을 투자하는 것이 바람직하다. 그리고 오랜 기간 동안 자금이 묶여 있을 수도 있으며 펀드 초기에는 수익률이 낮을 수도 있다. 투자원금이 보장되지 않기 때문에 경기상황을 잘 고려하여 펀드에 투자할 필요가

4) 프로젝트 파이낸싱은 사업주의 신용이나 물적 담보에 관계없이 프로젝트의 수익성 자체를 담보로 한 자금조달 방식으로써, 대출금의 원리금 상환이 해당 프로젝트에서 발생되는 현금흐름에 의존하여 이뤄지는 금융기법으로 해외자원개발, 조선, 건설 등에 널리 활용된다.

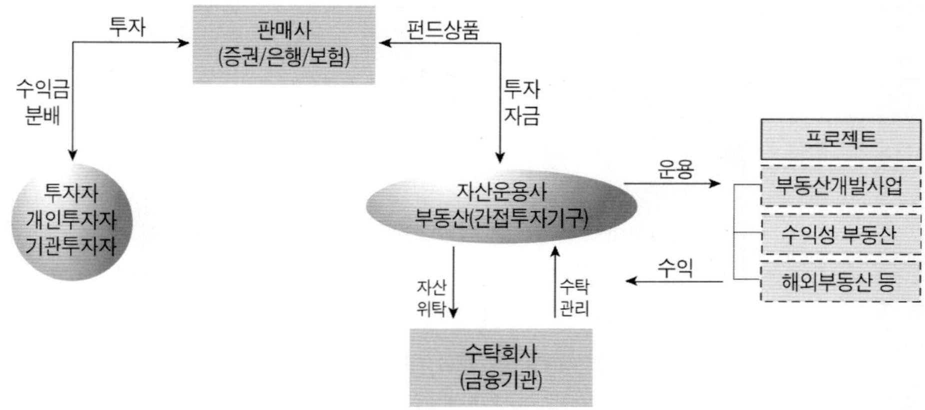

[그림 13-2] 부동산펀드의 구조

있다. 부동산 사업주체가 우량한 회사인지, 그리고 부동산펀드를 운용할 전문인력을 충분히 확보하고 있는지도 점검해야 한다.

참고로, 부동산펀드의 구조는 [그림 13-2]와 같다.

[연습문제]

1. 재테크 수단으로서의 부동산의 장점과 단점을 설명하시오.
2. 청약예금과 청약부금과 청약저축의 차이를 비교하시오.
3. 주거의 효용에서 소위 "쾌적가격"이란 무엇인가?
4. 아파트 유통시장에서 아파트 구입 시 고려할 사항은?
5. 모기지론이란 무엇인가?
6. 모기지론과 주택담보대출의 차이는 무엇인가?
7. 경매란 무엇이며, 경매의 절차를 설명하시오.
8. 리츠(REITs)란 무엇인가?
9. 부동산투자신탁과 부동산펀드 및 리츠(REITs)를 비교하시오.
10. 부동산펀드의 특성 및 구조를 설명하시오.

국문 찾아보기

ㄱ

ㅅ

ㅈ

ㅊ

영문 찾아보기

저자 약력

김종선(金鍾先) 고려대학교 문과대 영문학과(문학사), 고려대학교 대학원 경제학과(경제학석사), 고려대학교 대학원 경제학과(경제학박사), 산업자원부 산하 KEEI 연구원, 고려대 · 서울시립대 · 금융연수원 등 강사 역임, 광주대학교 경상복지연구소 소장, 현 광주대학교 상경학부 교수

주요 연구실적

- 자유변동환율제도와 원/달러환율의 변동성 분석(2005, 국제무역학회지)
- 금융시장론(2004, 학현사, 제2판, 공저)
- 금융제도론(2004, 방송대출판부, 공저)
- IT혁신과 통화금융정책의 유용성에 관한 연구(2003, 다산출판사)
- IT혁신과 중앙은행의 기능변화에 관한 연구(2001, 한국은행)
- 금융제도론(2001, 학현사, 공저)
- 현대금융론(2000, 학현사, 제2판, 공저)
- 자본시장개방기의 주가제한폭과 주가변동성간의 관계분석(1999, 국제경제학회지)
- 시장평균환율제 하의 일일변동폭과 원/달러 환율의 변동성 분석(1997, 한국경제학회지) 외 다수

김종오(金鍾五) 서울대학교 경영대 경영학과(경영학사), 서울대학교 대학원 경영학과(경영학석사), 서울대학교 대학원 경영학과(경영학박사), 장기신용은행 근무, 서울대학교 증권금융연구소 특별연구원, 미국 The Ohio State University(Visiting Scholar), 서울대 · 연세대 · 고려대 등 강사 역임, 공인회계사 등 출제위원 역임, 현 한국방송통신대학교 경영학과 교수

주요 연구실적

- 경영분석(2006, 방송대출판부, 공저)
- 금융제도론(2004, 방송대출판부, 공저)
- 금융시장론(2004, 학현사, 제2판, 공저)
- 재무관리(2002, 방송대출판부, 공저)
- 투자론(2002, 방송대출판부, 공저)
- 금융제도론(2001, 학현사, 공저)
- 현대금융론(2000, 학현사, 제2판, 공저)
- 한국 증권시장에서 공매의 정보효과에 관한 연구(2000, 한국증권학회지)
- Short sale and Price discovery: Evidence from Korea Stock Exchange(2001, JEM) 외 다수

금융과 재테크

2006년 7월 22일 초판 인쇄
2006년 7월 27일 초판 1쇄 발행
2010년 8월 31일 초판 3쇄 발행

저　자 : 김 종 선, 김 종 오
발행인 : 정 광 식

발행처 : **비앤엠북스**
서울시 금천구 가산동319번지(호서대벤처타워 B1-103)
등　　록 : 2004.12.29. / 제313-2004-00298호
전　　화 : 2627-5710~12, 팩스 2627-5720
홈페이지 : 대학교재.kr
이 메 일 : bmbooks@paran.com

정가 22,000원　　ISBN 89-91879-17-9